中文社会科学引文索引（CSSCI）来源集刊
中国人文社会科学期刊AMI综合评价核心集刊

珞珈管理评论

LUOJIA MANAGEMENT REVIEW

2023年卷 第4辑（总第49辑）

武汉大学经济与管理学院

WUHAN UNIVERSITY PRESS
武汉大学出版社

图书在版编目(CIP)数据

珞珈管理评论.2023年卷.第4辑:总第49辑/武汉大学经济与管理学院.—武汉:武汉大学出版社,2023.8

ISBN 978-7-307-23859-6

Ⅰ.珞…　Ⅱ.武…　Ⅲ.企业管理—文集　Ⅳ.F272-53

中国国家版本馆CIP数据核字(2023)第126233号

责任编辑:范绪泉　　责任校对:汪欣怡　　版式设计:韩闻锦

出版发行:**武汉大学出版社**　(430072　武昌　珞珈山)

(电子邮箱:cbs22@whu.edu.cn　网址:www.wdp.com.cn)

印刷:武汉市天星美润设计印务有限公司

开本:880×1230　1/16　印张:11.5　字数:285千字

版次:2023年8月第1版　　2023年8月第1次印刷

ISBN 978-7-307-23859-6　　定价:48.00元

珞珈管理评论
LUOJIA MANAGEMENT REVIEW
中文社会科学引文索引（CSSCI）来源集刊
中国人文社会科学期刊AMI综合评价核心集刊
2023年卷第4辑（总第49辑）

目　　录

CONTENTS

珞珈管理评论
2023年卷第4辑（总第49辑）
Luojia Management Review
No. 4，2023（Sum. 49）

任人唯亲：企业家大饥荒经历与家族企业治理行为研究*

● 许为宾　唐青舟　王锁龄
（贵州大学管理学院　贵阳　550025）

【摘　要】任人唯亲的家族化治理模式在中国家族企业中普遍存在，本文依据高阶理论、烙印理论，从企业家个人特质入手，实证检验了企业家大饥荒经历对家族企业治理任人唯亲行为的影响。研究发现：（1）早年经历过大饥荒时期的企业家，其家族企业任人唯亲的行为更为突出。（2）企业家的高等教育经历和体制内工作经历可以明显削弱其大饥荒经历与家族企业治理任人唯亲行为之间的关系。（3）企业家大饥荒经历与家族企业治理任人唯亲行为之间的正向关系，在法律环境较差地区和社会信任较低地区更显著。本研究为深化关于“家族化治理模式如何形成”问题的理论认识，提供了一个差异化的解构逻辑。

【关键词】大饥荒经历　高阶理论 烙印理论　家族企业　任人唯亲
中图分类号：F275　　　　文献标识码：A

1. 引言

长期以来，中国家族企业股权高度集中，亲属成员高度介入企业的经营管理，形成了以亲缘关系为导向的控制权配置方式，并逐渐发展成为一种独特的家族化治理模式（潘越等，2019）。现有文献大多基于理性选择制度主义，从正式制度角度探究家族化治理模式的形成动因，认为正式制度环境在以亲缘关系为导向的家族化治理模式形成过程中发挥着重要作用（李新春，2003；陈凌和王昊，2013；陈德球等，2013）。其研究更多的是解释了家族企业与非家族企业为何存在治理模式差异，但其难以回答这样一个问题：为什么同一制度环境下家族企业之间的治理模式依然存在差异？

* 基金项目：国家自然科学基金项目“历史的延续：家族涉入的家族化起源依赖与家族企业创新行为研究”（项目批准号：72262006）；国家自然科学基金项目“家族企业控制权配置的社会阶层烙印与企业投资‘脱实向虚’”（项目批准号：71862006）。
通讯作者：唐青舟，E-mail：594814777@ qq. com。

对于家族企业来说，企业家是企业的塑造者和掌舵者，企业治理模式的家族化很大程度上是企业家个人意志的体现（Graham，2015）。因此，对企业家个人意志的理解是揭示家族化治理模式前置动因的关键。依据高阶理论，企业决策行为是决策者主观认知的反映，取决于决策者的主观意志偏好。为此，现有研究大多采用年龄、性别、学历等人口统计学特征来指代决策者主观意志偏好方面可能存在的差异，而对于造成决策者主观意志偏好差异背后的因素关注较少。随着研究推进，越来越多的学者认识到企业决策者偏好的形成与其过往的生活工作经历有着密不可分的关系。烙印理论认为，早年成长经历会对个体的个人偏好、性格、价值观念等特质产生深远影响，形成特有的烙印，即使个体经历了后期的生活转折，抑或进入另一种生活处境之后，早年成长经历所形成的烙印也依然存在（Kish et al.，2015）。当前，围绕企业决策者成长经历这一话题，现有研究已较为丰富，分别对企业决策者的职业经历、学术经历、海外经历、从军经历等进行了研究，发现企业决策者的职业经历、从军经历、海外经历、学术经历等会影响其主观意志偏好，进而影响企业决策行为，包括企业创新投资、企业慈善捐赠、企业并购等（许年行等，2016；曾宪聚等，2020）。

这些经历的“独特性”和“可区分性”有助于更清晰地解释早期成长经历对企业家意志的影响。这些研究表明，早年成长环境对个体意志偏好有着深远的影响，即使在个体经历了客观的成功和进入另一种生活处境之后，早年成长环境的影响也依然存在（Kraus et al.，2012）。改革开放以来，伴随市场经济发展，企业家的经济社会地位在不断提升，“企业家”这个词经常会让人联想到拥有丰富社会物质资源的高阶层群体。但企业家客观经济社会地位的提升可能掩盖了这样一个事实：并非所有企业家早年成长经历中都拥有相同的社会物质资源和文化环境。限于数据的获取难度，现有研究较少关注能够反映企业家早年拥有社会物质资源状况和文化环境的成长经历。为回应上述现实需要与理论研究不足，本文借鉴 Malmendier 等（2011）的研究，根据事件标志性、影响广泛性和时间持续性三个标准，将视角锁定于企业家的大饥荒经历，因为 1959—1961 年的三年大饥荒给全国人民带来深刻的影响，全国人民饱受饥荒的折磨。早年经历过三年大饥荒的个体，其自身拥有的物质资源及成长的文化环境与未经历过三年大饥荒的个体是有所差异的，这些差异会影响个体的特质，进而影响个人的意志偏好。同时，已有文献从家庭储蓄、个人健康、自雇选择、企业慈善捐赠、企业投资决策等方面证实了大饥荒经历对个人决策行为存在重要的影响（程令国等，2011；汪小圈等，2015；王营等，2017；沈维涛等，2014），这为本文从企业层面研究企业家大饥荒经历的影响提供了证据支撑。

本研究的贡献表现在以下几方面：一是从新的角度解释了中国家族企业特异性治理行为的动因。文章结合高阶理论和烙印理论，研究了企业家大饥荒经历对家族企业任人唯亲行为的影响，从理论前沿角度对“企业家个体意志”到“企业治理行为选择”的主导逻辑给出了新的描述，从而突破了以往主要基于单一制度理论进行研究的边界，为家族化治理模式的产生动机提供了一个差异性的解构逻辑，也为理解“家族企业如何解决组织问题”提供了新的观察视角和解释。

二是拓展了家族企业治理行为异质性原因的研究。以往关于家族企业的研究更多的是考察家族企业与非家族企业在企业治理行为上的差异，其隐含假设是家族企业是同质化的。然而，由于资源禀赋、企业家特质等方面的差异，家族企业在内部治理结构和行为上都表现出较大的异质性。本文聚焦家族企业群体，更深入地揭示了家族企业因企业家成长经历差异而呈现出的治理行为选择上的差异，从而有助于加深对家族企业之间差异化治理行为的理解。

三是为家族企业进行“去家族化”改革提供参考。本文发现企业家大饥荒经历是家族企业出现任人唯亲治理行为的主要动因，同时两者之间的关系也会受到地区法律环境和社会信任状况的影响。研究结论在实践层面上对于家族企业改善任人唯亲现状，推进家族企业“去家族化”改革，指明了企业和社会两个层面的突破口和努力的方向，即企业要强化企业家教育，帮助其克服过往经历的影响；社会层面要优化社会治理环境。研究结论对于其他同类企业进行公司治理行为改革具有参考价值。

2. 理论分析与研究假设

2.1 企业家大饥荒经历与家族企业任人唯亲

依据高阶理论，决策者的个体主观意志偏好会对企业决策行为产生重要影响。而决策者个体主观意志偏好的形成与其早期成长经历是密不可分的。烙印理论认为，早年成长经历会对个体的个人偏好、性格、价值观念等特质产生深远影响，进而影响个体的个人意志，为其烙下特有的烙印，即使个体经历了后期的生活转折，抑或进入另一种生活处境之后，早年成长经历所形成的烙印也依然存在（Kish et al.，2015）。大饥荒经历作为一种企业家早年成长过程中的特殊经历，同样会对其主观意志偏好的形成产生重要影响，进而影响其对于企业治理模式选择的偏好。早年经历过大饥荒的企业家，会因为饥荒过早体验生存的艰难，在权力和财富方面的认知偏好与未经历大饥荒的企业家存在明显不同，进而其对企业治理模式的选择也会有所不同。具体分析如下：

一方面，大饥荒时期的全国人民都面临着资源匮乏的困境，生存难以得到保障，这种生存困境会使个体产生较低的心理安全性（徐富明等，2017）。有研究表明较低的心理安全性会使个体威胁敏感性增强，自我控制感减弱（Kraus et al.，2012），使个体更加注重对自身资源的保护和控制（Wiepking et al.，2012）。同时，心理学研究发现，任何形式的资源稀缺，都会改变个体对该稀缺资源的敏感性，长期的资源约束会使个体形成对稀缺资源的“稀缺心态”，从而影响其认知偏好（La Porta et al.，2000），更加珍惜所拥有的权力和财富。成长于大饥荒时期的企业家在早年生活中经历了长期的社会物质资源的约束，其更容易产生对财富、权力的“稀缺心态”，会更加注重对自身财富、权力的保护和控制。在企业治理模式上，也会更加偏向选择任人唯亲这种治理模式来保障自身的财富和权力。

另一方面，大饥荒造成的生存困境，会改变个体的性格、价值观念，使其对陌生人具备更低的信任感。大饥荒时期物质资源的约束，会对个体的性格产生深远影响，形成更谨慎和保守的性格，更少进行社交，对他人的信任感会更弱（林淑贞等，2019；Simon，1992）。同时大饥荒时期物质资源的约束会直接影响与信任行为有关的风险承担能力，个体拥有的总资源越多，他人失信自己时承担风险的能力也就越强，换言之，个人拥有的资源越多，更有可能信任他人（王绍光，2002），相反，资源缺乏的人很难对他人产生信任。成长于大饥荒时期的企业家在早年生活中经历了长期的社会物质资源的约束，与信任行为有关的风险承担能力更弱，无法承担他人失信于自己时需要付出的代价，与信任行为相关的价值观念随之发生变化。因此，有过大饥荒经历的个体在性格和价值观念上会发生变化，与社会中的多数陌生人相比，更愿意相信自己熟悉的人，比如和自己拥有血缘的亲人，进而在企业治理模式选择上，其会更加偏向选择任人唯亲这种治理模式。

基于上述分析，提出如下研究假设：

H1：早年经历过大饥荒的企业家，其家族企业任人唯亲的行为更为突出。

2.2 学习和工作经历的影响

高阶理论认为管理者的决策行为会受其认知偏好、性格、价值观念等特质的影响。学习和工作经历对个体人生际遇通常具有特殊性影响，扮演着人生转折点的角色，会对个体的认知偏好、性格和价值观念产生新的影响。同时，烙印理论指出，行为主体在其成长路径中会出现从一个阶段过渡到另一阶段的多个环境敏感期，后期环境敏感期打下的烙印会不断覆盖之前的烙印，进而呈现出动态变化的特点（Kish et al.，2015）。这些后期学习和工作经历是否会对早年经历过大饥荒的个体的认知偏好、性格和价值观念产生新的影响以及后期学习和工作经历形成的认知烙印是否会覆盖之前大饥荒经历所形成的认知烙印，进而使得烙印效应呈现动态变化的特点，就是需要进一步思考的问题。

2.2.1 高等教育经历的影响

接受高等教育是个人改善经济生活和社会资源最好的途径之一，其产生的经济效益和非经济效应，有助于个体跨越社会身份间的障碍，更容易获得社会的认同（Schoar，2006；蔡蔚萍，2017；刘宏伟等，2013；赵西亮，2017）。

高等教育可以产生一定的经济效益（蔡蔚萍，2017）。接受高等教育，有助于个人获得较好的职位、较多的收入以及较高的社会地位，从而提升个人的心理安全性。同时个体可以通过接受高等教育构建起较高层次的社会关系网络，诸如同学和校友等，有助于自身社会资本的积累。个人社会资本的积累，一定程度上可以提高个人与信任行为相关的风险承担能力，在面临他人失信于自己时，个人的社会资本可以起到风险规避的作用（刘宏伟等，2013）。因此，早年经历过大饥荒的个体可以通过接受高等教育获得的物质资源的改善，帮助其积累个人社会资本，在一定程度上提升其心理安全性，同时也有助于提高他人失信自己时的风险承担能力，从而增强对他人的信任。

高等教育还可以产生一定的非经济效应（蔡蔚萍，2017）。接受高等教育意味着接受专业的知识培训以及道德规范的培育和健全人格的塑造。接受过高等教育的个体在知识技能和思维层次上会有明显提升，其应对复杂问题的能力和适应环境的能力更强（Hambrick et al.，1996；吴成颂等，2014；陈东，2015）。此外，高等教育机构在进行教育过程中为不同的社会群体提供互动和合作的机会，增加群体间的了解，加强隶属不同群体的个体对社会规范价值的共识，改变自己的人生态度，变得积极乐观，进而更有可能相信陌生人（蔡蔚萍，2017）。

综合上述分析，企业家接受高等教育的经历有助于其个人能力的提升，以便谋求更好的发展，从而提高其心理安全性，同时也有助于个人社会资本的积累，在一定程度上可以提升与信任行为有关的风险承担能力。此外，企业家接受高等教育的经历有助于改变其人生态度，使其更有可能信任他人，进而缓解其家族企业任人唯亲的行为。基于此，本文提出如下研究假设：

H2：接受高等教育经历会削弱企业家大饥荒经历与家族企业任人唯亲行为的正向影响。

2.2.2 工作经历的影响

在经济体制转型背景下，将就业单位以体制划分是一种具有中国特色的工作组织形式（Han et al.，2014）。体制内职业经历不仅仅是一段工作经历，在很大程度上也可以提高个体的社会地位和经济状况，能够影响个体形成新的认知偏好。从我国家族企业发展实际来看，有相当一部分企业家曾经在体制内单位工作，这种后期工作经历所形成的职业烙印一定程度上会覆盖其早期大饥荒经历所形成的烙印，进而会影响其家族企业治理模式的选择，具体如下：

一方面，对于有过大饥荒经历的个体来说，进入“铁饭碗、吃皇粮”体制内单位，代表其经济收入和社会福利保障等物质条件会得到改善。体制内单位部门的职员将获得住房、医疗、保险甚至休闲等全面的“体制内”社会福利保障体系（韩亦等，2018）。体制内的工作通常是“终身雇佣”，几乎不存在失业风险，具有较高的职业安全保障。同时，体制内单位良好的物质保障，使得社会中普遍存在着对体制内单位较高的认可度，这会使得在体制内单位工作的个体具有较高的社会认同，随着个体社会认同的升高，个体在心理上也会变得更加积极和乐观，进而会增强对他人的信任。对于早期经历过大饥荒时期的个体来讲，体制内的工作经历，会使其改变资源约束的状态，这在很大程度上会提升其心理安全性，缓解其对稀缺资源的“稀缺心态”，提高与信任有关的风险承担能力，进而缓解其任人唯亲的治理行为。

另一方面，个体可以凭借体制内单位平台构建起广泛的社会关系网络，获得一定的社会资本收益（邹立凯等，2020）。个体社会资本的积累，有助于提高其心理安全性，提高与信任有关的风险承担能力，进而增加对他人的信任。此外，由于中国长期实行的计划经济体制和“单位制”的影响，市场转型过程中，体制内单位通常具有一定的资源配置权力，有助于其建立一定程度的政治关联。在我国，关系具有替代正式法律制度的功能，政治关联可以帮助企业家通过非正式渠道获得特权保护，为企业财产安全发挥政治保障作用（曾萍等，2016）。

综上所述，体制内的工作经历可以为企业家带来充足的经济收入，改善其生存环境，缓解企业家大饥荒经历所形成的心理上对财富、权力的稀缺心态，同时，体制内的工作经历有助于企业家个人社会资本的积累，从而提高其心理安全性，提高他人失信自己时的风险承担能力，使其更愿意信任他人，进而有助于削弱其家族企业任人唯亲的行为。基于此，本文提出如下假设：

H3：体制内的工作经历会削弱企业家大饥荒经历与家族企业任人唯亲行为的正向影响。

2.3 地区法律环境和社会信任的影响

高阶理论认为，管理是一项情景依赖活动，其有效性必然受到组织所处环境的影响，不同环境下管理者个人意志对于企业的决策行为有所不同。此外，烙印理论认为，烙印形成时的初始情境与后续情境之间的匹配性会激发和强化企业家的烙印，如果后续情境可以给予早期经历所塑造的价值偏好以有效刺激，那么行为主体会在后续情境下做出与早期经历烙印匹配的行为（Tilcsik，2014）。地区法律环境和社会信任会对所在区域的法律保障以及道德规范产生重要影响，企业家个人意志在不同法律环境、不同社会信任的决策行为会有所不同。此外，地区法律环境和社会信任这两种情境与企业家大饥荒时期的情境是否相匹配，是否能够激发和强化大饥荒造成的烙印，就需要进一步的思考。

2.3.1　地区法律环境的影响

早年经历大饥荒的企业家之所以更偏好任人唯亲的治理模式来保障自身的财富和权力，这是因为早年经历大饥荒的企业家受到社会物质资源的约束，形成更低的心理安全性，更容易产生对财富、权力的“稀缺心态”，更加注重对自身财富、权力的保护和控制。改革开放以来，中国政府一直致力于为企业发展营造良好的法律环境，2007 年颁布实施了《物权法》，首次以法律形式界定了产权市场规则，强化了对财产所有权的保护（许为宾等，2020），随后出台并实施了一系列产权保护相关的法律，进一步优化了企业所处的法律环境，随着法律环境的不断优化，企业面临的产权保护环境也会得到改善，企业资产的安全性也会随之发生变化。

在较好的法律环境中，法律法规会进一步完善，执法维权水平也会得到提高，企业资产的安全性也会得到保障（钟昀珈等，2018）。在此情境下，大饥荒对于企业家个人特质的影响可能无法在其决策行为中体现，因为法律的存在，企业家无须通过任人唯亲的治理模式来保障自身的财富和权力。同时，较好的法律环境与大饥荒情境不具备匹配性，企业家的大饥荒烙印会衰退和转变，企业家对于财富、权力的稀缺心态可以得到缓解。

相反，在较差的法律环境中，企业家无法感知到法律环境对于自身财产的有效保护，无法通过执法维权来合理保障自身的财产安全，在此情境下，企业家在大饥荒时期形成的保守、谨慎的性格以及重视财富、权力的偏好更容易在其决策行为中得到体现，企业家需要任人唯亲的治理模式来保障自身的财富和权力。同时，较差的法律环境与大饥荒时期的情境具备匹配性，在两类情境中均无法保障自身的财富、权力，因此，较差的法律环境可以激发和强化企业家大饥荒的烙印，企业家会更加注重对财富、权力的保护和控制，在治理模式的选择上，也会更偏向任人唯亲的治理模式。

基于上述分析，本文提出如下假设：

H4：在较差的法律环境中，企业家大饥荒经历与家族企业任人唯亲行为的正向关系会更显著。

2.3.2　社会信任的影响

早年经历大饥荒的企业家会因为大饥荒时期的生存困境，在性格以及价值观念上发生变化，变得保守、谨慎、悲观，不容易信任他人，进而更偏向聘用自己人这种任人唯亲的治理模式。

社会信任作为一种区别于正式制度的社会资本，具有隐含性的社会心态、社会伦理道德等非正式制度元素。因此，在宏观经济层面，社会信任甚至被认为决定一国经济增长的重要因素，是市场经济运行主要的道德基础（阳镇等，2021）。在社会信任程度较高的地区，社会信任可以促进地区形成良好的道德规范，道德规范可以约束人与人之间要彼此相信与理解，而非相互欺骗。同时社会信任水平的提升有助于个体人生态度的转变，变得更加积极乐观（孙泽宇等，2022）。因此，在社会信任程度较高的地区，人与人之间的信任感增强，企业家可以信任该地区的人，在企业治理模式的选择上会与之前有所不同。同时，较好的地区社会信任情境与大饥荒情境不具备匹配性，企业家大饥荒的烙印可能会衰退和转变，企业家对于他人的不信任得到缓解。

相反，在社会信任程度较低的地区，道德规范不能有效约束人与人之间要彼此信任与理解，在此情境下，个人被欺骗的概率会更高，这时大饥荒给企业家塑造的保守、谨慎、悲观的性格就会发挥作用，使其更偏好任用自己的亲人，以防被骗。此外，被欺骗不利于个体的心理健康，人生态度、价值观念会随社会信任的降低而发生变化（张文宏等，2020），更容易使企业家回想起大饥荒时期生存困境造成的对他人的不信任感，较低的社会信任情境与大饥荒情境相匹配，企业家的大饥荒烙印会得到强化，最终在企业治理模式的选择上，更加偏向选择任用亲人这种任人唯亲的治理模式。

基于上述分析，本文提出如下假设：

H5：在社会信任程度较低的地区，企业家大饥荒经历与家族企业任人唯亲行为的正向关系会更显著。

3. 研究设计

3.1 样本选择与数据来源

本文选取2008—2020年度沪深两市家族企业为初始样本。参考许静静和吕长江（2011）的研究，本文将企业“实际控制人”为“自然人或家族”，且至少两个家族成员在该企业持股或任职的企业界定为家族企业，样本经过如下筛选过程：（1）剔除了公共事业类、金融类企业；（2）剔除了ST、*ST的企业；（3）剔除了模型所需指标数据缺失的样本；（4）为规避异常值可能带来的影响，对连续因变量进行了上下1%的winsorize处理，最终得到5095个观测值。家族企业控制权信息通过查阅上市公司年报而得，财务数据来源于CSMAR数据库，公司一代企业家数据来源于CNRDS数据库以及公司年报、百度、巨潮资讯网搜集所得。

3.2 变量界定

（1）因变量。家族企业任人唯亲情结：本文采用两个指标来衡量家族企业任人唯亲情结，具体指标如下，指标1：亲属CEO（Pro_FE），董事会、监事会和高管中实际控制人亲属数量/董事会、监事会和高管总人数；指标2：CEO是否家族成员（If_Fgm），如果企业CEO由实际控制人亲属担任则为1，否则为0。

（2）自变量。企业家大饥荒经历（Exp）：参考沈维涛（2014）的研究，本文对企业家的大饥荒经历进行如下定义，若企业家出生于 1957 年前，则认为企业家具有大饥荒经历，取值为 1；如果企业家出生于 1957 年后，认为企业家不具备大饥荒经历，取值为 0。

（3）调节变量。具体包括：

企业家高等教育经历（Edu）：企业家具有本科及以上学历，则认为企业家接受过高等教育。

企业家体制内工作经历（TZ）：参照戴维奇等（2016）的研究成果，若企业家在创业前有过在党政机关工作经历则赋值为 1，否则为 0。

法律环境（Law）：本文利用樊纲市场化指数中介组织发育和法律得分指标来衡量企业所在地的法律环境，指标越高，法律环境越好。樊纲市场化指数数据截止年份为 2016 年，2017—2020 年数据存在缺失，对于缺失部分，采用张三保和张志学（2022）的省份营商环境中法律政策环境数据进行补充。

社会信任（Trust）：中国家庭收入调查（CHIP）（2013）中关于信任的调查问题“您认为除了亲戚朋友以外的其他人可信吗?”，被调查者对这一问题进行打分，分数从 1 到 5，分数越高，越认为大部分人可以相信，最终以各省平均分数衡量该地区的信任程度，分数越高，地区社会信任水平越高。

（4）控制变量。本研究控制变量包括：企业规模（Size）、资产负债率（Lev）、企业盈利能力（ROA）、企业年龄（FirmAge）、地区人均 GDP（Gdp）、地区人口密度（Pop_Den）、地区人口出生率（Birth_Rate）、地区人均受教育水平（Per_Cel）、家族持股比例（Pro_FS）、企业家性别（Gender），此外还控制了行业和省份效应。

（5）控制企业家特有经历。除了公司特征、地区经济发展水平以及企业家个人特征等变量外，企业家除大饥荒经历以外的特有经历也会影响企业家的个人意志，进而会对企业的治理模式产生影响，比如企业家的学术经历、从军经历、职业经历等。本文认为在企业家特有经历中，有两类经历会影响其大饥荒经历对家族企业治理模式的影响。

一是企业家的“文化大革命”经历，在“文化大革命”十年期间，我国的民主和法制遭到肆意践踏，全国陷入严重的社会危机，“文化大革命”期间的社会危机对于当时的人们来说是一种痛苦经历，这种痛苦经历可能会使企业家性格更加谨慎，更加保守，也更愿意信任自己人，从而可能导致本文的估计结果产生偏误，因此，本文加入企业家“文化大革命”经历（Wenge），用以控制企业家“文化大革命”经历对家族企业治理模式的影响，关于“文化大革命”经历的测量，企业家若出生于 1966 年前，则认为企业家有过“文化大革命”经历，取值为 1，否则为 0。

二是企业家的国有企业改革经历，国有企业改革是我国发展中的重要事件，对于后续民营企业的发展有着至关重要的影响，参与过国有企业改革的企业家经历了漫长的国企改革岁月，具备了一定的经验和知识，也知道企业发展中存在的痛点和难点，对于企业治理模式的选择会与没有国企改革经历的企业家有所差异，因此，本文加入企业家国有企业改革经历（GQ），用以控制企业家国有企业改革经历对家族企业治理模式的影响，关于国有企业改革经历的测量，若企业家在国企工作过，认为经历了国有企业改革，赋值为 1，否则为 0。具体的变量定义及测量方法见表 1。

表 1　　变量定义表

变量名称	符　号	变量定义
亲属 CEO	Pro_FE	详见文中论述
CEO 是否家族成员	If_Fgm	详见文中论述
企业家大饥荒经历	Exp	详见文中论述
企业家高等教育经历	Edu	详见文中论述
企业家体制内工作经历	TZ	详见文中论述
法律环境	Law	详见文中论述
社会信任	Trust	详见文中论述
企业规模	Size	年末总资产取自然对数
资产负债率	Lev	期末负债总额除以期末资产总额
企业盈利能力	ROA	本期净利润除以期末资产总额
企业年龄	FirmAge	调查年份减去企业注册年份的自然对数
地区人均 GDP	Gdp	企业注册地当年人均 GDP 取自然对数
地区人口密度	Pop_Den	企业注册地当年人口密度/1000000
地区人口出生率	Birth_Rate	企业注册地当年人口出生率
地区人均受教育水平	Per_Cel	企业注册地当年人均受教育水平
家族持股比例	Pro_FS	实际控制人拥有上市公司控制权比例（%）
企业家性别	Gender	男性取值为 1，女性取值为 0
企业家“文化大革命”经历	Wenge	详见文中论述
企业家国有企业改革经历	GQ	详见文中论述
行业	Ind	哑变量
年份	Year	哑变量

4. 实证结果与分析

4.1　描述性统计

表 2 列示了主要变量的描述性统计结果。衡量家族企业任人唯亲情结两个指标亲属 CEO（Pro_FE）、CEO 是否家族成员（If_Fgm）的均值分别为 0.128、0.363，标准差分别为 0.086、0.481，说

明不同家族企业中的任人唯亲情结是有所不同的。企业家大饥荒经历（Exp）的均值为 0. 312，标准差为 0. 464，表明样本区间内，有 31. 2%的企业家具有大饥荒经历。企业家高等教育经历（Edu）的均值为 0. 221，标准差为 0. 415，表明样本区间内，有 22. 1%的企业家接受过高等教育。企业家体制内工作经历（TZ）的均值为 0. 429，标准差为 0. 495，表明样本区间内，有 42. 9%的企业家在创业前有过在党政机关工作经历。

表 2 **主要变量描述性统计**

	(1)	(2)	(3)	(4)	(5)	(6)	(7)	(8)
变量	*N*	mean	sd	min	p25	p50	p75	max
Exp	5095	0. 312	0. 464	0. 000	0. 000	0. 000	1. 000	1. 000
Pro_FE	5095	0. 128	0. 086	0. 000	0. 067	0. 125	0. 182	0. 500
If_Fgm	5095	0. 363	0. 481	0. 000	0. 000	0. 000	1. 000	1. 000
Edu	5095	0. 221	0. 415	0. 000	0. 000	0. 000	0. 000	1. 000
TZ	5095	0. 429	0. 495	0. 000	0. 000	0. 000	1. 000	1. 000
Law	5095	27. 896	24. 126	0. 120	7. 540	15. 980	55. 090	79. 440
Trust	5095	3. 334	0. 066	3. 106	3. 317	3. 369	3. 377	3. 406
Size	5095	21. 899	1. 148	19. 486	21. 081	21. 787	22. 585	25. 248
Lev	5095	0. 391	0. 203	0. 040	0. 220	0. 378	0. 539	0. 866
ROA	5095	0. 048	0. 067	−0. 253	0. 019	0. 046	0. 081	0. 241
Gdp	5095	10. 719	0. 471	9. 469	10. 422	10. 762	11. 052	11. 738
FirmAge	5095	2. 792	0. 401	1. 386	2. 565	2. 833	3. 091	3. 466
Pop_Den	5095	6. 331	0. 849	3. 025	5. 970	6. 422	6. 662	8. 278
Birth_Rate	5095	10. 425	2. 245	5. 480	9. 170	10. 510	11. 800	17. 540
Per_Cel	5095	9. 359	0. 864	7. 635	8. 902	9. 249	9. 559	12. 640
Pro_FS	5095	42. 703	15. 981	12. 160	29. 980	42. 110	54. 370	77. 856
Gender	5095	0. 960	0. 196	0. 000	1. 000	1. 000	1. 000	1. 000
GQ	5095	0. 147	0. 354	0. 000	0. 000	0. 000	0. 000	1. 000
Wenge	5095	0. 897	0. 304	0. 000	1. 000	1. 000	1. 000	1. 000

表 3 Pearson 相关系数检验结果显示，企业家大饥荒经历与衡量家族企业任人唯亲情结两个指标亲属 CEO、CEO 是否家族成员呈显著正相关，具体情况还需要进一步的回归分析。观察数据，从各变量之间的相关系数可以看出，变量间不存在明显的多重共线性。

表 3　　主要变量 Pearson 相关系数

变量	Exp	If_Fgm	Pro_FE	Edu	TZ	Size	Lev	ROA	Gdp	FirmAge	Pop_Den	Birth_rate	Per_Cel	Pro_FS	Gender	GQ	Wenge
Exp	1.000																
If_Fgm	0.065***	1.000															
Pro_FE	0.059***	0.291***	1.000														
Edu	−0.093***	0.015	−0.017	1.000													
TZ	0.045***	0.052***	0.168***	0.027*	1.000												
Size	0.009	−0.098***	−0.117***	0.019	0.030**	1.000											
Lev	−0.059***	−0.163***	−0.186***	0.030**	−0.018	0.512***	1.000										
ROA	0.025*	0.077***	0.130***	0.015	0.040***	0.001	−0.313***	1.000									
Gdp	−0.013	0.054***	0.066***	−0.025*	−0.122***	0.151***	−0.018	−0.045***	1.000								
FirmAge	0.024*	−0.080***	−0.117***	−0.031**	−0.113***	0.194***	0.147***	−0.096***	0.204***	1.000							
Pop_Den	0.009	0.029**	0.032**	0.010	−0.053***	0.015	−0.047***	0.004	0.726***	−0.035**	1.000						
Birth_Rate	0.006	−0.013	0.033**	0.004	0.079***	−0.038***	−0.025*	0.010	−0.412***	−0.043***	−0.292***	1.000					
Per_Cel	−0.004	0.011	−0.003	0.027*	−0.098***	0.126***	−0.011	−0.039***	0.701***	0.192***	0.611***	−0.525***	1.000				
Pro_FS	0.051***	0.232***	0.274***	0.003	0.099***	0.034**	−0.067***	0.237***	0.042***	−0.137***	0.030**	−0.028**	0.022	1.000			
Gender	−0.014	−0.016	−0.029**	0.056***	0.011	0.031**	0.006	−0.019	0.020	0.033**	0.042***	0.002	0.001	−0.005	1.000		
GQ	−0.087***	−0.043***	−0.073***	0.026*	0.002	0.011	0.026*	0.019	−0.053***	0.026*	0.015	0.004	−0.046***	−0.118***	0.048***	1.000	
Wenge	0.228***	0.064***	0.082***	−0.001	0.025*	0.026*	−0.062***	0.040***	0.145***	−0.039***	0.134***	−0.116***	0.108***	0.103***	0.023	−0.015	1.000

注：* 代表 $p<0.1$，** 代表 $p<0.05$，*** 代表 $p<0.01$，下同。

表 4 报告了主要变量的单变量检验结果。两样本的均值和中位数差异检验分别基于参数 t 检验和非参数 equality-of-Expns 检验。企业家有大饥荒经历样本组的亲属 CEO 及 CEO 是否家族成员的均值（中位数）分别为 0.410（0.133）、0.135（0）。企业家无大饥荒经历样本组的亲属 CEO 及 CEO 是否家族成员的均值（中位数）分别为 0.342（0.125）、0.124（0）。企业家有大饥荒经历样本组的亲属 CEO 及 CEO 是否家族成员的均值和中位数均显著高于企业家无大饥荒经历样本组，初步验证了研究假设 H1。

表 4　　企业家大饥荒经历与家族企业任人唯亲单变量差异检验结果

	有大饥荒经历样本组			无大饥荒经历样本组			差异检验	
	样本	均值	中位数	样本	均值	中位数	Meandiff	Diff
Pro_FE	1592	0.410	0.133	3503	0.342	0.125	−0.068***	10.833***
If_Fgm	1592	0.135	0	3503	0.124	0	−0.011***	21.810***
Edu	1592	0.164	0	3503	0.248	0	0.084***	44.333***
TZ	1592	0.462	0	3503	0.414	0	−0.048***	10.459***
Law	1592	24.75	13.61	3503	29.32	16.12	4.569***	20.012***
Trust	1592	3.337	3.369	3503	3.332	3.369	−0.005**	0.363
Size	1592	21.91	21.77	3503	21.89	21.80	−0.0230	0.513
Lev	1592	0.373	0.361	3503	0.399	0.386	0.026***	6.708***
ROA	1592	0.0510	0.0490	3503	0.0470	0.0450	−0.004*	8.475***
Gdp	1592	10.71	10.73	3503	10.72	10.79	0.0130	9.148***
FirmAge	1592	2.806	2.890	3503	2.785	2.833	−0.020*	1.430
Pop_Den	1592	6.343	6.419	3503	6.326	6.422	−0.0160	1.505
Birth_Rate	1592	10.44	10.51	3503	10.42	10.48	−0.0270	4.545**
Per_Cel	1592	9.355	9.240	3503	9.361	9.261	0.00700	0.159
Pro_FS	1592	43.92	43.36	3503	42.15	41.86	−1.769***	3.927**
Gender	1592	0.956	1	3503	0.962	1	0.00600	
Wenge	1592	1	1	3503	0.850	1	−0.150***	
GQ	1592	0.101	0	3503	0.167	0	0.066***	38.286***

4.2　基准回归结果与分析

本研究采用 OLS 回归及 Logit 回归对企业家大饥荒经历与家族企业任人唯亲情结的关系进行检验，统计检验结果见表 5。表 5 第（1）、（4）列呈现的是未控制任何变量的结果，可以看出，企业家大饥荒经历（Exp）与亲属 CEO（Pro_FE）、CEO 是否家族成员（If_Fgm）两个指标的估值系数都是显著正数；添加控制变量后，企业家大饥荒经历（Exp）与亲属 CEO（Pro_FE）、CEO 是否家族成员（If_Fgm）两个指标的估值系数依然显著为正，在控制行业和年份后，结果如表 5 第（3）、（6）列所示，企业家大饥荒经历（Exp）与亲属 CEO（Pro_FE）、CEO 是否家族成员（If_Fgm）两个指标的估值系数分别为 0.005（在 5%的水平上显著）、0.215（在 1%水平上显著）。上述结果表明，企业家的大饥荒经历使其具有明显的家族企业任人唯亲情结，假设 H1 得到支持。

表 5　**企业家大饥荒经历与家族企业任人唯亲**

	(1)	(2)	(3)	(4)	(5)	(6)
变量	Pro_FE	Pro_FE	Pro_FE	If_Fgm	If_Fgm	If_Fgm
常数项	0.124***	-0.058	-0.006	-0.653***	-3.472***	0.564
	(86.210)	(-1.490)	(-0.117)	(-18.342)	(-3.173)	(0.351)
Exp	0.011***	0.006**	0.005**	0.290***	0.224***	0.215***
	(4.215)	(2.538)	(2.117)	(4.664)	(3.341)	(3.105)
Size		-0.006***	-0.005***		-0.092***	-0.091**
		(-4.914)	(-4.210)		(-2.665)	(-2.468)
Lev		-0.042***	-0.031***		-1.325***	-0.829***
		(-5.882)	(-4.184)		(-6.683)	(-3.886)
ROA		0.052***	0.053***		-0.446	-0.159
		(2.760)	(2.844)		(-0.863)	(-0.301)
Gdp		0.035***	0.024***		0.593***	0.150
		(8.386)	(4.443)		(5.109)	(0.991)
FirmAge		-0.017***	-0.016***		-0.262***	-0.244***
		(-5.602)	(-4.605)		(-3.161)	(-2.618)
Pop_Den		-0.009***	-0.004		-0.141**	0.083
		(-4.072)	(-1.626)		(-2.439)	(1.132)
Birth_Rate		0.003***	0.003***		0.006	-0.023
		(4.621)	(3.753)		(0.366)	(-1.136)
Per_Cel		-0.003	-0.004		-0.082	-0.197***
		(-1.556)	(-1.545)		(-1.447)	(-2.928)
Pro_FS		0.001***	0.001***		0.030***	0.031***
		(17.226)	(17.189)		(14.590)	(14.573)
Gender		-0.009	-0.011**		-0.136	-0.210
		(-1.572)	(-1.976)		(-0.885)	(-1.306)

续表

	(1)	(2)	(3)	(4)	(5)	(6)
Wenge		0.010*** (2.656)	0.007* (1.723)		0.174 (1.563)	0.152 (1.337)
GQ		−0.006* (−1.932)	−0.004 (−1.319)		−0.003 (−0.036)	0.096 (1.031)
Ind/Year	未控制	未控制	控制	未控制	未控制	控制
F	17.764	57.232	22.807			
AdjR^2	0.003	0.125	0.165			
LR Chi2				21.624	454.033	579.977
PseudoR^2				0.003	0.068	0.087
N	5095	5095	5095	5095	5095	5056

4.3 学习和工作经历的调节效应

表 6 报告了企业家高等教育经历对企业家大饥荒经历与家族企业任人唯亲情结之间关系的调节效应。其中表 6 第（1）、（4）列企业家大饥荒经历（Exp）与企业家高等教育经历（Edu）的交互项估值系数分别为−0.021（t=−3.312，p<0.01）和−0.547（t=−3.138，p<0.01），分组检验发现，在企业家具有高等教育经历的样本组中，如表 6 第（2）、（5）列所示，企业家大饥荒经历（Exp）的估值系数为−0.011（t=−1.841，p<0.1）和−0.468（t=−2.477，p<0.05）；在企业家不具有高等教育经历的样本组中，如表 6 第（3）、（6）列所示，企业家大饥荒经历（Exp）的估值系数为 0.008（t=2.818，p<0.01）和 0.360（t=4.612，p<0.01），进一步系数差异检验发现，企业家大饥荒经历（Exp）与家族企业任人唯亲情结两个指标（Pro_FE、If_Fgm）之间的正向关系，在企业家无高等教育经历的样本组中更为显著。上述分析结果说明企业家的高等教育经历显著弱化了企业家大饥荒经历与家族企业任人唯亲情结之间关系，假设 H2 得到验证。

表 6　**企业家高等教育经历的影响效应**

	(1)	(2)	(3)	(4)	(5)	(6)
变量	Pro_FE	Pro_FE	Pro_FE	If_Fgm	If_Fgm	If_Fgm
	全样本	Edu=1	Edu=0	全样本	Edu=1	Edu=0
常数项	−0.005 (−0.085)	−0.048 (−0.402)	0.061 (0.964)	0.930 (0.595)	6.196 (1.609)	−0.645 (−0.354)

续表

	(1)	(2)	(3)	(4)	(5)	(6)
Exp	0.009***	-0.011*	0.008***	0.350***	-0.468**	0.360***
	(3.268)	(-1.841)	(2.818)	(4.666)	(-2.477)	(4.612)
Exp×Edu	-0.021***			-0.547***		
	(-3.312)			(-3.138)		
Edu	0.003			0.278***		
	(1.015)			(3.234)		
Size	-0.005***	-0.020***	-0.004**	-0.139***	-0.014	-0.120***
	(-4.328)	(-6.933)	(-2.564)	(-3.878)	(-0.155)	(-2.893)
Lev	-0.030***	0.044**	-0.039***	-1.082***	-1.922***	-0.603**
	(-4.050)	(2.533)	(-4.725)	(-5.293)	(-3.415)	(-2.552)
ROA	0.053***	0.058	0.062***	-0.206	-2.642**	0.566
	(2.849)	(1.406)	(2.949)	(-0.393)	(-1.974)	(0.947)
Gdp	0.024***	0.050***	0.015**	0.237	-0.141	0.242
	(4.567)	(4.535)	(2.376)	(1.581)	(-0.387)	(1.403)
FirmAge	-0.016***	-0.020***	-0.012***	-0.399***	-0.797***	-0.035
	(-4.607)	(-2.949)	(-3.138)	(-4.459)	(-3.654)	(-0.324)
Pop_Den	-0.005*	0.003	-0.007**	0.031	0.464**	-0.051
	(-1.881)	(0.564)	(-2.309)	(0.429)	(2.502)	(-0.632)
Birth_Rate	0.003***	0.006***	0.002**	-0.027	-0.057	-0.021
	(3.574)	(3.997)	(2.075)	(-1.374)	(-1.120)	(-0.950)
Per_Cel	-0.003	-0.010**	-0.001	-0.205***	-0.411***	-0.081
	(-1.479)	(-2.177)	(-0.404)	(-3.252)	(-2.593)	(-1.041)
Pro_FS	0.001***	0.001***	0.001***	0.030***	0.024***	0.033***
	(16.899)	(5.082)	(16.541)	(14.284)	(4.808)	(13.341)
Gender	-0.011*	0.033**	-0.014**	-0.080	-1.187*	-0.197
	(-1.841)	(1.965)	(-2.266)	(-0.511)	(-1.871)	(-1.157)
Wenge	0.007*	0.000	0.006	0.160	0.342	0.027
	(1.714)	(0.046)	(1.378)	(1.436)	(1.366)	(0.203)
GQ	-0.004	-0.013*	-0.003	0.047	-0.872***	0.351***
	(-1.374)	(-1.936)	(-0.919)	(0.516)	(-3.713)	(3.315)
Ind/Year	控制	控制	控制	控制	控制	控制
F	22.140	9.153	19.251			

续表

	(1)	(2)	(3)	(4)	(5)	(6)
$AdjR^2$	0.166	0.229	0.172			
LR Chi2				503.149	231.595	482.167
$PseudoR^2$				0.075	0.156	0.094
Exp 系数差异		−0.019***			−0.882***	
Chi2		8.71			15.61	
P-Value		0.003			0.001	
N	5095	1128	3967	5095	1119	3927

表 7 报告了企业家体制内工作经历对企业家大饥荒经历与家族企业任人唯亲情结之间关系的调节效应。其中表 7 第（1）、（4）列企业家大饥荒经历（Exp）与企业家体制内工作经历（TZ）的交互项估值系数分别为−0.017（$t=-3.600$，$p<0.01$）和−0.287（$t=-2.161$，$p<0.05$），分组检验发现，在企业家具有体制内工作经历的样本组中，如表 7 第（2）、（5）列所示，企业家大饥荒经历（Exp）的估值系数为−0.006（$t=-1.555$，$p>0.1$）和−0.132（$t=-1.221$，$p>0.1$）；在企业家不具有体制内工作经历的样本组中，如表 7 第（3）、（6）列所示，企业家大饥荒经历（Exp）的估值系数为 0.013（$t=4.205$，$p<0.01$）和 0.398（$t=4.235$，$p<0.01$），进一步系数差异检验发现，企业家大饥荒经历（Exp）与家族企业任人唯亲情结两个指标（Pro_FE、If_Fgm）之间的正向关系，在企业家无体制内工作经历的样本组中更为显著。上述结果说明企业家的体制内工作经历显著弱化了企业家大饥荒经历与家族企业任人唯亲情结之间关系，假设 H3 得到验证。

表 7　**企业家体制内工作经历的影响效应**

	(1)	(2)	(3)	(4)	(5)	(6)
变量	Pro_FE	Pro_FE	Pro_FE	If_Fgm	If_Fgm	If_Fgm
	全样本	TZ=1	TZ=0	全样本	TZ=1	TZ=0
常数项	−0.005 (−0.097)	0.137 (1.495)	−0.055 (−0.784)	1.319 (0.845)	4.126 (1.633)	−2.255 (−1.004)
Exp	0.012*** (3.829)	−0.006 (−1.555)	0.013*** (4.205)	0.362*** (4.025)	−0.132 (−1.221)	0.398*** (4.235)
Exp×TZ	−0.017*** (−3.600)			−0.287** (−2.161)		
TZ	0.030*** (11.085)			0.264*** (3.447)		
Size	−0.006*** (−4.898)	−0.010*** (−4.757)	−0.004** (−2.514)	−0.141*** (−3.929)	−0.143** (−2.418)	−0.070 (−1.433)

续表

	(1)	(2)	(3)	(4)	(5)	(6)
Lev	−0.026***	−0.026**	−0.024***	−1.056***	−0.837**	−0.881***
	(−3.604)	(−1.965)	(−2.838)	(−5.176)	(−2.321)	(−3.217)
ROA	0.057***	0.070**	0.049**	−0.157	−0.871	0.329
	(3.078)	(2.045)	(2.312)	(−0.300)	(−0.949)	(0.492)
Gdp	0.024***	0.024***	0.021***	0.166	−0.347	0.600***
	(4.519)	(2.968)	(3.038)	(1.104)	(−1.536)	(2.700)
FirmAge	−0.013***	−0.009*	−0.013***	−0.386***	0.238*	−0.543***
	(−3.814)	(−1.736)	(−2.907)	(−4.311)	(1.718)	(−4.113)
Pop_Den	−0.004	−0.002	−0.002	0.066	0.170	−0.031
	(−1.407)	(−0.533)	(−0.674)	(0.915)	(1.558)	(−0.289)
Birth_Rate	0.002***	0.001	0.003***	−0.029	−0.105***	0.010
	(3.183)	(0.817)	(3.129)	(−1.468)	(−3.218)	(0.361)
Per_Cel	−0.004*	−0.006	−0.003	−0.197***	−0.166	−0.215**
	(−1.646)	(−1.486)	(−1.063)	(−3.114)	(−1.530)	(−2.390)
Pro_FS	0.001***	0.001***	0.001***	0.030***	0.038***	0.027***
	(16.823)	(9.999)	(13.917)	(14.427)	(11.230)	(9.295)
Gender	−0.011**	−0.017*	−0.012*	−0.064	−0.122	−0.300
	(−1.968)	(−1.773)	(−1.703)	(−0.416)	(−0.492)	(−1.334)
Wenge	0.006	0.004	0.009**	0.157	0.806***	−0.253*
	(1.465)	(0.610)	(1.977)	(1.406)	(3.921)	(−1.727)
GQ	−0.005	−0.021***	0.008**	0.046	0.071	0.103
	(−1.451)	(−4.116)	(2.010)	(0.511)	(0.489)	(0.815)
Ind/Year	控制	控制	控制	控制	控制	控制
F	25.167	10.116	16.126			
AdjR^2	0.185	0.146	0.190			
LR Chi2				501.542	348.693	338.532
PseudoR^2				0.075	0.120	0.092
Exp 系数差异		−0.019***			−0.530***	
Chi2		14.26			13.57	
P-Value		0.000			0.000	
N	5095	2186	2909	5095	2172	2864

4.4 地区法律环境和社会信任的调节效应

表 8 报告了法律环境对企业家大饥荒经历与家族企业任人唯亲情结之间关系的调节效应。表 8 中，第（1）、（4）列企业家大饥荒经历（Exp）与法律环境（Law）的交互项估值系数分别为 −0.001（t=−6.289，p<0.01）和−0.006（t=−2.185，p<0.05），根据中位数进行分组检验发现，在法律环境较好的样本组中，如表 8 第（2）、（5）列所示，企业家大饥荒经历（Exp）的估值系数为 −0.014（t=−4.078，p<0.01）和−0.029（t=−0.281，p>0.1）；在法律环境较差的样本组中，如表 8 第（3）、（6）列所示，企业家大饥荒经历（Exp）的估值系数为 0.021（t=5.691，p<0.01）和 0.362（t=3.687，p<0.01），进一步系数差异检验发现，企业家大饥荒经历（Exp）与家族企业任人唯亲情结两个指标（Pro_FE、If_Fgm）之间的正向关系，在法律环境较差的样本组中更为显著。综上所述，假设 H4 得到验证。

表 8　　法律环境的影响效应

变量	(1) Pro_FE 全样本	(2) Pro_FE Law=1	(3) Pro_FE Law=0	(4) If_Fgm 全样本	(5) If_Fgm Law=1	(6) If_Fgm Law=0
常数项	−0.075 (−1.340)	−0.503*** (−2.686)	−0.065 (−0.962)	−0.258 (−0.162)	9.122 (1.597)	−3.268* (−1.679)
Exp	0.002 (0.845)	−0.014*** (−4.078)	0.021*** (5.691)	0.185*** (2.707)	−0.029 (−0.281)	0.362*** (3.687)
Exp×Law	−0.001*** (−6.289)			−0.006** (−2.185)		
Law	−0.001*** (−4.782)			−0.015*** (−4.362)		
Size	−0.005*** (−4.195)	−0.005*** (−3.125)	−0.006*** (−3.262)	−0.137*** (−3.844)	−0.139*** (−2.619)	−0.054 (−0.998)
Lev	−0.029*** (−3.905)	−0.010 (−0.961)	−0.051*** (−4.925)	−1.020*** (−4.993)	−0.877*** (−2.792)	−0.737** (−2.441)
ROA	0.059*** (3.164)	0.092*** (3.655)	−0.001 (−0.023)	−0.049 (−0.093)	−0.079 (−0.104)	−0.038 (−0.050)
Gdp	0.032*** (5.906)	0.086*** (4.160)	0.035*** (5.313)	0.397** (2.552)	−0.591 (−0.935)	0.494*** (2.670)
FirmAge	−0.016*** (−4.745)	−0.019*** (−4.370)	−0.012** (−2.308)	−0.417*** (−4.650)	−0.186 (−1.424)	−0.261* (−1.854)

续表

	(1)	(2)	(3)	(4)	(5)	(6)
Pop_Den	−0.003 (−1.138)	−0.032*** (−3.743)	−0.001 (−0.309)	0.090 (1.256)	0.221 (0.831)	0.127 (1.528)
Birth_Rate	0.002*** (3.431)	0.004** (2.168)	0.001 (1.497)	−0.032 (−1.618)	−0.105* (−1.833)	−0.021 (−0.868)
Per_Cel	−0.007*** (−2.943)	0.001 (0.194)	−0.006 (−1.392)	−0.284*** (−4.270)	−0.236** (−2.069)	−0.243** (−2.080)
Pro_FS	0.001*** (17.082)	0.001*** (13.358)	0.001*** (10.930)	0.030*** (14.500)	0.036*** (11.236)	0.028*** (9.190)
Gender	−0.012** (−2.094)	0.017** (2.167)	−0.040*** (−4.848)	−0.083 (−0.528)	−0.082 (−0.345)	−0.346 (−1.523)
Wenge	0.007* (1.721)	0.004 (0.715)	0.004 (0.722)	0.165 (1.476)	−0.025 (−0.146)	0.274* (1.674)
GQ	−0.004 (−1.152)	−0.010** (−2.270)	0.008 (1.619)	0.060 (0.664)	0.381*** (2.972)	−0.160 (−1.123)
Ind/Year	控制	控制	控制	控制	控制	控制
F	23.935	13.062	15.712			
AdjR^2	0.178	0.171	0.216			
LR Chi2				520.770	354.460	321.624
PseudoR^2				0.078	0.104	0.100
Exp 系数差异		−0.015***			−0.428***	
Chi2		51.04			7.28	
P-Value		0.000			0.007	
N	5095	2633	2462	5095	2619	2425

表 9 报告了地区社会信任对企业家大饥荒经历与家族企业任人唯亲情结之间关系的调节效应。关于地区社会信任的测量，本文利用中国家庭收入调查（CHIP）（2013）中关于信任的调查问题进行测量，“您认为除了亲戚朋友以外的其他人可信吗？”被调查者对这一问题进行打分，分数从 1 到 5，分数越高，越认为大部分人可以相信，即社会信任程度高。在表 9 中，第（1）、（4）列企业家大饥荒经历（Exp）与社会信任程度（Trust）的交互项估值系数分别为−0.110（t=−2.950，p<0.01）和−4.694（t=−4.546，p<0.01），根据中位数进行分组检验发现，在地区社会信任程度较高的样本组中，如表 9 第（2）、（5）列所示，企业家大饥荒经历（Exp）的估值系数为−0.001（t=−0.162，p>0.1）和 0.020（t=0.203，p>0.1）；在地区社会信任程度较低的样本组中，如表 9 第（3）、（6）列所示，企业家大饥荒经历（Exp）的估值系数为 0.014（t=3.192，p<0.01）和 0.448（t=4.401，

p<0.01)，进一步系数差异检验发现，企业家大饥荒经历（Exp）与家族企业任人唯亲情结两个指标（Pro_FE、If_Fgm）之间的正向关系，在地区社会信任程度较低的样本组中更为显著。综上所述，假设 H5 得到验证。

表 9　　地区社会信任的影响效应

	(1)	(2)	(3)	(4)	(5)	(6)
变量	Pro_FE	Pro_FE	Pro_FE	If_Fgm	If_Fgm	If_Fgm
	全样本	Trust = 1	Trust = 0	全样本	Trust = 1	Trust = 0
常数项	-0.085 (-1.063)	-0.151* (-1.669)	0.156** (2.087)	-5.592** (-2.428)	-2.065 (-0.811)	4.605** (2.013)
Exp	0.006** (2.215)	-0.001 (-0.162)	0.014*** (3.912)	0.241*** (3.554)	0.020 (0.203)	0.448*** (4.401)
Exp×Trust	-0.110*** (-2.950)			-4.694*** (-4.546)		
Trust	0.022 (1.064)			2.292*** (3.801)		
Size	-0.005*** (-4.321)	-0.005** (-2.442)	-0.006*** (-3.653)	-0.140*** (-3.933)	-0.082 (-1.537)	-0.096* (-1.790)
Lev	-0.032*** (-4.284)	-0.034*** (-3.065)	-0.026*** (-2.598)	-1.087*** (-5.337)	-0.814*** (-2.640)	-0.881*** (-2.865)
ROA	0.053*** (2.821)	0.071*** (2.612)	0.035 (1.357)	-0.146 (-0.279)	0.088 (0.117)	-0.240 (-0.313)
Gdp	0.024*** (4.422)	0.035*** (4.089)	0.010 (1.361)	0.116 (0.758)	0.276 (1.170)	-0.145 (-0.670)
FirmAge	-0.015*** (-4.535)	-0.012** (-2.551)	-0.022*** (-4.463)	-0.395*** (-4.409)	-0.171 (-1.348)	-0.370*** (-2.587)
Pop_Den	-0.004* (-1.692)	-0.015*** (-3.297)	0.002 (0.556)	0.063 (0.881)	-0.036 (-0.291)	0.183* (1.894)
Birth_Rate	0.003*** (3.786)	0.002** (2.225)	0.001 (1.403)	-0.035* (-1.693)	0.024 (0.827)	-0.111*** (-3.427)
Per_Cel	-0.003 (-1.473)	0.005 (1.065)	-0.005** (-2.049)	-0.198*** (-3.110)	-0.051 (-0.413)	-0.265*** (-3.103)
Pro_FS	0.001*** (17.062)	0.001*** (12.717)	0.001*** (11.597)	0.030*** (14.360)	0.038*** (12.410)	0.024*** (7.762)

续表

	(1)	(2)	(3)	(4)	(5)	(6)
Gender	-0.011** (-1.991)	-0.006 (-0.736)	-0.017** (-2.232)	-0.104 (-0.668)	-0.368 (-1.526)	-0.212 (-0.936)
Wenge	0.007* (1.771)	0.008 (1.398)	0.006 (1.064)	0.180 (1.606)	0.094 (0.603)	0.266 (1.508)
GQ	-0.004 (-1.350)	-0.010** (-2.206)	0.002 (0.395)	0.055 (0.605)	0.016 (0.120)	0.241* (1.803)
Ind/Year	控制	控制	控制	控制	控制	控制
F	22.075	11.722	12.313			
AdjR^2	0.166	0.157	0.170			
LR Chi2				513.170	351.028	264.410
PseudoR^2				0.077	0.100	0.085
Exp 系数差异		-0.015***			-0.428***	
Chi2		8.31			9.20	
P-Value		0.004			0.002	
N	5095	2656	2439	5095	2627	2400

4.5 稳健性检验

4.5.1 替换自变量测量方式

参考王营（2017）的研究，以省份界定企业家出生地，同时采用超额死亡率衡量各省饥荒严重程度，各省超额死亡率定义为该省饥荒三年（1959—1961 年）的平均死亡率减去饥荒前五年（1954—1958 年）的平均死亡率，各省死亡率数据源自中国统计年鉴，若企业家出生省份超额死亡率高于全国平均值，则 Exp=1，否则 Exp=0，重新回归，检验结果如表 10 第（1）、（2）所示。

4.5.2 考虑遗漏变量的影响

一是宗族文化。现有文献认为，传统宗族文化所蕴含的“团结互惠”观念，会使得家族企业治理呈现出较高的血缘情结（潘越等，2019），如果对此不加以控制，可能会导致估计结果产生偏误。本文借鉴潘越等（2019）的研究，以企业家出生地每万人所拥有的族谱数量，作为宗族文化的测量指标（Clan_Cul），进行控制检验。

二是传统儒家思想。儒家思想是影响国人思想观念最深的传统文化之一。传统儒家思想中既包含“仁义礼智信”等思想，也包含大量的家文化思想，在一定程度上会影响个体的信任观念。大量文献研究也表明儒家思想会影响公司治理机制（李文佳和朱玉杰，2021）。因此本文参考 Kung 和 Ma（2014）的研究，采用企业实际控制人出生地与曲阜的直线距离作为代理变量（Confu_Cul），进行控制检验。上述检验结果见表 10 第（3）、（4）列。

表 10　　稳健性检验

	(1)	(2)	(3)	(4)
	替换自变量		添加遗漏变量	
变量	Pro_FE	If_Fgm	Pro_FE	If_Fgm
常数项	-0.006 (-0.104)	0.584 (0.364)	0.036 (0.636)	0.416 (0.252)
Exp	0.005** (2.141)	0.142** (2.074)	0.006** (2.345)	0.219*** (3.159)
Size	-0.005*** (-4.216)	-0.090** (-2.424)	-0.005*** (-3.988)	-0.085** (-2.302)
Lev	-0.031*** (-4.178)	-0.835*** (-3.919)	-0.031*** (-4.184)	-0.849*** (-3.972)
ROA	0.053*** (2.841)	-0.174 (-0.330)	0.050*** (2.660)	-0.113 (-0.213)
Gdp	0.023*** (4.427)	0.141 (0.935)	0.014** (2.322)	0.202 (1.161)
FirmAge	-0.016*** (-4.616)	-0.238** (-2.550)	-0.015*** (-4.542)	-0.270*** (-2.878)
Pop_Den	-0.004 (-1.629)	0.083 (1.133)	-0.000 (-0.024)	0.178** (2.127)
Birth_Rate	0.003*** (3.760)	-0.023 (-1.116)	0.002*** (3.328)	-0.038* (-1.831)
Per_Cel	-0.003 (-1.521)	-0.194*** (-2.890)	-0.001 (-0.496)	-0.312*** (-3.937)
Pro_FS	0.001*** (17.198)	0.031*** (14.598)	0.001*** (17.066)	0.031*** (14.490)
Gender	-0.011** (-1.977)	-0.214 (-1.331)	-0.010* (-1.803)	-0.191 (-1.188)
Wenge	0.007* (1.709)	0.178 (1.558)	0.007* (1.710)	0.134 (1.179)

续表

	(1)	(2)	(3)	(4)
GQ	-0.004 (-1.325)	0.086 (0.928)	-0.004 (-1.310)	0.119 (1.273)
Confu_Cul			0.000*** (2.973)	0.000*** (2.814)
Clan_Cul			0.000*** (2.923)	-0.000* (-1.759)
Ind/Year	控制	控制	控制	控制
F	22.810		22.228	
$AdjR^2$	0.165		0.167	
LR Chi2		574.648		592.893
$PseudoR^2$		0.087		0.089
N	5095	5056	5095	5056

4.5.3 避免样本选择偏误的影响

本文进行PSM得分倾向匹配和Heckman两阶段回归来避免样本选择偏误的影响。参考许年行（2016）的做法，进行Heckman两阶段回归时，在第一阶段纳入了上期同行业其他公司具有大饥荒经历的比例以及主模型的全部控制变量，对Exp进行Probit回归并计算逆米尔斯比（Imr）；第二阶段，将逆米尔斯比（Imr）纳入重新进行回归，结果如表11所示。进行PSM匹配，检验结果如表12所示。上述检验结果均未发生实质性改变。

表11 **Heckman两阶段回归**

	(1)	(2)	(3)	(4)	(5)
变量	Exp	Pro_FE	Pro_FE	If_Fgm	If_Fgm
	第一阶段回归	第二阶段回归	第二阶段回归	第二阶段回归	第二阶段回归
常数项	-0.755 (-0.810)	-0.008 (-0.190)	-0.662*** (-2.710)	-2.595** (-2.236)	-11.356 (-1.500)
Exp		0.006** (2.450)	0.006** (2.449)	0.224*** (3.268)	0.235*** (3.375)
Exp_m	-3.855* (-1.668)				
Imr		0.007 (0.937)	0.413*** (2.990)	-0.110 (-0.507)	7.863* (1.825)

续表

	(1)	(2)	(3)	(4)	(5)
Size	0.097***	−0.008***	0.020**	−0.158***	0.397
	(4.225)	(−6.130)	(2.072)	(−4.084)	(1.329)
Lev	−0.487***	−0.034***	−0.160***	−1.050***	−3.321**
	(−3.631)	(−4.207)	(−3.300)	(−4.600)	(−2.210)
ROA	−0.287	0.067***	−0.018	−0.246	−1.539
	(−0.849)	(3.367)	(−0.519)	(−0.441)	(−1.481)
Gdp	−0.192**	0.031***	−0.033*	0.745***	−0.920
	(−1.967)	(6.344)	(−1.664)	(5.358)	(−1.509)
FirmAge	0.304***	−0.011***	0.076**	−0.205**	1.494
	(5.136)	(−3.211)	(2.526)	(−2.139)	(1.597)
Pop_Den	0.009	−0.011***	−0.003	−0.229***	0.109
	(0.174)	(−4.419)	(−0.984)	(−3.374)	(1.235)
Birth_Rate	0.010	0.003***	0.006***	0.008	0.027
	(0.797)	(4.866)	(4.764)	(0.458)	(0.759)
Per_Cel	0.039	0.000	0.010**	−0.113*	−0.019
	(0.916)	(0.010)	(2.178)	(−1.827)	(−0.142)
Pro_FS	0.002	0.001***	0.002***	0.030***	0.041***
	(1.472)	(16.620)	(9.229)	(13.755)	(6.639)
Gender	−0.085	−0.003	−0.031***	−0.368**	−0.920***
	(−0.820)	(−0.537)	(−2.983)	(−2.206)	(−2.980)
Wenge	−0.416***	−0.005	−0.009	−0.169	−0.244
	(−7.027)	(−0.795)	(−1.411)	(−1.027)	(−1.404)
GQ	0.097***	−0.006	−0.127***	0.094	−2.181*
	(4.225)	(−1.421)	(−3.026)	(0.841)	(−1.661)
Ind/Year	控制	控制	控制	控制	控制
F		47.063	18.753		
AdjustedR^2		0.117	0.142		
LR Chi2	221.08			390.750	541.819
Pseudo R^2	0.038			0.065	0.091
N	4506	4506	4506	4506	4506

表 12　**PSM 匹配（1∶4）**

	(1)	(2)	(3)	(4)	(5)	(6)
变量	Pro_FE	Pro_FE	Pro_FE	If_Fgm	If_Fgm	If_Fgm

续表

	(1)	(2)	(3)	(4)	(5)	(6)
常数项	0. 128*** (74. 886)	0. 015 (0. 348)	0. 067 (1. 080)	−0. 583*** (−13. 784)	−2. 512** (−2. 050)	2. 242 (1. 238)
Exp	0. 007*** (2. 751)	0. 007** (2. 574)	0. 006** (2. 385)	0. 221*** (3. 328)	0. 221*** (3. 164)	0. 226*** (3. 142)
Size		−0. 009*** (−6. 833)	−0. 009*** (−6. 077)		−0. 146*** (−3. 705)	−0. 141*** (−3. 316)
Lev		−0. 031*** (−3. 875)	−0. 021** (−2. 477)		−1. 106*** (−4. 921)	−0. 654*** (−2. 689)
ROA		0. 057*** (2. 715)	0. 058*** (2. 744)		−0. 068 (−0. 116)	0. 196 (0. 325)
Gdp		0. 033*** (6. 960)	0. 022*** (3. 677)		0. 710*** (5. 379)	0. 170 (0. 986)
FirmAge		−0. 015*** (−4. 350)	−0. 014*** (−3. 679)		−0. 310*** (−3. 291)	−0. 286*** (−2. 727)
Pop_Den		−0. 011*** (−4. 379)	−0. 007** (−2. 243)		−0. 267*** (−3. 846)	0. 018 (0. 207)
Birth_Rate		0. 003*** (4. 926)	0. 003*** (3. 725)		0. 003 (0. 159)	−0. 031 (−1. 364)
Per_Cel		−0. 000 (−0. 081)	−0. 000 (−0. 101)		−0. 062 (−0. 991)	−0. 193** (−2. 523)
Pro_FS		0. 001*** (16. 797)	0. 001*** (16. 780)		0. 030*** (13. 065)	0. 030*** (12. 553)
Gender		−0. 003 (−0. 468)	−0. 007 (−1. 111)		−0. 305* (−1. 795)	−0. 439** (−2. 429)
Wenge		−0. 002 (−0. 945)	−0. 002 (−0. 915)		−0. 089 (−1. 471)	−0. 227*** (−3. 100)
GQ		−0. 002 (−0. 497)	−0. 001 (−0. 255)		0. 032 (0. 304)	0. 160 (1. 460)
Ind/Year	未控制	未控制	控制	未控制	未控制	控制
F	7. 570	50. 441	18. 085			
$AdjR^2$	0. 002	0. 129	0. 161			
LR Chi2				11. 053	359. 323	468. 388

续表

	(1)	(2)	(3)	(4)	(5)	(6)
PseudoR^2				0.002	0.068	0.089
N	4008	4008	4008	4008	4008	3976

5. 结论与启示

本文以 2008—2020 年上市家族企业为样本，依据高阶理论和烙印理论，实证检验了企业家大饥荒经历对家族企业治理中任人唯亲行为的影响。研究发现：（1）具有大饥荒经历的企业家在企业治理模式选择上，更偏好选择任人唯亲这种治理模式。（2）企业家的高等教育经历可以显著弱化其大饥荒经历与家族企业治理任人唯亲行为的正向关系。（3）企业家的体制内工作经历可以显著弱化其大饥荒经历与家族企业治理任人唯亲行为的正向关系。（4）在法律环境较差的地区和社会信任程度较低的地区，企业家大饥荒经历与家族企业治理任人唯亲行为的正向关系会更加显著。

研究启示：企业家的早年经历会影响其个人意志及偏好，其个人意志和偏好会影响企业家对企业治理模式的选择。早年经历过大饥荒的企业家更容易选择任人唯亲的治理模式。这种任人唯亲的治理模式容易导致家族企业决策过程中出现"家长决策制"和"一言堂"等现象，一定程度上会对决策质量造成负面影响。因此，对于企业家来说，企业家要注意培养清醒的自我意识，认识到自身决策行为会受到过往经历的影响，对其保持警惕，以免影响企业长期发展；另一方面，企业家有必要在企业中选聘一些与自身经历存在差异的高管人员。不同经历的人有着不同的知识经验，异质性的知识经验可帮助企业家从自身经历的"窠臼"中解脱出来，提高决策质量。对于政府部门来说，地方政府应当进一步提升政府治理水平，通过有效的监管政策，防范和减少政府官僚机构、官员对企业的侵害行为，规范地方政府对微观经济的干预行为，加强产权保护，优化地方法律环境，为企业发展提供正式制度保障，以此缓解部分企业家的风险敏感性；同时，地方政府应加快推进当地信任环境的建设，将当地建设为诚信文明的健康城市，以此缓解部分企业家对他人的不信任，促使其积极推进家族企业治理的现代化转型。

未来研究方向：一是关于早年经历过大饥荒的企业家与家族企业治理任人唯亲行为关系的分析，背后所蕴含的是企业家大饥荒经历引致的对权力和财富的"稀缺心态"以及对他人的不信任，本研究通过后期学习、工作经历、地区法律环境、社会信任等调节变量的检验，一定程度上提供了验证。但限于变量测量难度和数据的可获得性，有可能直接的作用路径没有完全反映出来，这有待未来加以解决。二是关于任人唯亲行为的测量更多的是基于企业实际控制人的血亲、宗亲等亲缘关系，但实际上在个体的"亲人"范畴中可能还包括关系亲近的同学、战友及老乡等，这需要未来做进一步的细致研究。三是本文的样本企业为公开上市的家族企业，这在一定程度上限制了研究结论的可推广性，未来条件成熟情况下，可以考虑补充未上市家族企业样本进行重新检验。

◎ 参考文献

[1] 蔡蔚萍．高等教育对社会信任的影响及其作用机制变迁［J］．湖北社会科学，2017（2）．

[2] 曾萍，吕迪伟，刘洋．技术创新、政治关联与政府创新支持：机制与路径［J］．科研管理，2016，37（7）．

[3] 曾宪聚，陈霖，严江兵，杨海滨．高管从军经历对并购溢价的影响：烙印—环境匹配的视角［J］．外国经济与管理，2020，42（9）．

[4] 陈德球，魏刚，肖泽忠．法律制度效率、金融深化与家族控制权偏好［J］．经济研究，2013，48（10）．

[5] 陈东．私营企业出资人背景、投机性投资与企业绩效［J］．管理世界，2015（8）．

[6] 陈凌，王昊．家族涉入、政治联系与制度环境——以中国民营企业为例［J］．管理世界，2013（10）．

[7] 程令国，张晔．早年的饥荒经历影响了人们的储蓄行为吗？——对我国居民高储蓄率的一个新解释［J］．经济研究，2011，46（8）．

[8] 戴维奇，刘洋，廖明情．烙印效应：民营企业谁在“不务正业”？［J］．管理世界，2016（5）．

[9] 韩亦，郑恩营．组织印记与中国国有企业的福利实践［J］．社会学研究，2018，33（3）．

[10] 李文佳，朱玉杰．儒家文化对公司违规行为的影响研究［J］．经济管理，2021，43（9）．

[11] 李新春．经理人市场失灵与家族企业治理［J］．管理世界，2003（4）．

[12] 李莹，刘鹏飞．社会信任对企业全要素生产率的影响研究［J］．当代经济管理，2022，44（8）．

[13] 林淑贞，周泳宏．饥荒、性格形成与心理健康［J］．劳动经济研究，2019，7（6）．

[14] 刘宏伟，刘元芳．论社会资本视域中的阶层关系和谐［J］．大连理工大学学报（社会科学版），2013，34（2）．

[15] 马永强，邱煜．CEO 贫困出身、薪酬激励与企业风险承担［J］．经济与管理研究，2019，40（1）．

[16] 潘越，翁若宇，纪翔阁，戴亦一．宗族文化与家族企业治理的血缘情结［J］．管理世界，2019，35（7）．

[17] 沈维涛，幸晓雨．CEO 早期生活经历与企业投资行为——基于 CEO 早期经历三年困难时期的研究［J］．经济管理，2014，36（12）．

[18] 孙泽宇，齐保垒．社会信任、法律环境与企业社会责任绩效［J］．北京工商大学学报（社会科学版），2022，37（1）．

[19] 汪小圈，张红，刘冲．幼年饥荒经历对个人自雇选择的影响［J］．金融研究，2015（5）．

[20] 王绍光，刘欣．信任的基础：一种理性的解释［J］．社会学研究，2002（3）．

[21] 王营，曹廷求．CEO 早年大饥荒经历影响企业慈善捐赠吗？［J］．世界经济文汇，2017（6）．

[22] 吴成颂，黄送钦，钱春丽．高管背景特征对银行风险承担的影响——来自中国上市银行的经验证据［J］．现代财经（天津财经大学学报），2014，34（5）．

[23] 徐富明，张慧，马红宇，邓颖，史燕伟，李欧．贫困问题：基于心理学的视角［J］．心理科学

进展，2017，25（8）.
［24］许静静，吕长江．家族企业高管性质与盈余质量——来自中国上市公司的证据［J］．管理世界，2011（1）.
［25］许年行，李哲．高管贫困经历与企业慈善捐赠［J］．经济研究，2016，51（12）.
［26］许为宾，蹇亚兰，严子淳．家族企业所有权来源、合法性质疑与创新投资［J］．科研管理，2020，41（11）.
［27］余明桂，李文贵，潘红波．管理者过度自信与企业风险承担［J］．金融研究，2013（1）.
［28］张文宏，于宜民．社会网络、社会地位、社会信任对居民心理健康的影响［J］．福建师范大学学报（哲学社会科学版），2020（2）.
［29］赵景艳，李旭东．特殊信任还是普遍信任——基于社会信任对企业异地投资的影响［J］．山西财经大学学报，2022，44（8）.
［30］赵西亮．教育、户籍转换与城乡教育收益率差异［J］．经济研究，2017，52（12）.
［31］邹立凯，宋丽红，王博．世代效应：民营企业家群体的阶层地位变迁研究［J］．经济管理，2020，42（4）.
［32］Benmelech，E.，Frydman，C. Military CEOs［J］. Journal of Financial Economics，2015，117（1）.
［33］Graham，J. R.，Harvey，C. R.，Puri M. Capital allocation and delegation of decision-making authority within firms［J］. Journal of Financial Economics，2015，15（1）.
［34］Hambrick，D. C.，Chen，C. M. J. The influence of top management team heterogeneity on firms' competitive moves［J］. Administrative Science Quarterly，1996，41（4）.
［35］Han，Y.，Zheng，E.，Xu，M. The influence from the past：Organizational imprinting and firms' compliance with social insurance policies in China［J］. Journal of Business Ethics，2014，122（1）.
［36］James，Kai-sing Kung，Chicheng，Ma. Can cultural norms reduce conflicts? Confucianism and peasant rebellions in Qing China［J］. Journal of Development Economics，2014，111.
［37］Kish-Gephart，Jennifer，J.，Campbell，Joanna Tochman. You don't forget your roots：The influence of CEO social class background on strategic risk taking［J］. Academy of Management Journal，2015，58（6）.
［38］Kraus，M. W.，Stephens，N. M. A road map for an emerging psychology of social class［J］. Social & Personality Psychology Compass，2012，6（9）.
［39］La Porta，R.，Lopez-De-Silanes，F.，Shleifer，A.，Vishny，R.. Investor protection and corporate governance［J］. Journal of Finance，2000，58（2）.
［40］Li，J. J.，Poppo，L.，Zhou，K. Z. Do managerial ties in China always produce value? Competition，uncertainty，and domestic vs. foreign firms［J］. Strategic Management Journal，2008，29（4）.
［41］Malmendier，U.，G. A. Tate and Y. Jonathan. Overconfidence and early-life experience：The impact of managerial traits on corporate financial policies［J］. Journal of Finance，2011，5.
［42］Marquis，Christopher，Tilcsik et al. Imprinting：Toward a multilevel theory［J］. The Academy of

Management Annals, 2013, 7 (1).
[43] Mcevily, B., Jaffee, J., Tortoriello, M. Not all bridging ties are equal: Network imprinting and firm growth in the Nashville legal industry, 1933-1978 [J]. Organization Science, 2012, 23 (2).
[44] Schoar, B. A. The role of family in family firms [J]. The Journal of Economic Perspectives, 2006, 20 (2).
[45] Simon, J. Williams. Modernity and self-identity: Self and society in the late modern age [J]. Sociology of Health & Illness, 1992, 14 (2).

Cronyism: Entrepreneurs' Experience of the Great Famine and Family Business Governance

Xu Weibin Tang Qingzhou Wang Suoling
(Business School, Guizhou University, Guiyang, 550025)

Abstract: The familial governance model of favoritism is widely present in Chinese family business. Based on the higher-order theory and branding theory , this article empirically tests the impact of the entrepreneur's experience of the Great Famine on the favoritism behavior in family business governance, starting from the individual characteristics of entrepreneurs. Research has found that: (1) Entrepreneurs who experienced the Great Famine in their early years have a more prominent behavior of favoritism in their family businesses. (2) Entrepreneurial higher education and institutional work experience can significantly weaken the relationship between their experiences of famine and cronyism in family business governance. (3) The positive relationship between the entrepreneurial famine experience and the cronyism behavior in family business governance is more significant in areas with poor legal environment and low social trust. This study provides a different deconstruction logic for deepening the theoretical understanding of how the family governance model is formed.

Key words: The great famine; Higher-order theory; Branding theory; Family business; Cronyism

专业主编：杜旌

数智化人力资源管理的伦理失范：表现、形成与作用机制

● 文 鹏 曹雨阳 王 茜
（华中师范大学经济与工商管理学院 武汉 430079）

【摘　要】数智技术提升了企业人力资源管理的效率，同时也带来了潜在的伦理风险。结合数智技术、人力资源管理以及伦理失范等多学科领域的研究，提出企业数智化人力资源管理的伦理失范主要表现为过度监控、数据滥用、算法偏差与福祉缺失，其形成主要通过管理团队的绩效动因和控制动因。行业竞争程度、平台化程度等因素会促使上述伦理失范现象的产生，并最终对企业和员工多个层面的结果造成负面影响。该研究将有利于人们更加清晰地认识此类伦理失范的突出性、普遍性与负面性，为科学、合理地开展数智化人力资源管理活动提供启示与方向。

【关键词】数智技术　人力资源管理　伦理失范　控制动因
中图分类号：F272　　　文献标识码：A

1. 引言

随着人工智能、云计算、大数据等数智技术的不断进步，组织工作效率显著提升。与此同时，数智技术引发的管理伦理冲突加剧，尤其体现在人力资源管理活动中（赵曙明等，2019）。例如，有媒体报道，杭州一家互联网公司曾用高科技坐垫监控员工是否在工位，一度引发热议（李白白，2021）；又如，在外卖平台企业，系统算法不断缩短配送时长，致使外卖骑手为了实现绩效目标频繁违反交通规则，职业安全堪忧。在使用数智技术时，类似的人力资源管理伦理问题日益凸显（谢小云等，2021）。

然而，回顾既有的研究发现，过去学者们主要从积极角度关注数智技术驱动人力资源管理带来的工作变化与挑战。例如，李磊等（2021）认为机器人正在创造新的劳动机会和岗位，这有利于提

通讯作者：曹雨阳，E-mail：rainiecao@126.com。

升劳动就业水平；Liu 等（2020）发现人工智能的使用有利于个体与组织创造力的提升。同时，刘善仕等（2021）、Tambe 等（2019）提出，数智技术正在对传统的人力资源管理形成冲击与挑战。总体而言，这些研究认为，数智技术对企业人力资源管理以及员工会带来积极的影响，但对于该类技术引发的负面伦理问题，研究相对不足（De Cremer and Moore，2020），并且尚未有文献对该问题及其前因后果进行系统分析。近期学者们也在呼吁，今后需要关注数智技术在人力资源管理中的伦理问题（谢小云等，2021；Bhave et al.，2020）。

鉴于上述现实背景与理论缺口，本文拟对该前沿话题进行一个系统的探讨与分析。本研究将识别数智化人力资源管理的伦理失范现象；在此基础上，依次剖析其内在动因、影响因素以及作用机制。本研究的贡献体现在以下三个方面：首先，该研究关注数智化人力资源管理过程中的伦理失范，能弥补该领域对伦理问题研究的不足，丰富人力资源管理领域伦理失范的研究；其次，本文对数智化人力资源管理伦理失范进行了准确的概念界定，并初步提出了其结构维度，为后续的实证研究奠定了基础；最后，本文深入分析了该概念发生的动因、影响因素以及作用机制，为系统理解该概念的形成与作用提出了框架性的启示。

2. 研究设计

2.1 数智化人力资源管理伦理失范的内涵

失范（anomie）描述了社会缺乏共同规则来约束人们行为的一种状态，伦理失范则聚焦于伦理（道德）领域的规范削弱甚至丧失。早期研究聚焦于社会伦理失范带来的负面现象（如自杀等）（乐国安和陈玖平，1997），后面逐渐关注多领域（如行政管理、学术研究、网络传播等）的伦理失范（丁成际，2011；顾越桦，2013）。学者们也尝试将伦理失范的研究置于微观组织中，关注组织及个体的伦理失范。例如，Chian 等（2018）整合社会学和管理学的研究，提出组织伦理失范大致包括规范信仰丧失、规范冲突、规范削弱、规范模糊与规范缺失五个方面。Choi 等（2018）发现，员工感知的企业社会责任活动会减少其工作伦理失范，进而削弱其偏差行为。

具体到微观组织中的人力资源管理活动，学者们主要是在传统（或非数智化）情境下探讨其伦理失范问题。例如，国内学者从定性角度探讨了人力资源管理实践的伦理要素（赵曙明和黄昊宇，2006）、伦理困境（颜爱民等，2012）与伦理导向人力资源管理实践的跨层次作用（陈丝璐等，2020）。国外学者 Wooten（2001）概括了人力资源管理各职能中存在的非伦理行为，如歪曲事实和合谋、侵犯员工权利等，其他研究则探讨了人力资源管理实践中的伦理管理难点（Gndz and Hayes，1988；Wnstanley and Woodall，2000）、伦理表现与要求（Rowan，2000；Guerci et al.，2015；Braga et al.，2021）以及非伦理引发的公平、诚信等问题（Mathis and Jackson，1997）。

本文将“数智化人力资源管理伦理失范”定义为：企业组织使用数智技术开展人力资源管理活动时产生的违背社会道德的状态。该核心概念是对人力资源管理实践、数智化技术以及伦理失范三个研究领域的交叉融合，如图 1 所示。尽管过去学者们已经分别关注了上述三个领域以及两两结合，但直到最近，才有学者开始尝试探讨在使用数智技术开展人力资源管理时产生的伦理问题。例如，谢小云等（2021）从理论上提出，数字化技术会导致“全景监狱”、去人性化等人力资源管理方式的产生，进而会引发伦理问题；胡心约等（2022）提及，使用人工智能进行员工情绪识别可能会遇到伦理挑战。Bhave 等（2020）指出，当使用人工智能、算法技术等收集和分析个体数据时，要特别关注隐私保护。这些研究者敏锐地发现，数智技术会对传统人力资源管理带来新的伦理问题，但从总体上看，直接关注该话题的研究尚处于起步阶段。

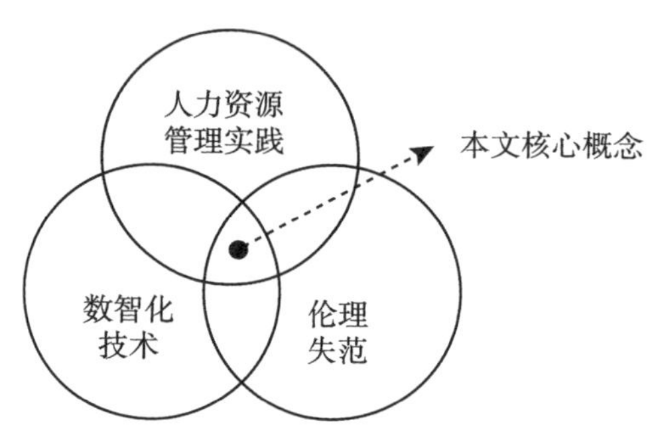

图 1　本文核心概念的构成

2.2　研究方法与框架

本文主要采用文献研究法和开放式问卷法来展开研究。其中，文献研究法是通过回顾与比较，提出数智化人力资源管理伦理失范这个理论概念，并结合组织管理中的相关理论，以研究构想的形式，提出若干个研究命题与观点；开放式问卷法则用于探究数智化人力资源管理伦理失范的初始结构维度，明晰该核心概念在现实中的具体表现，为本文后面的逻辑分析奠定基础。

本文的逻辑关系如图 2 所示。首先，拟探讨数智化人力资源管理伦理失范这个核心概念的构成；接着分析导致该现象发生的决策过程，即内在动因，并在此基础上依次探讨影响该动因的外部因素；最后，考虑到该伦理失范是一个组织层面的现象，它可能会导致组织和员工两个层面的外在结果的变化，因此本文将分析伦理失范对组织和员工表现造成的潜在影响。本文之所以按照该逻辑关系展开，其原因主要包括三点：首先，该逻辑关系具有较强的系统性。由于数智化人力资源管理伦理失范是一个较新的研究领域，作为一个探索性研究，本文需要对其外部影响因素、内在动因、结果等进行系统阐述，这将有利于人们更加全面地认识该概念。其次，本研究的框架也符合实证研究“前因后果”的逻辑关系，便于学者们今后开展相关的定量研究。最后，在伦理决策的研究（如 Trevino，1986；Jones，1991）中，一般遵循“先近后远”的研究顺序，即先厘清近端的内在动因，再自然延伸到远端的外部影响因素，以便抓住决策过程中的关键要素和内在机理，本研究的前因研究部分也借鉴了该研究逻辑。

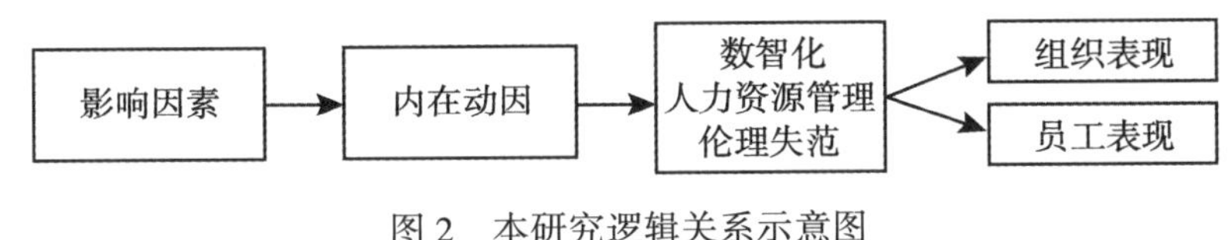

图 2　本研究逻辑关系示意图

3. 数智化人力资源管理伦理失范的表现

为了深入了解数智化人力资源管理的典型伦理失范现象，本文采用开放式问卷，对中部一所高校的 30 名 MBA（工商管理专业硕士）学生进行调查。他们均来自我国不同的企业组织。在课间休息时，采用纸笔调查的方式，让他们回答“在自己的企业中有哪些数智化人力资源管理的伦理失范现象”，调查问卷当场收回。结果显示，有 1 名 MBA 学生未填写，原因是其所在企业没有使用数智技术，其余 29 名均进行了填写。本次调查共获得 107 个词条，人均报告 3.57 个。本文作者根据这些词条的含义予以归类整理，并在此基础上进行频次统计，结果如表 1 所示。其中，四类现象合计共占所有词条 86.9%的比例，从整体上反映了数智化人力资源管理伦理失范的主体内容，本文将它们视为该核心概念的四个初始维度，分别介绍如下：

表 1　**数智化人力资源管理伦理失范的词条频次统计**

归类名称	原始词条描述举例	词条合计数量	占全部词条的比例
过度监控	✓ 监控员工沟通记录 ✓ 视频监控员工行为 ✓ 利用大数据技术监控员工上班的网络使用情况	27	25.2%
数据滥用	✓ 不保护员工隐私 ✓ 在录用员工背景分析中触犯员工隐私 ✓ 运用人工智能技术窃取人脸与指纹信息	25	23.4%
算法偏差	✓ 目标制定很高，努力都完成不了 ✓ 刻板的数字化考核指标 ✓ 阻碍部分低学历员工晋升	21	19.6%
福祉缺失	✓ 数智化会使 HR 没有以前那么有人情味 ✓ 感觉上级对我们的关心变少了 ✓ 似乎感受不到单位的关怀了	20	18.7%
其他（无法统一归类）	✓ 利用数字化培训员工单一化 ✓ 员工想匿名反映一些问题，但仍能查出员工是谁	14	13.1%

一是过度监控，指采用数智技术对员工工作过程、作息时间分配等实施超越正常范围的监控。

数智技术的实时跟踪功能为监控员工提供了更强的技术支撑。例如，一些企业通过坐垫监控员工是否在工位、安装厕所计时器、为外勤员工强制配备手环等，都属于过度监控的范畴。有关工作场所电子监控（electornic monitoring）的研究也表明，过度监控是使用数智技术管理员工时常见的一种现象（Siegel et al.，2022）。

二是数据滥用，指使用数智技术窃取、篡改、泄露员工个人信息数据，侵犯员工隐私。与传统技术相比，数智技术具有更强大的数据处理能力，这为不规范使用数据提供了技术上的“便利”。例如，部分企业的人力资源管理者会通过数智技术随意传播应聘者信息或员工的人才画像信息。正如胡心约等（2022）指出，人工智能在处理这些数据时会遇到伦理挑战与困境。

三是算法偏差，指在设计人力资源管理实践算法或程序时，存在明显的不合理、不公平与歧视现象，如绩效目标过高、招聘歧视等。作为一种高级的计算程序，算法（algorithm）是驱动数智技术的关键要素（刘善仕等，2021）。与传统管理方式相比，算法能更加隐蔽地实现管理者的意图，导致算法偏差更普遍且难以被发现。

四是福祉缺失，指使用数智技术时更关注算法、技术等的科学性，却缺乏对员工的同理心，忽略了员工作为“人”的基本需求与人文关怀（De Cremer and Moore，2020）。例如，部分企业过分看重对数智技术的资金投入，却对实施数智技术给员工带来的压力、挑战以及员工应该享有的福利、关怀等不太关心。

需要特别强调，尽管上述四个维度具有一定的现实来源和理论依据，但它只是反映了数智化人力资源管理伦理失范的初始结构维度，未来还需要进一步通过更大范围的调查来验证该结构。

为了进一步认识数智化人力资源管理伦理失范的表现，本文将该概念与传统的人力资源管理伦理失范进行了比较，如表 2 所示。两者的相同之处在于，都是发生在组织内，并且都在一定程度上体现了人力资源管理团队的管理意图。两者的差异也较为明显，数智化人力资源管理伦理失范具有较强的数智技术特征，传统的则几乎没有涉及该要素。在隐蔽性要素中，由于数智技术的使用具有一定的门槛，并且管理者拥有使用该技术的权力，他们在后端操作的过程不易被员工观察到，进而导致数智化人力资源管理的伦理失范更难以发现。同时，组织管理者会以提升工作效率、降低企业成本等为借口，尽力将数智技术带来的伦理失范在组织内合法化，让大家接受或默许该现象的发生，使得相对于传统而言，数智化人力资源管理伦理失范的合法性更高。最后，随着数智技术的逐渐普及，它们正在应用于越来越多的人力资源管理情景，但人们对于其负面伦理问题的认识还非常不够，导致这类伦理失范具有较强的普遍性与广泛性。

表 2　**与传统人力资源管理伦理失范的异同比较**

比较要素	传统人力资源管理伦理失范	数智化人力资源管理伦理失范
发生环境	组织内	组织内
实施者	人力资源管理团队	人力资源管理团队
数智技术特征	无	有
隐蔽性	较弱	较强

续表

比较要素	传统人力资源管理伦理失范	数智化人力资源管理伦理失范
合法性	较低	较高
广泛性	一般程度	较高程度

4. 数智化人力资源管理伦理失范的内在动因

4.1 两类内在动因

在使用数智技术时，人力资源管理团队为什么会在实践中做出伦理失范决策或实施相关行为呢？经典的伦理决策研究认为，人们在实施（非）伦理行为之前，既有经济原因的考虑，也会受到非经济因素，即社会心理要素的影响（Trevino，1986；Jones，1991）。基于既有研究以及目标设定理论与权力接近—抑制理论，本文认为主要存在以下两类动因：

第一，从经济型路径出发，人力资源管理团队会为了完成组织目标而产生较强的绩效动因。当企业引入数智技术进行人力资源管理时，他们往往会付出一定的资金成本，此时会期望该技术能进一步提升组织效率与绩效。这会导致管理团队将注意力更集中于绩效目标达成，进而诱发绩效动因。进一步，目标设定（goal setting）的研究发现，目标实现压力带来的绩效动因一方面会有助于绩效的提升，另一方面也会诱发不道德行为（文鹏等，2017）。从本质上看，管理者的绩效动因与追求经济目标密切相关，这在当前我国的企业组织中较为常见。以互联网企业为例，他们的商业模式往往是建立在“技术+资金”的基础上，资金特别强调回报率，此时数智技术很容易成为实现资金增值的手段与工具。

第二，从社会型路径出发，数智技术会让人力资源管理团队拥有更先进的管理手段，进而对员工产生较强的控制动因。例如，在传统的管理情境下，管理者主要通过现场视察等方式才能掌握员工的工作轨迹，而在数智化情境下，管理者只需要点击鼠标或者查看电脑端的数据，就能轻松掌握员工的工作情况，这种技术上的便利性很容易诱发管理者的控制动因。正如 Rosenblat 和 Stark（2016）所言，算法设计所传递的信息，往往与员工报酬相关联，这种隐藏在数据信息背后的传递，本质上是企业利用数智技术手段对劳动控制权力的支配。与绩效动因的“经济”属性不同，控制动因主要体现管理团队作为“社会人”对组织权力的使用。同时，权力接近—抑制理论（approach-inhibition theory of power）指出，高权力会激活决策者的“接近”行为，导致他们更易于实施冒险行为、不道德行为等（Anderson and Berdahl，2002）。由此推断，当数智技术给人力资源管理者控制员工带来便利性与高权力感时，他们也会在管理决策中出现伦理失范的现象。

4.2 两类动因作用于伦理失范的边界条件

尽管上述两类动因会导致管理者在数智化人力资源管理中的伦理失范决策，但这种作用也会受到一些关键因素的影响，即动因作用于伦理失范会存在一些边界条件。根据行为伦理决策过程的相关研究，伦理决策是发生在组织内部的，该组织的特征理应对决策过程造成显著的影响（Trevino，1986）。同时，在道德效用理论（moral utility theory）研究中，Hirsh等（2018）提出来自外部的奖励或惩罚会改变人们对于道德效应的感知，进而影响整个道德决策过程，该因素应该受到学者们的重视。鉴于此，本文将主要考察组织自身特征与外界惩罚的调节影响。

第一，组织特征。不同特征的企业，两类动因对伦理失范的作用力也会有所差异。以企业生命周期为例，相对于成熟阶段的企业，创业型企业面临的生存压力更大。在绩效动因的驱使下，这些企业更可能会追求绩效目标而忽略伦理要求，进而导致伦理失范的增加。又如，对于不同所有权性质的企业而言，相对于国有企业，民营企业所拥有的资源有限，也会导致其绩效动因与伦理失范的关系增强。

第二，实施伦理失范被惩罚的概率与程度。由于伦理失范现象违背了社会的规范，实施的主体企业将会受到来自外界的惩罚，如受到相关的行政处罚、顾客不再购买企业的产品或服务等。在人力资源管理活动中，当采用数智技术实施伦理失范被惩罚的概率增大，或者惩罚程度加重时，他们付出的成本将超过收益，即便产生了上述两类动因，但进一步导致伦理失范的可能性会下降。Hirsh等（2018）在有关道德效用的研究中也指出，当外界对非伦理行为的惩罚越高时，个体对于道德规则的认知会进一步抑制非伦理决策的产生，作为一种外界的强制手段，惩罚会削弱非伦理决策的自我驱动。

5. 数智化人力资源管理伦理失范动因的影响因素

5.1 绩效动因影响因素

基于经济型路径的特征以及绩效动因的内涵，与市场竞争、绩效压力等相关变量会构成绩效动因的关键影响因素。本文从行业、企业和管理团队三个不同的层面，来考察数智技术带来的行业竞争程度、企业绩效导向文化与人力资源管理团队底线心智的影响。

第一，数智技术带来的行业竞争程度。作为一种技术支持与资源投入，数智技术能有助于企业效率的提升以及成本的降低，这将进一步加剧企业之间的竞争程度。当这种行业竞争程度越来越高时，为了在竞争中获胜，企业使用数智技术时会产生更强的绩效驱动力，即绩效动因增加。此时，企业不会太在意技术与管理带来的伦理问题，导致伦理失范现象更容易发生。

第二，企业绩效导向文化。绩效导向文化是指企业鼓励与奖励在绩效上取得进步的程度（House et al.，2002）。当企业的绩效导向文化较高时，其核心价值观、经营理念、管理制度等都将围绕追求优秀绩效的达成。在这种文化环境的影响下，绩效高低会成为衡量管理者成败与否的唯一要素。此时，管理者极易产生较强的绩效动因，数智化人力资源管理也会指向绩效的达成，进而产生伦理失范现象。

第三，管理团队底线心智（bottom-line mentality）。它是指实现底线目标而忽略道德的思维模式。当个体或团队具有较强的底线心智时，他们倾向于不惜一切代价追求底线目标，而相对忽视与绩效目标无关的要素，此时极易导致非伦理决策与行为的发生（Zhang et al.，2020）。因此，人力资源管理团队的底线心智会增强团队的绩效动因，进而导致使用数智技术时产生伦理失范。

5.2 控制动因影响因素

如上所述，管理团队实施非伦理决策的控制动因，是建立在数智技术基础上的。换句话说，没有这些技术的支撑，控制动因也将难以产生。因此，企业在使用这些技术时所拥有的数智化特征，与控制动因紧密相连。参考马海刚（2022），本文考察三类重要的数智化特征，即平台化程度、数据透明度与数智系统开放性的潜在影响，也将它们视为社会型形成路径的重要影响因素。

第一，企业平台化程度。平台化（platformization）是指利用数字系统连接不同的个体、组织和平台，使它们高效协同合作。例如，阿里巴巴旗下的淘宝就是一个典型的平台化组织。平台化组织打破了传统组织的边界和科层设计，连接了两边或多边（人才、资源、市场机会等）以实现价值的创造（陈威如和徐玮伶，2014）。因此，平台化程度越高的企业，所拥有的组织内外资源会越多，进而导致管理者的控制权力越大。此时，人力资源管理团队在使用数智技术时，更易于产生较强的控制动因，受此动因的影响，进而产生伦理失范现象。

第二，企业数据透明度。透明度可用于赋予员工权力和使内部流程可见（Heumann et al.，2015）。在使用数智技术时，产生的数据对员工的透明度越高，员工对企业使用该技术的过程就会有越强的监督。透明度还可以被积极地视为一种绩效激励，从而增加动机、合作和妥协的意愿（Hofmann，2007）。这些都将有利于构建更加平等的沟通机制，削弱管理者的控制动因。反之，当相关数据的透明度越低时，管理者就越具有暗箱操作的空间，这可能会增强管理者的控制意愿与动因，进一步导致人力资源管理的伦理失范。

第三，企业数智系统开放性。开放的数智系统会让管理者在使用时接受更多的外界（包括员工）监督，相应地对员工的控制动因会下降；相反，封闭的数智系统会让管理者受到的外界约束减少，增加了内部控制的可能性，进而导致管理者的控制动因增强。在控制动因的影响下，数智化人力资源管理的伦理失范得以发生。

5.3 影响因素作用于伦理失范的调节效应

上述因素的影响力会受到企业或团队特征的影响。既有研究发现，与伦理有关的企业或团队特征，往往会增强或削弱外部因素对伦理决策动因的影响（Cremer and Moore，2020）。本文主要关注企业伦理氛围和人力资源管理团队数智伦理敏感性的调节作用。

第一，企业伦理氛围。企业伦理氛围（ethical climate）是指企业成员对企业伦理环境特性的一致性认知（Reichers and Schneider，1990）。当企业的伦理氛围较高时，成员对于什么是符合伦理的行为有更强的共同体验和认知。即使受到外部环境、数智技术特征等的影响，在强伦理氛围的约束下，人力资源管理团队对伦理规则有共同的认识，这会导致他们更倾向于作出符合伦理的决策，此时在人力资源管理中的伦理失范现象会减少；反之，当企业伦理氛围较弱时，管理团队对于伦理的判断标准会产生分歧，不会削弱外部因素对伦理失范的影响程度。

第二，团队数智伦理敏感性。伦理敏感性（ethical sensitivity）反映了人们对于伦理问题的知觉程度。高伦理敏感性的团队或个体能更加快速地识别某项活动中存在的伦理问题，进而规避非伦理现象的发生（Sparks and Hunt，1998）。因此，当人力资源管理团队具有较高的数智伦理敏感性时，他们对于数智技术可能带来的伦理问题与风险具有更强的伦理意识，进而导致伦理失范现象减少；反之，低伦理敏感性的团队会对伦理问题相对忽视，在外界因素（如市场压力、数智技术特征）的影响，他们会对伦理问题听之任之，进而导致伦理失范的发生。

6. 数智化人力资源管理伦理失范的多层次作用机制

数智化人力资源管理的伦理失范，不仅会对企业组织层面的结果造成影响，而且也会对组织内员工层面形成影响，这些影响都具有“双刃剑”效应。

6.1 数智化人力资源管理伦理失范的积极作用

如上所示，数智化人力资源管理伦理失范具有广泛性与普遍性，其实施的一个重要动因就是为了追求更好的业绩。基于资源分配和激励两类原因，数智化人力资源管理伦理失范会有利于组织与员工的短期绩效提升。

第一，从资源分配的角度看，当没有外界因素以及自身动因的影响下，组织与员工的资源会处于一个相对均衡的状态，即在各个任务上都会分配相当的资源。但在绩效压力的影响下，为了完成绩效任务，组织和员工会将自身的资源向绩效任务倾斜，以便获得更好的评价（李志成等，2018）。组织的资源包括硬件支持、领导支持、奖励等，个人的资源如认知资源、时间等。在这些资源的影响下，即便数智化人力资源管理伦理失范本身具有一定的负向性，但它仍易于导致企业组织和员工短期绩效的提升。

第二，从激励的角度看，目标设置理论强调，目标会影响激励水平和工作绩效（Lock and Latham，1990）。尽管数智化人力资源管理伦理失范具有不道德的一面，但其释放出组织关注绩效、追求目标的信号。受绩效目标的影响，员工会为了获得更好的绩效而努力达成目标。这在一定程度上会激发员工的热情，强化他们的工作动力，并且带来较高的短期绩效，最终促使组织短期绩效的提升。

6.2 数智化人力资源管理伦理失范的消极作用

组织污名理论（theory of organization stigmatization）能较好地解释数智化人力资源管理伦理失范对组织层面的负面影响。该理论指出，因为组织发生的某个事件或具有的某种核心特征，社会公众会对组织产生一种刻板印象、负面评价或歧视（Devers et al.，2009）。根据上述污名缘由的不同，组织污名可分为事件污名和核心污名。在社会公众的眼中，数智技术应该被用于提升组织效率、降低经营成本等。换言之，它理应扮演“正面”的角色。一旦它在人力资源管理活动中被违规使用，产生了伦理失范现象，那么，社会公众就会为该企业贴上不道德的标签并形成刻板印象，增加对该企业污名化的程度。在既有的研究中发现，组织污名这种负面评价会在利益相关者之间扩散，并降低对于企业的信任程度（Kvåle and Murdoch，2021）。这对于企业的长期发展是不利的，即会降低企业的可持续绩效；同时，由于企业采用数智技术实施了不道德的人力资源管理活动，这让数智技术的正常使用受到挑战，也会对企业在数智化情境下受挫后的反弹与繁荣能力带来负面影响，即企业的数智化韧性（resilience）将会下降。

信息加工理论（information processing theory）则能较好地解释数智化人力资源管理伦理失范对个体层面的负面影响。该理论认为，员工会对发生在身边的组织信息予以解读与认知加工，进而产生相关的反应（Swanson，1987）。由于人力资源管理活动的主体就是员工，他们会对该活动的开展方式、伦理规范等格外敏感。当他们发现企业在管理中采用数智技术作出了伦理失范决策时，他们会认为这些技术只不过是监控自己的工具，对技术的积极作用不予认可，进而导致对技术是否可靠、有用等都会产生怀疑，即对数智技术失去信任。当信任降低后，员工与组织的社会交换关系遭到破坏，并可能会产生一些负面的情绪，进而针对数智技术或设备、同事以及企业实施负面行为（如故意破坏、怠工、欺骗等），即反生产行为（counter-productive work behavior）。过去的研究也发现，当员工对组织的信任感下降时，他们会实施多指向（包括组织、领导、同事等）的反生产行为（Colquitt et al.，2007）。

同时，组织污名还可能会跨层影响员工技术失信的中介效应。从本质上看，组织污名是社会公众对组织给予的负面评价（Devers et al.，2009）。在本文的研究中，这种负面评价主要是源于该企业对数智技术的不道德使用。此时，组织污名为员工评价企业使用数智技术提供了依据和参考，这在一定程度上会加剧员工对于数智技术的不信任感，进而产生更多的针对该类技术的反生产行为。换句话说，组织污名会正向调节技术失信的中介效应。

6.3 上述两类作用过程中的调节效应

本文主要考察归因与企业先前声誉对上述作用过程的调节效应。学者们发现，组织实施的任何一项行动并非会对利益相关者造成一致性的影响，其影响力的大小往往取决于他们如何来解读或归因这项行动（Nishii et al.，2008；Pelletier and Bligh，2008）。因此，本文认为，公众或员工归因可能是上述影响中的重要调节变量。根据归因理论（attribution theory），个体会对发生于周围环境中的各种社会行为做出一定的解释，并采取相应的行动来回应该解释（Martinko and Mackey，2019）。一般而言，归因可分为外部归因和内部归因，前者往往关注不可控制的外部原因，后者关注的是可控制的内部原因。相对应地，公众或员工也会将数智化人力资源管理伦理失范进行两类归因，一类归因为绩效动因，即企业在面临外部竞争时不得不采取伦理失范的决策，此时公众或员工可能会对绩效压力予以理解，组织污名与技术失信在上述影响过程中的中介效应会被削弱；另一类归因为控制动因，即认为企业故意采用技术上的不平等地位来控制员工，此时他们会产生强烈的反感情绪，进而导致组织污名与技术失信的中介效应增强。

此外，组织污名理论也指出，人们对企业当前负面形象的看法，通常也会受到企业先前声誉的影响（Devers et al.，2009）。企业声誉反映了利益相关者对企业的综合评价。良好的企业先前声誉会让公众或员工对企业有更强的信任感，并愿意支持企业的发展。即便企业出现了数智化人力资源管理的伦理失范，其先前声誉会让公众或员工有更强的宽容度，这些都会削弱组织污名与技术失信的中介效应。

7. 结语

本研究充分借鉴计算机、科技哲学、组织行为学、社会学、心理学等多学科的知识，深入探讨了数智化人力资源管理伦理失范的表现形式、动因、影响因素与作用机制。本文突破了既有研究主要关注数智技术的正面驱动力，转而探讨了其在人力资源管理中潜在的负面伦理问题。本文的主要研究观点总结如下：（1）数智化人力资源管理的伦理失范主要包括过度监控、数据滥用、算法歧视、福祉缺失四个方面。（2）绩效动因和控制动因是上述伦理失范形成的两个关键过程。组织特征（企业生命周期、企业性质）以及实施伦理失范被惩罚的概率与程度会调节上述过程。（3）数智技术带来的行业竞争程度、企业绩效导向文化与管理团队底线心智，会通过绩效动因增加伦理失范，同时与数智技术特征相关的企业平台化程度、数据透明度与数智系统开放性，会通过控制动因进而导致伦理失范的发生。企业伦理氛围和人力资源管理团队数智伦理敏感性会调节上述过程。（4）上述伦理失范会有利于组织和员工短期绩效的提升，但通过组织污名，会降低企业的可持续绩效与数智化韧性，同时也会让员工产生技术失信，进而在工作场所实施反生产行为。同时，公众或员工的归因以及企业先前声誉都会调节上述中介效应。根据上述研究结论，本文的总体框架如图 3 所示。

本研究既丰富了数智化人力资源管理的伦理研究，也将为管理实践带来若干启示。首先，鉴于数智化人力资源管理伦理失范的独特性和普遍性，组织需要对管理者与员工加强培训，让他们更加清晰地认识伦理失范的具体表现，并且意识到这些伦理失范就发生在我们身边。组织也可根据上述以及今后的理论研究，对组织中该类伦理失范的程度予以评价与衡量，以便为后续治理提供更为准确的依据。其次，本研究分析了伦理失范给组织和员工带来的负面结果，这表明组织应该采取各种措施来减少伦理失范的发生。建议组织主动对系统、算法等隐性信息予以适度公开与解释，并构建相应的内部申诉渠道。同时，组织也不可忽视基础类管理手段，譬如组织伦理氛围的建设、将伦理表现视为管理者考核的重要指标等。即便在数智化情景下，这些策略对于减少伦理失范仍会有重要

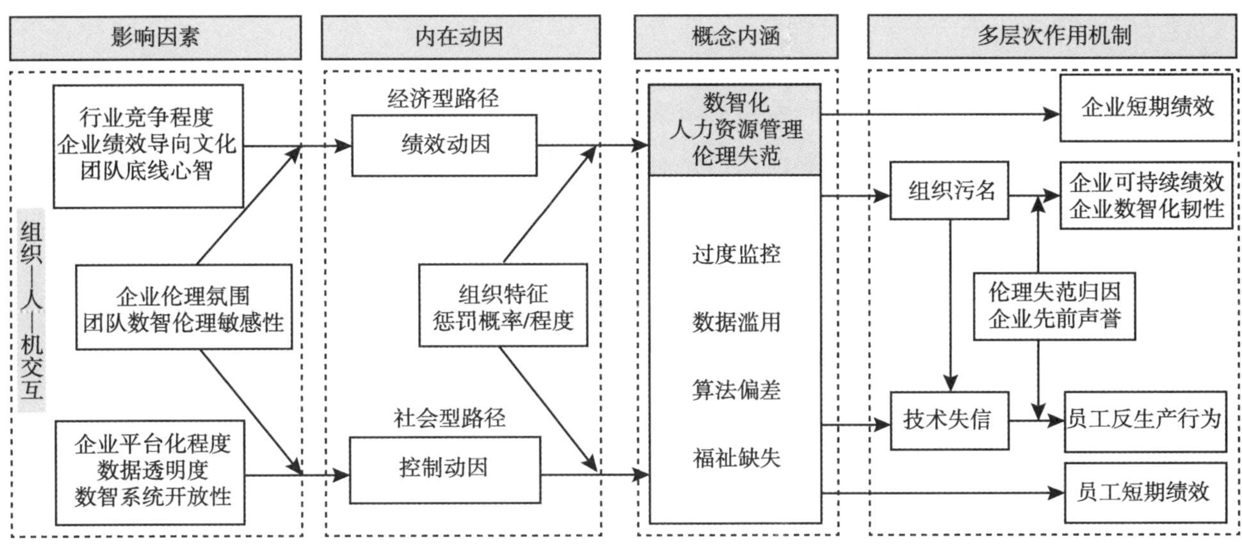

图 3　本研究总体框架图

的作用。最后，本文提出了伦理失范形成的两种动因，即绩效动因和控制动因。组织应通过各种措施来干预上述动因的形成。例如，针对绩效动因，组织应培养管理者树立正确的绩效观，并提供组织支持来减弱管理者的绩效压力；针对控制动因，已有研究发现算法权力（algorithmic power）是导致社会控制的重要因素（Kellogg et al.，2020），组织可将管理者拥有的算法权力公开化和透明化，削弱管理者产生控制动因的意愿与机会。

由于本文所探究的话题尚属于前沿领域，且采用研究构想的方式提出了诸多观点和命题，还存在一些不足之处，未来需要展开一系列的研究来推动该领域的发展。首先，本文仅从理论上提出了相关概念的构成以及前因后果之间的关系，未来需要开展相关的实证研究来验证上述观点。具体可采用问卷调查、实验、案例等方法。其次，对于上述伦理失范的形成原因与影响因素，今后可能需要从更加广阔的视角来予以探讨。例如，伦理心理学研究发现，个体在实施（非）伦理决策时，既有可能经过认知推理（cognitive reasoning）过程，也有可能是来自本身的情绪直觉（affective intuition）（Zollo et al.，2017）。本文主要集中在对前者的分析上，未来可进一步探讨情绪直觉在其中可能扮演的角色。最后，未来还需要采用案例比较法，进一步提出数智化人力资源管理伦理失范的治理策略。例如，可选择若干家使用数智技术来开展人力资源管理活动的企业，采用比较研究的方式，分析其在伦理表现上存在差异的原因，进而找到更有效的治理策略；同时，也可借鉴国外优秀企业的做法，提炼出符合我国企业实际的治理策略。

◎ 参考文献

[1] 陈丝璐，张光磊，刘文兴．伦理导向人力资源管理实践的跨层次作用机制：基于社会情境与社会认知理论［J］. 心理科学进展，2020，28（11）.

[2] 陈威如，徐玮伶．平台组织：迎接全员创新的时代［J］．清华管理评论，2014（Z2）．

[3] 程虹，王华星，石大千．使用机器人会导致企业劳动收入份额下降吗？［J］．中国科技论坛，2021（2）．

[4] 丁成际．行政伦理失范的表现、原因及其规避［J］．江汉论坛，2011（3）．

[5] 顾越桦．研究生学术道德失范的道德心理成因分析和对策研究［J］．中国高教研究，2013（6）．

[6] 胡心约，张恬路，李英武．基于 AI 的情绪识别在组织中的实践：现状、未来和挑战［J］．中国人力资源开发，2022，39（1）．

[7] 乐国安，陈玖平．中国社会变迁进程与社会稳定［J］．社会科学研究，1997（5）．

[8] 李白白．用坐垫监视员工，这是“高科技管理”？［EB/OL］．（2021-01-06）https：//baijiahao.baidu. com/s？ id=1688069370882592610&wfr=spider&for=pc.

[9] 李磊，王小霞，包群．机器人的就业效应：机制与中国经验［J］．管理世界，2021，37（9）．

[10] 李新春，陈斌．企业群体性败德行为与管制失效——对产品质量安全与监管的制度分析［J］．经济研究，2013（10）．

[11] 李燕萍，陶娜娜．员工人工智能技术采纳多层动态影响模型：一个文献综述［J］．中国人力资源开发，2022，39（1）．

[12] 李志成，王震，祝振兵，占小军．基于情绪认知评价的员工绩效压力对亲组织非伦理行为的影响研究［J］．管理学报，2018，15（3）．

[13] 刘善仕，裴嘉良，钟楚燕．平台工作自主吗？在线劳动平台算法管理对工作自主性的影响［J］．外国经济与管理，2021，43（2）．

[14] 马海刚．HR+ 数字化：人力资源管理认知升级与系统创新［M］．北京：中国人民大学出版社，2022.

[15] 文鹏，任晓雅，陈诚．目标设置对非伦理行为的影响：边界条件与理论基础［J］．心理科学进展，2017，25（8）．

[16] 谢小云，左玉涵，胡琼晶．数字化时代的人力资源管理：基于人与技术交互的视角［J］．管理世界，2021，37（1）．

[17] 颜爱民，魏佳，黄浩睿．企业人力资源管理伦理困境结构维度的本土化探索［J］．管理学报，2012，9（7）．

[18] 赵曙明，黄昊宇．企业伦理文化与人力资源管理研究［J］．经济管理，2006（16）．

[19] 赵曙明，张敏，赵宜萱．人力资源管理百年：演变与发展［J］．外国经济与管理，2019，41（12）．

[20] 周文斌，王才．机器人使用对工作绩效的影响及其作用机制——以中低端技能岗位员工为例的研究［J］．中国软科学，2021（4）．

[21] Anderson，C.，Berdahl，J. L. The experience of power：Examining the effects of power on approach and inhibition tendencies［J］. Journal of Personality and Social Psychology，2002，83（6）.

[22] Autor，D. H.，Levy，F.，Murnane，R. J. The skill content of recent technological change：An empirical exploration［J］. The Quarterly Journal of Economics，2003，118（4）.

[23] Bhave, D. P., Teo, L. H., Dalal, R. S. Privacy at work: A review and a research agenda for a contested terrain [J]. Journal of Management, 2020, 46 (1).

[24] Chatterjee, S., Bhattacharjee, K. K. Adoption of artificial intelligence in higher education: A quantitative analysis using structural equation modelling [J]. Education and Information Technologies, 2020, 25.

[25] Chen, J., Li, R., Gan, M., et al. Public acceptance of driverless buses in China: An empirical analysis based on an extended UTAUT model [J]. Discrete Dynamics in Nature and Society, 2020, 1.

[26] Colquitt, J. A., Scott, B. A., LePine, J. A. Trust, trustworthiness, and trust propensity: A meta-analytic test of their unique relationships with risk taking and job performance [J]. Journal of Applied Psychology, 2007, 92 (4).

[27] De Cremer, D., Moore, C. Toward a better understanding of behavioral ethics in the workplace [J]. Annual Review of Organizational Psychology and Organizational Behavior, 2020, 7 (1).

[28] Devers, C. E., Dewett, T., Mishina, Y., et al. A general theory of organizational stigma [J]. Organization Science, 2009, 20 (1).

[29] Ferrell, O. C., & Fraedrich, J. Business ethics: Ethical decision making and cases [M]. Cengage Learning, 2021.

[30] Graetz, G., Michaels, G. Robots at work [J]. Review of Economics and Statistics, 2018, 100 (5).

[31] Heumann, J., Wiener, M., Remus, U., et al. To coerce or to enable? Exercising formal control in a large information systems project [J]. Journal of Information Technology, 2015, 30 (4).

[32] Hirsh, J. B., Lu, J. G., Galinsky, A. D. Moral utility theory: Understanding the motivation to behave (un) ethically [J]. Research in Organizational Behavior, 2018, 38.

[33] Hofmann, Y. E. Transparenz in Unternehmen: Leistungsanreiz oder Leistungsbremse für ihre Mitglieder? [J]. Zeitschrift für Management, 2007, 2 (1).

[34] House, R., Javidan, M., Hanges, P., et al. Understanding cultures and implicit leadership theories across the globe: An introduction to project GLOBE [J]. Journal of World Business, 2002, 37 (1).

[35] Jones, T. M. Ethical decision making by individuals in organizations: An issue-contingent model [J]. Academy of Management Review, 1991, 16 (2).

[36] Kellogg, K. C., Valentine, M. A., Christin, A. Algorithms at work: The new contested terrain of control [J]. Academy of Management Annals, 2020, 14 (1).

[37] Kvåle, G., Murdoch, Z. Making sense of stigmatized organizations: Labelling contests and power dynamics in social evaluation processes [J]. Journal of Business Ethics, 2022, 15.

[38] Li, J. J., Bonn, M. A., Ye, B. H. Hotel employee's artificial intelligence and robotics awareness and its impact on turnover intention: The moderating roles of perceived organizational support and

competitive psychological climate [J]. Tourism Management, 2019, 73.

[39] Liu, J., Chang, H., Forrest, J. Y. L., Yang, B. Influence of artificial intelligence on technological innovation: Evidence from the panel data of China's manufacturing sectors [J]. Technological Forecasting and Social Change, 2020, 158.

[40] Locke, E. A., & Latham, G. P. A theory of goal setting & task performance [M]. Prentice-Hall, Inc., 1990.

[41] Martinko, M. J., Mackey, J. D. Attribution theory: An introduction to the special issue [J]. Journal of Organizational Behavior, 2019, 40 (5).

[42] Nishii, L. H., Lepak, D. P., & Schneider, B. Employee attributions of the "why" of HR practices: Their effects on employee attitudes and behaviors, and customer satisfaction [J]. Personnel Psychology, 2008, 61 (3).

[43] Pan, Y., Froese, F., Liu, N., et al. The adoption of artificial intelligence in employee recruitment: The influence of contextual factors [J]. The International Journal of Human Resource Management, 2022, 33 (6).

[44] Pelletier, K. L., & Bligh, M. C. The aftermath of organizational corruption: Employee attributions and emotional reactions [J]. Journal of Business Ethics, 2008, 80.

[45] Reichers, A. E., Schneider, B. Climate and culture: An evolution of constructs [J]. Organizational Climate and Culture, 1990, 1.

[46] Rosenblat, A., Stark, L. Algorithmic labor and information asymmetries: A case study of Uber's drivers [J]. International Journal of Communication, 2016, 10.

[47] Siegel, R., König, C. J., Lazar, V. The impact of electronic monitoring on employees' job satisfaction, stress, performance, and counterproductive work behavior: A meta-analysis [J]. Computers in Human Behavior Reports, 2022, 8.

[48] Sparks, J. R., Hunt, S. D. Marketing researcher ethical sensitivity: Conceptualization, measurement, and exploratory investigation [J]. Journal of Marketing, 1998, 62 (2).

[49] Swanson, H. L. Information processing theory and learning disabilities: An overview [J]. Journal of Learning Disabilities, 1987, 20 (1).

[50] Tambe, P., Cappelli, P., Yakubovich, V. Artificial intelligence in human resources management: Challenges and a path forward [J]. California Management Review, 2019, 61 (4).

[51] Trevino, L. K. Ethical decision making in organizations: A person-situation interactionist model [J]. Academy of Management Review, 1986, 11 (3).

[52] Zhang, Y., He, B., Huang, Q., et al. Effects of supervisor bottom-line mentality on subordinate unethical pro-organizational behavior [J]. Journal of Managerial Psychology, 2020, 35 (5).

[53] Zollo, L., Pellegrini, M. M., Ciappei, C. What sparks ethical decision making? The interplay between moral intuition and moral reasoning: Lessons from the scholastic doctrine [J]. Journal of Business Ethics, 2017, 145.

The Ethical Anomie of Human Resources Management in Digital Intelligence: Dimensions, Formation and Impact Mechanism

Wen Peng Cao Yuyang Wang Qian
(School of Economics and Business Administration, Central China Normal University, Wuhan, 430079)

Abstract: Digital intelligence technology improves the efficiency of human resource management in enterprises, but also brings potential ethical risks. Combined with the research in the fields of digital intelligence technology, human resource management and ethical anomie, the paper proposes that the ethical anomie of human resource management in the context of digital intelligence in enterprise organizations is mainly manifested as excessive monitoring, data abuse, algorithm deviation and lack of well-being. Its formation mainly depends on the performance motivation and control motivation of the management team. Factors such as the degree of industry competition and platformization will promote the above ethical anomies, which will ultimately have a negative impact on the results of enterprises and employees at multiple levels. It will help people more clearly understand the prominence, universality and negativity of such ethical anomies, and provide inspiration and direction for scientific and rational human resources management activities in the context of digital intelligence.

Key words: Digital intelligence technology; Human resource management; Ethical anomie; Control motivation

专业主编：杜旌

国家产业投资基金与企业价值*
——来自国家集成电路的经验依据

● 罗党论　宋端端　谢天艺
（中山大学岭南学院　广州　510275）

【摘　要】为解决集成电路行业的“卡脖子”问题，国家于 2014 年成立了集成电路产业投资基金。本文以该场景为例，将大基金进入的企业视为处理组，建立渐进双重差分模型检验市场化的政府支持行为对“卡脖子”的企业价值影响。研究发现：政府主导的公司制产业投资基金能显著提升集成电路的企业价值；机制检验发现，此次政府支持行为通过直接或间接地缓解企业融资约束并通过提振市场信心助力行业长足发展。本文的研究为政府与市场结合支持高新技术产业发展提供实证依据，也为后续进一步优化产业政策提供参考。

【关键词】集成电路　政府投资　卡脖子
中图分类号：F425　　　　文献标识码：A

1. 引言

党的二十大报告强调推动制造业高端化、智能化发展，集成电路作为高端制造业的重要一环，受到国家高度重视。2020 年，国务院提出促进集成电路产业高质量发展的投融资政策，即充分利用国家和地方现有的政府投资基金支持集成电路产业和软件产业发展，鼓励社会资本按照市场化原则，多渠道筹资，设立投资基金，提高基金市场化水平。2023 年 3 月 2 日，国务院副总理刘鹤在北京调研集成电路企业发展并主持召开座谈会时强调：“发展集成电路产业必须发挥新型举国体制优势，用好政府和市场两方面力量。政府要制定符合国情和新形势的集成电路产业政策，设定务实的发展目标和发展思路，帮助企业协调和解决困难，在市场失灵的领域发挥好组织作用，引导长期投资。”集

* 基金项目：国家自然科学基金“‘救助’抑或‘接盘’：政府纾困基金运行的动因、机制与效果研究”（项目批准号：72272157）。

通讯作者：宋端端，E-mail：songdd5@ mail2. sysu. edu. cn。

成电路是现代化产业体系的核心枢纽，关系国家安全和中国式现代化进程，是党中央和全国投资者高度重视的行业。

21 世纪以来，我国密集性地颁布了众多产业政策纲要性文件、行业结构调整政策与振兴规划，并通过目录指导、投资审批、市场准入等直接干预措施，信贷政策、IPO 发行等金融政策，税收优惠、政府补贴等财政手段，实现政策落地（Kollmann et al.，2012；Musacchio et al.，2015；余明桂等，2016；周燕和潘遥，2019；唐清泉和罗党论，2007）。一方面，基于产业政策“无效论”，认为政府失灵和某些“社会目标”的存在会导致市场扭曲，这让产业政策难以实现预期效果，反而会造成全要素生产率的下降（Kiyota and Okazaki，2016；钱雪松等，2018）。另一方面，产业政策“有效论”支持者则从市场失灵的角度论证了实施产业政策的必要性，宋凌云等（2013）的研究为产业政策有利于全要素生产率的提升提供了经验证据。

国家集成电路产业投资基金（“大基金”）成立于 2014 年 9 月，作为第一个实质性落地的国家级市场化运作产业基金（张果果和郑世林，2021），是难得的探索市场化政府行为的研究场景。大基金作为政府投资与传统的产业政策如关税保护、优惠信贷等相比，既聚焦于新兴高科技产业，为分离“卡脖子”行业政策支持效应提供场景，也为“有形”之手的着力点提供新的思路。

目前已有文献探究了传统产业政策对企业发展的积极影响（余明桂等，2016；陈冬华等，2010；韩乾和洪永淼，2014）。但现有文献由于实际场景限制很少直接讨论市场化的政府行为。屈文洲等（2008）认为研究“政府支持”与“市场化”时作为两个独立的个体进行并列式的研究。叶祥松和刘敬（2020）研究发现，政府支持与市场化程度在促进高端、中低端制造业技术进步中发挥着完全相反的作用。集成电路产业作为信息时代支撑经济社会发展和保障国家安全的重要产业，同时也面临着资金、技术、人才等各方面的挑战（吴迪良，2021；高玥，2020），有必要结合市场的资源配置作用与政府的专项推动作用，深入探讨市场化的政府支持在解决“卡脖子”行业发展中的可行性与作用效果。

本文首先梳理了集成电路行业发展所面临的困境，整理分析了大基金的运作模式、投资方式与标的分布，并在此基础上明确了大基金的实际作用标的；其次，以是否获得大基金投资作为准自然实验，构建渐进双重差分模型实证检验市场化的政府支持是否能够从多个维度促进“卡脖子”行业的企业发展；再次，从企业所有制、产业链位置和企业生命周期的视角探索国家大基金对集成电路企业发展的异质性效果；最后，从融资与市场表现的角度探讨了大基金投资对集成电路企业发展的作用机制，并提出了相应的政策建议。

本文实证检验表明：通过建立产业基金的方式提供市场化的政府支持，能够显著提升集成电路行业的企业价值与市场表现，促进集成电路行业的发展。这说明，在解决卡脖子行业发展的问题中，由政府牵头、社会资本融入的专项产业政策是一次成功的政府与市场协同发挥作用的举措。分组估计结果显示，大基金投资提升企业价值与市场表现的效应集中体现在非国有、产业链中下游的企业。进一步的机制考察发现，国家产业投资基金通过外部的资金注入为集成电路企业发展提供了必要的资金保障，进一步提升企业价值。

本文可能的贡献包括：第一，实证检验了市场化政策工具的可行性，为破解政府补贴低效提供了一个全新的政策思路，即以产业基金形式通过国有资本投资可以实现对资金的有效监管。虽然现有文献已充分论证了传统产业政策对企业发展的积极影响（陈冬华等，2010；韩乾和洪永淼，2014；余明桂等，2016），但是通过公司制基金建立政府支持并带动社会资本的行业支持行为的研究还很有限。本研究为集成电路行业突破发展困境提供了一种策略选择。中国集成电路行业面临着内忧外患，内有技术落后和道德风险，外有供应链梗阻，本文不仅聚焦信息时代的支柱产业——集成电路行业，为解决“卡脖子”现状提供政策评价，同时考量了政府与市场的协同作用，为新时代政府之手的着力点开辟新思路。

第二，定量分析了产业投资基金支持卡脖子行业发展的路径与效果。国家集成电路产业投资基金作为提高政府资金运作效率的政策，目前大多研究聚焦在政策概述解读上（王龙兴，2018），本文系统地整理了政策指示和资金去向与产业链分布，梳理了大基金的实际作用标的，并在此基础上分析了产业投资基金对企业价值的影响。

第三，探究了国家产业投资基金的异质性政策影响与可能的作用机制。研究表明国家大基金主要对于非国有以及产业链中下游的企业价值的提升作用更为显著。同时，本文亦发现产业投资基金通过缓解集成电路企业的融资约束实现对企业价值的正向作用。以上探索均为政府进一步布局产业投资基金，以及资金的运作机制和支持孵化期、发展期高新技术企业提供一定依据。

本文其他部分的安排如下：第二部分是集成电路行业与大基金的政策背景；第三部分是理论基础与假设提出；第四部分是数据来源、样本选择、模型设定与变量说明；第五部分是实证结果及其分析；最后是本文的结论与启示。

2. 制度背景分析：集成电路产业基金的出台背景

2.1 集成电路行业发展困境

集成电路产业是大国博弈和竞争的战略性产业，是支撑我国数字经济和信息产业发展的战略级产业（朱晶等，2020），也是中美科技与经济摩擦中对华技术封锁的重点产业，因此一直备受全球关注。在美国、日本和欧洲垄断全球集成电路设备产业的基本竞争态势下，美国通过《瓦森纳协定》、“实体清单”等方式对我国集成电路企业实施精准狙击，这不仅加剧了我国短期的芯片短缺问题，更进一步拉大了我国在集成电路产业与国际尖端制程上的差距（曲永义和李先军，2022）。2012—2021 年中国集成电路行业市场规模及增长率见图 1，中国集成电路进出口额及贸易逆差见图 2。

中国集成电路行业存在着较多亟待改善解决的痛点：一是国内集成电路企业融资瓶颈突出：国内融资成本高，社会资本也因集成电路产业投入资金额大、回报周期相对较长而缺乏投入意愿。二是持续创新能力不强：领军人才匮乏，企业规模小、格局分散、实力较弱。三是产业发展与市场需求脱节：“芯片—软件—整机—系统—信息服务”产业链协同格局尚未形成，内需市场优势得不到充分发挥。四是适应产业特点的政策环境仍不完善。

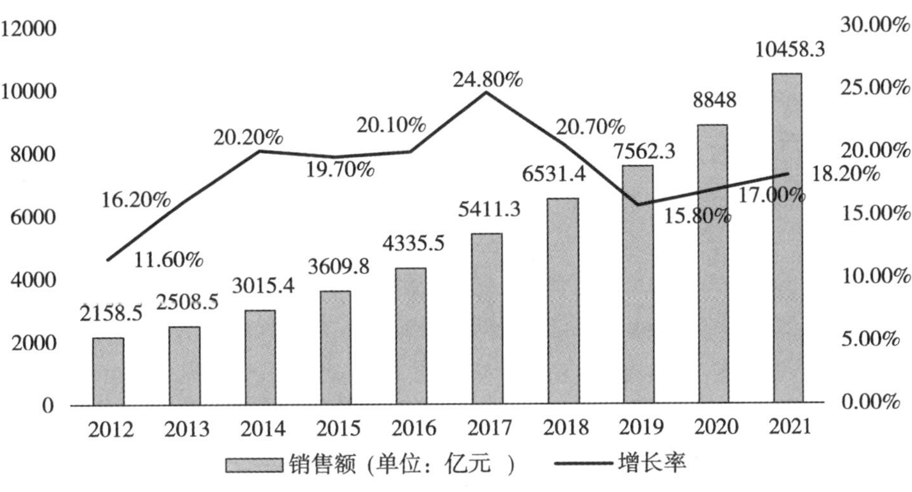

图 1　中国集成电路行业市场规模及增长率

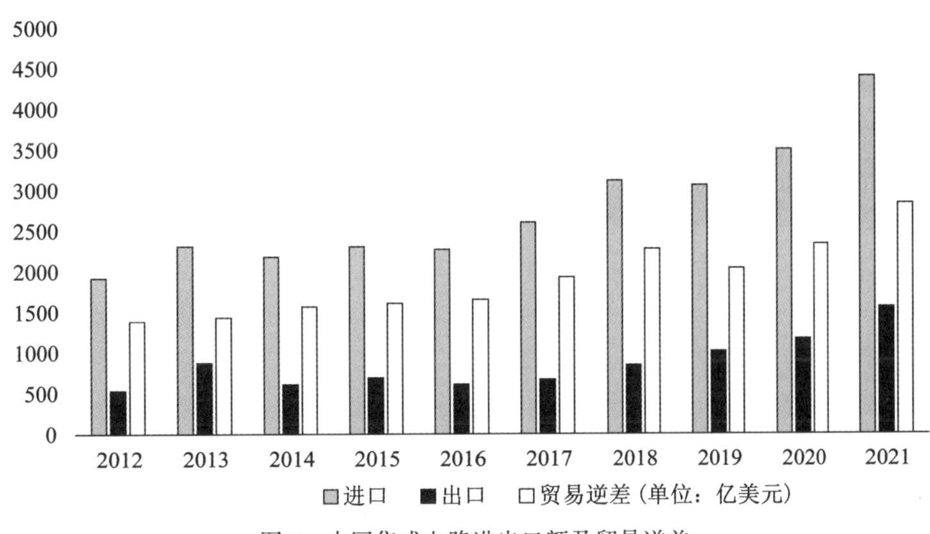

图 2　中国集成电路进出口额及贸易逆差

2.2　政府支持政策

全球化背景下，各国科技合作日益紧密。然而，我国核心技术创新基础较为薄弱，大量核心元器件过度依赖进口，尤其是芯片领域面临“空芯化”的隐患。国际竞争和国家安全的双重需要，使得集成电路产业的发展日益迫切。中科院微电子所所长叶甜春指出“解决中国芯，支撑中国未来30年的发展”。2010年，国务院将新一代信息技术列入扶持的七大战略性新兴产业之中。此后，一系列产业政策和多方位扶持举措相应出台。表1对2014—2022年出台的产业政策文件进行了简要分析总结。其中最具代表性的是2014年6月国务院发布的《国家集成电路产业发展推进纲要》，其中的保障措施提出，要设立国家产业投资基金以吸引大型企业、金融机构以及社会资金，重点支持集成电路等产业发展。同年 9 月，工信部和财政部指导成立了国家集成电路产业投资基金。2019 年 10 月，国家集成电路产业投资基金二期成立。

表 1　　**截至 2022 年集成电路行业主要政策分析**

相关政策	颁布时间	颁发单位	主要内容
《国家集成电路产业发展推进纲要》	2014 年 6 月	国务院	明确提出到 2020 年，IC 产业与国际先进水平的差距逐步缩小，封装测试技术达到国际领先水平，关键装备和材料进入国际采购体系，基本建成技术先进、安全可靠的集成电路产业体系，实现跨越式发展
《中国制造 2025》	2015 年 5 月	国务院	实施带动集成电路产业的跨越发展，以集成电路产业核心能力的提升推动“中国制造 2025”战略目标的实现
《国民经济和社会发展第十三个五年规划纲要》	2016 年 3 月	国务院	大力推进先进半导体等新兴前沿领域创新和产业化，形成一批新增长点。推广半导体照明等成熟适用技术
《关于软件和集成电路产业企业所得税优惠政策有关问题的通知》	2016 年 5 月	发改委等	规定了集成电路企业享受税收优惠的条件，进一步从政策上支持集成电路产业发展
《国家信息化发展战略纲要》	2016 年 7 月	中共中央办公厅等	制定国家信息领域核心技术设备发展战略纲要，带动集成电路、基础软件、核心元器件等薄弱环节实现根本性突破
《装备制造业标准化和质量提升规划》	2016 年 8 月	工信部等	加快完善集成电路标准体系，开展集成电路设计平台、IP 核等方面的标准研究
《信息产业发展指南》	2016 年 12 月	发改委等	着力提升集成电路设计水平；建成技术先进、安全可靠的集成电路产业体系；重点发展 12 英寸集成电路成套生产线设备
《战略性新兴产业重点产品和服务指导目录（2016 版）》	2017 年 1 月	发改委	根据战略性新兴产业发展新变化，对《战略性新兴产业重点产品和服务指导目录》作了修订完善，依据规划明确的 5 大领域 8 个产业，包括半导体材料和集成电路等
《关于集成电路设计和软件产业企业所得税政策的公告》	2019 年 5 月	财政部等	依法成立且符合条件的集成电路设计企业和软件企业，在 2018 年 12 月 31 日前自获利年度起计算优惠期，第一年至第二年免征企业所得税，第三年至第五年按照 25% 的法定税率减半收企业所得税，并享受至期满为止
《新时期促进集成电路产业和软件产业高质量发展的若干政策》	2020 年 8 月	国务院	鼓励和倡导集成电路产业和软件产业全球合作，积极为各类市场主体在华投资兴业营造市场化、法治化、国际化的营商环境

续表

相关政策	颁布时间	颁发单位	主要内容
《关于促进集成电路产业和软件产业高质量发展企业所得税政策公告》	2020 年 12 月	工信部等	国家鼓励的集成电路设计、装备、材料、封装、测试企业和软件企业，自获利年度起，第一年至第二年免征企业所得税，第三年至第五年按照 25%的法定税率减半征收企业所得税。国家鼓励的重点集成电路设计企业和软件企业，自获利年度起，第一年至第五年免征企业所得税，接续年度减按 10%的税率征收企业所得税
《中华人民共和国国民经济和社会发展第十四个五年规划和 2035 年远景目标纲要》	2021 年 3 月	国务院	培育先进制造业集群，推动集成电路、航空航天、船舶与海洋工程装备、机器人、先进轨道交通装备、先进电力装备、工程机械、高端数控机床、医药及医疗设备等产业创新发展

国家集成电路产业投资基金是政府产业引导基金的一种。政府产业引导基金经历了一个从萌芽到快速发展的过程。2008 年颁布的《关于创业投资引导基金规范设立与运作指导意见》是第一部关于创业投资引导基金的规范性文件。2015 年财政部印发《政府投资基金暂行管理办法》和《关于财政资金注资政府投资基金支持产业发展的引导意见》，此后政府产业引导基金成为国家培育和发展战略性产业的重要政策工具。2016 年国家发改委颁布的《政府出资产业投资基金管理暂行办法》首次明确了政府产业基金的概念，提出其宗旨是发挥政府资金的引导作用和放大效应，提高政府资金使用效率，吸引社会资金投入政府支持领域和产业（李宇辰，2021）。截至 2021 年，我国累计设立 1988 个政府引导基金，目标规模约 12.45 万亿元，认缴规模（或首期规模）约 6.16 万亿元。与以往政府补助、税收优惠等产业政策直接补贴企业的运作方式不同，政府引导基金的本质是一种依托资本市场运行机制的市场化政策工具。国家大基金一期注册资本 987.2 亿元，募资金额 780 亿元人民币，包括国家财政 360 亿元人民币，国开金融 220 亿元人民币，亦庄国投代表北京市及北京经济技术开发区 100 亿元人民币。

国家大基金一期聚焦国产芯片全产业链布局，其投资期为 2014—2019 年。根据《国家集成电路产业发展推进纲要》的指引，我国集成电路产业 2020 年要达到与国际先进水平的差距逐步缩小、企业可持续发展能力大幅增强的发展目标。到 2030 年，我国集成电路产业链主要环节达到国际先进水平，一批企业进入国际第一梯队，实现跨越发展。自 2014 年大基金设立开始到 2019 年为大基金的募集资金以及密集投资期。国家大基金投资方式包括跨境并购、定增、协议转让、增资、合资公司等，为企业提供相关资金，优化企业股权结构，促进集成电路企业加快研发进程，同时不谋求公司控制权。

国家大基金采取公司制的经营模式，基金所有权为国家集成电路产业投资基金股份有限公司，唯一管理人为华芯投资管理有限责任公司，托管人为国家开发银行。根据公开数据统计，大基金一期的投资主要聚焦于集成电路制造环节，投资分布为制造、设计、封测、装备材料类和产业生态，共投资项目 81 个，其中直接投资上市公司 23 家。大基金二期主要聚焦于半导体设备、材料等上游领域，致力于完善半导体行业的重点产业链。表 2 展示了大基金的部分投资项目。

表 2　　**大基金一期投资项目（部分）以及可统计的金额汇总**

领域	投资标的	投资规模（亿元）	占比
设计	紫光集团有限公司、纳思达股份有限公司、国科微电子股份有限公司、北京北斗星通导航技术股份有限公司、深圳市中兴微电子技术有限公司	205.90	19.66%
制造	中芯国际集成电路制造有限公司、三安光电股份有限公司、杭州士兰微电子股份有限公司、长江存储科技有限责任公司、中芯北方集成电路制造（北京）有限公司	500.14	47.76%
封测	江苏长电科技股份有限公司、华天科技（西安）有限公司、中芯长电半导体（江阴）有限公司、通富微电子股份有限公司、苏州晶方半导体科技股份有限公司	115.52	11.03%
设备	中微半导体设备有限公司、杭州长川科技股份有限公司、沈阳拓荆科技有限公司、北京七星华创电子股份有限公司、睿励科学仪器（上海）有限公司	12.85	1.23%
材料	江苏鑫华半导体材料科技有限公司、上海新昇半导体科技有限公司、安集微电子科技（上海）有限公司、烟台德邦科技有限公司、江苏雅克科技股份有限公司	14.15	1.35%
产业生态	北京制造和设备子基金、巽鑫（上海）投资有限公司、北京市集成电路产业投资基金、北京芯动能投资管理有限公司、芯鑫融资租赁有限责任公司、上海市硅产业投资有限公司	198.58	18.96%

2.3　政策效应分析

国家产业投资基金通过基金形式入股投资标的，规避了传统政府补贴的“优胜者选取行为”（Aghion et al.，2012）；大基金作为非无偿性的资金投入可以在提供稳定现金流的同时提高资金运作效率。此外，国家大基金具有社会引导作用，截至 2016 年，全国共有 16 个省市成立了地方产业投资基金，总计规模为 3500 亿元（王龙兴，2018），所带来的良好的声誉效应和认证作用还将有利于带动多元化投资主体进入投资市场（Lerner and Watson，2008；Clarysse et al.，2009）。大基金能够带来信息效应与积极信号，其本质上仍为政府产业支持政策，国家资本作为投资风向标，引领社会关注集成电路行业，在以“国家队”力量振奋市场信心的同时，建立起良好的行业发展环境。

其中，大基金的建立释放出国家支持半导体行业发展的积极信号，有效提振市场信心（Kleer，2010；杨洋，2015；Meyer，1977；Brander，2015）。此前由于高科技企业与市场之间存在严重的信息不对称，投资者无法评估企业的真实价值与发展前景，进而缺乏对企业价值的信任和认可，造成市场信心不足、无法提供充分的外部融资供给、行业发展环境差等行业痛点（李宾等，2021）。但国家产业投资基金的成立扭转了这一局面。市场信心的提高意味着企业符合大众认可的社会观念和制度规范，进而能够获取市场资源（Delong，1990；Hong & Stein，1999）；也将形成外部督促环境，促使企业发展（Polk & Sapieza，2009；Nofsinger，2005）。

3. 理论分析与研究假设的提出

与以往政府补助、税收优惠等集成电路产业政策直接补贴重点企业的运作方式相比，国家大基金由中央财政、地方政府、央企、民企以及集成电路领域投资基金等各路资金投资入股设立，以不包括风险投资和天使投资的私募股权、基金投资、夹层投资等一级市场和二级市场投资的形式进入，以回购、兼并收购、公开上市等形式退出，实行全程市场化运作，具有典型的市场化特征（王宛秋等，2022）。总结财政政策工具，多数学者研究认为政府补贴与税收优惠显著提升战略新兴产业创新效率，少数学者持相反意见，认为增值税转型政策不能提升东北地区企业自主创新水平。在其他政策工具方面，德国巴伐利亚的经济集聚政策通过组织性政策工具，如设立集群办公室、发展产业集群网络等显著提升了目标产业的企业创新率。

以关税保护政策为例，Nunn 和 Trefle（2010）研究发现针对技能密集型行业的政府支持行为，能够显著提高企业生产效率。江飞涛与李晓萍（2010）认为传统的产业政策不可避免地保留了直接干预市场的管制性特征，进而限制经济的充分发展。政策的"优胜者选取"行为（pick winners or name losers）干扰了正常的市场竞争并扩大政府的利益范畴（Aghion et al.，2015）。Harris（2015）认为税收优惠政策对目标产业的产出提供一定保障；李远慧和陈思（2021）发现税收优惠政策对高端制造业企业的一般性创新和实质性创新都具有显著促进作用。而本文所讨论的国家集成电路产业投资基金，采用市场化机制，不再遵循传统的政府投资体制，通过公司制的经营模式进行运作，合理选取投资标的，在一定程度上克服了原有产业政策直接补贴的弊端。

在政府支持与企业价值的关系研究方面，实证研究主要得出三类相关关系：政府补助对企业价值的影响呈现出正向关系（郝凤霞和郑婷婷，2019）、负向关系（步丹璐和屠长文，2017）和非线性关系（汪利锬和谭云清，2016）。

在政府支持对企业价值的正向影响机制中，针对本文的研究背景，国家大基金直接投资于集成电路设计、制造、封测、设备以及材料等产业链不同环节的产业支持政策，缓解企业面临的融资约束以及资金困境（余明桂等，2010），能够促进企业的研发投入与创新，例如国产 5G 射频芯片、国产版 7nm 制程工艺以及 5nm 刻蚀机等，都是我国集成电路行业实现自主创新的技术突破成果，企业创新水平的提高能够促进企业价值增加和长远发展；此外，国家集成电路产业基金的成立也在金融市场上释放了积极信号，能够引导我国资本市场多元投资主体进入集成电路领域（张果果，2021），与以往的产业政策相比较，集成电路产业投资基金的设立作为半导体行业的"风向标"，国家大基金的布局所引发的"示范效应"能够吸引更多社会机构资金乃至个人资金流向整个集成电路行业，从而促进集成电路企业的成长与发展，拉升企业价值，因此我们提出假设：

H1：在其他条件不变的情况下，政府主导的产业投资基金对集成电路企业的价值有显著的正面作用。

集成电路行业具有高资金壁垒，复杂的制造工艺、繁多的设备种类以及难以攻克的研发技术，均需要大量且持续稳定的资金供给。随着集成电路制造技术不断更新换代，未来集成电路设备不仅要满足“摩尔定律”，还要满足以异质集成为导向的先进封装技术和物联网、智能设备及汽车电子等新兴应用领域对芯片功能多样化的追求。因此，资金问题是否解决是行业发展的重中之重。

“大基金”的运作原则是国家战略与市场机制有机结合，强调市场机制，发挥财政资金的引导和杠杆作用，以股权投资为主，各级地方政府通过设立地方性集成电路产业投资基金，推出集成电路产业扶植政策，包括构建融资租赁公司等形式多样化的资金供给渠道，例如，为吸引更多社会资本涌入，引导地方政府成立专项产业投资基金，构建一个从国家到地方、从社会机构资本到个人投资资金的自上而下的投融资体系（王龙兴，2018）。

产业政策可通过 IPO 等股权融资和银行贷款等债务融资提升行业内企业的融资能力（陈冬华，2010），孙阳阳（2021）通过研究战略性新兴产业政策，发现政府可通过营造良好的融资环境，改善企业的融资约束状况来提高其全要素生产率，政府的资金扶持能够帮助行业发展初期的企业提升盈利优势，有效降低企业的边际成本（周亚虹等，2015），同时，技术壁垒高、早期投资密度大和不确定性强的高新技术行业，具有资金需求更高且融资限制更多的特点（张果果和郑世林，2021；Chemmanur et al.，2014）。国家集成电路产业投资基金的成立，能够为集成电路行业提供丰富的资源补充，有效分散企业发展的风险，促进企业加大资本性支出，并在扩张企业的同时提升技术效率（Hussinger，2008；陈海强等，2015；胡海峰等，2020）。陶雄华等（2022）研究发现缓解企业面临的融资约束是推动企业价值提升的主要渠道；严荣等（2022）针对旅游上市企业发现融资支持对企业价值的促进作用，并主要通过负债融资体现出来。因此，本文认为大基金能够通过缓解企业融资约束，对企业价值产生正效应，提出假设：

H2：政府主导的产业投资基金在一定程度上缓解企业融资约束并通过提振市场信心促进企业价值增长。

4. 研究设计

4.1 数据来源与样本选择

在集成电路产业发展日益迫切的背景下，2014 年 9 月国家集成电路产业投资基金（“大基金”）正式成立。本文以大基金投资为外生冲击，选取 2014—2021 年中国 A 股上市公司为研究对象，以集成电路行业为例，分析国家建立市场化专项投资基金对行业发展的影响。

部分投资标的属于非上市公司，囿于数据的不可得性以及考虑到政策的带动作用，即使没有实质性获得大基金注入的相关企业也在一定程度上享受了基金成立所带来的正外部性效应，例如地方子基金支持、贷款可得性提高、投资机会增加等。本文选取获得大基金投资的企业为处理组，作为本文的主要汇报结果；考虑到集成电路在半导体行业中的特殊地位以及政策的强调性，将未获得大基金投资的其他集成电路企业作为控制组，运用渐进双重差分模型实证研究国家集成电路产业基金对集成电路行业发展的影响。

本文共获得 165 家上市公司 1014 个年度观测样本，数据来源包括 CSMAR 数据库、Wind 数据库，是否有国家大基金投资通过查询 CSMAR 数据库、Wind 数据库及网络搜索收集并进行手工整理。为避免异常值干扰，按照惯例对所有连续变量进行 1%～99%缩尾处理。

4.2 模型设定与变量说明

2014 年 9 月 4 日，国家集成电路产业投资基金（“大基金”）正式成立。国家大基金投资是分年度开展的，为评估产业扶持政策的影响效应，本文选取 2014—2021 年大基金进入的企业作为处理组，并将集成电路行业中其他企业作为控制组。将国家大基金是否投资作为准自然实验，构建如下渐进多重差分回归模型：

$$Y_{i,t}=\beta_0+\beta_1\text{Treat}_i\times\text{Post}_t+\gamma X_{i,t}+\text{Year}_t+\text{Firm}_i+\epsilon_{i,t}$$

式中，被解释变量 $Y_{i,t}$ 为企业价值指标或机制变量。国家大基金投资对集成电路行业企业市场表现具有显著的正效应。这表明以大基金为代表的政府产业引导基金对基础性技术企业股票收益率具有促进作用，验证了产业政策的有效性。从其他变量的符号和显著性看，现金流和资产收益率都对集成电路行业企业市场表现强劲有显著的正向作用，即在该行业国家大基金投资企业资产周转能力越强，企业的市场表现越佳。

其中，企业价值指标涉及公司市场价值和市场表现；机制变量包括融资约束。下标 i 为企业，t 为年度。Firm 和 Year 分别表示企业和时间固定效应，分别捕捉不随企业和时间变动的因素，ϵ 为误差项。Treat 为虚拟变量，表示企业是否处理组，如果属于大基金投资的企业取 1，否则取 0。Post 表示企业是否获得大基金投资，大基金投入之后取 1，否则取 0。核心解释变量为 Treat 与 Post 的交互项，表示国家大基金进入企业并进行投资，其系数 β_1 表示政策效应。

X 为可能影响企业价值的控制变量集合（邵帅和吕长江，2015；靳庆鲁等，2012），包括：企业年龄（Age），自企业建立当年算起的企业存活年限；企业规模（Size），采用企业年末总资产的自然对数来衡量；企业所有制（SOE），分为国有企业（SOE=1）和非国有企业（SOE=0），其中，国有企业包括中央国有企业、地方国有企业和集体企业；资产负债率（Lev），采用负债合计与资产总计的比值来刻画；现金流水平（Cashflow），采用经营活动现金流净额与总资产的比值来刻画；总资产收益率（ROA），采用净利润占总资产的比例来衡量，代表企业盈利能力。表 3 为具体的变量说明。

表 3　**变量说明**

变量		变量名称	变量说明
被解释变量	企业价值	TobinQ	公司资产的市场价值与其重置成本之比率
		PB	每股股价与每股净资产的比率
解释变量	集成电路产业政策支持	Treat×Post	样本期内有国家大基金投资的企业，Treat=1；否则为 0 国家大基金投资进入后，Post=1；否则为 0

续表

变　量		变量名称	变量说明
控制变量	企业所有制	SOE	终极控制权性质，若为国有则取值为 1，否则为 0
	管理层持股比例	MSR	董事、监事和公司高级管理人员持有公司股票占公司股票总数的比例
	资产负债率	Lev	公司总负债与年末总资产的比率
	总资产周转率	Ato	公司营业总收入与平均资产总额的比率
	企业规模	Size	公司年末总资产的对数值
	董事会规模	Boardsize	董事会全部董事的人数
	独立董事占比	IndDirector	独立董事人数与董事会规模的比率
	现金流水平	Cashflow	公司经营性净现金流与其总资产的比率
	总资产收益率	ROA	公司净利润与其总资产之比率，即（EBIT-所得税）/总资产
	企业年龄	Age	自企业建立当年算起的企业存活年限

本文的基准回归采用多期双重差分法（又称渐进 DID）对政策实施效果评估可以排除政策实行时间对研究对象的干扰，解决政策采取“试点先行、逐步扩容”的做法（王宛秋等，2022），Beck 等（2010）使用渐进 DID 研究银行业放宽限制对美国其他州、不同时期居民收入不平等的影响，孙焱林（2018）使用渐进 DID 分析了房地产限购政策对人口城镇化的效应，由此可见，多时期 DID 可用于评估国家大基金成立以来分批投入集成电路企业的情形。

此外，在机制检验资本结构部分本文引入模型如下：

$$Y_{i,t} = \beta_0 + \beta_1 \mathrm{Treat}_i \times \mathrm{Post}_t \times \mu_{i,t} + \gamma X_{i,t} + \mathrm{Year}_t + \epsilon_{i,t}$$

本文利用万德（Wind）和国泰安经济金融（CSMAR）数据库 2014—2021 年中国 A 股企业的面板数据进行实证分析。在数据处理过程中，剔除了被特别处理（ST）企业，保留了获得大基金投资的企业 162 个样本，未获得大基金投资的企业 860 个样本，共包含集成电路行业上市公司 1014 个观测值。个别变量（股票收益率、资产周转率等）因存在少量数据缺失，观测值略有减少。

表 4 按照处理组（国家大基金进入后）、对照组（国家大基金未进入）企业的分组方式展示了主要变量的描述性统计。处理组企业的非国有企业占比略高于对照组企业，其现金流水平也较高，呈现出高流动性的特征。此外，相比对照组企业，大基金投资后的企业 Tobin Q 值和年市场收益率水平均较优，在一定程度上体现了政策的市场引导性。其他财务指标分布合理，符合行业基本特征。

表 4　**主要变量描述性统计**

	国家大基金进入后		国家大基金未进入		MeanDiff
	N	mean	*N*	mean	
Treat×Post	162	1.000	860	0	-1.000
TobinQ	160	2.978	854	2.717	-0.500**

续表

	国家大基金进入后		国家大基金未进入		MeanDiff
	N	mean	*N*	mean	
PB	160	5.952	854	3.645	
Lev	162	0.350	854	0.352	-0.002
Cashflow	125	0.0879	854	0.0475	-0.034***
Age	127	11.33	854	10.03	-1.258
Size	125	22.73	854	22.01	-0.964***
Ato	162	0.442	860	0.572	0.124***
MSR	158	16.58	851	17.76	1.771
Boardsize	162	8.673	854	8.227	-0.316**
IndDirector	162	37.52	854	38.26	0.796
SOE	162	0.105	854	0.227	0.127***
ROA	118	0.0495	854	0.0421	-0.010*

注：*** 、** 和 * 分别表示在 1%、5%和 10%水平下显著，下同。

5. 实证结果分析

5.1 基准回归

本文首先考察国家集成电路产业投资基金对集成电路行业发展的促进作用，在基准回归中，本文选择使用 TobinQ 和市净率（PB）作为衡量企业价值的指标。

国家集成电路产业投资基金对企业价值的作用见表 5。列（1）和列（3）表示控制企业个体效应和年度固定效应，相较于未获得投资的企业，大基金进入后，企业的 TobinQ 值与市净率 PB 分别平均提高了 0.594、0.438 个百分点；列（2）和列（4）加入一系列控制变量后，平均提升了 0.722、1.22 个百分点，分别在 1%和 5%的水平上显著。

表 5　**基准回归结果**

变量名	TobinQ		PB	
	(1)	(2)	(3)	(4)
Treat×Post	0.594* (1.88)	0.722*** (2.67)	0.438 (0.58)	1.22** (0.487)

续表

变量名	TobinQ		PB	
	（1）	（2）	（3）	（4）
Lev		0.689*** （2.72）		5.528*** （0.985）
Cashflow		−0.065 （−0.10）		3.555* （1.997）
Age		3.790*** （3.02）		−0.109** （0.049）
Size		0.243*** （5.70）		−1.262*** （0.234）
Ato		−0.494*** （−2.91）		−0.496 （0.508）
Boardsize		0.059 （0.74）		−0.078 （0.139）
SOE		−0.134 （−0.27）		0.613 （0.745）
ROA		7.450*** （3.42）		14.148*** （5.018）
Constant	2.202*** （15.41）	20.875*** （4.46）	4.606*** （0.28）	30.596*** （4.718）
年份固定效应	YES	YES	YES	YES
个体固定效应	YES	YES	YES	YES
R-squared	0.152	0.243	0.233	0.289

5.2 稳健性效果分析

5.2.1 平行趋势检验

国家集成电路产业投资基金与企业价值和市场表现的因果效应的解释依赖于平行趋势假定，即在大基金进入集成电路企业的前后不存在显著的趋势差异。为支持这一假设，本文参照梁超和王素素（2022）的研究，采用事件史分析方法（event study），建立多时点 DID 模型进行平行趋势检验，见表 6。大基金进入前 3 年的回归系数不显著异于 0，即处理组和控制组事前满足平行趋势假定。大基金进入后，企业价值表现出向好趋势，而 2018—2019 年是美国重点针对中国集成电路实施关税制裁和供应限制的时间窗口，企业价值增长进入缓释期。

表 6　**平行趋势检验**

变量名	TobinQ	PB
	(1)	(2)
pre4	−0.748***	−2.348***
	(−2.70)	(−2.93)
pre3	−0.631**	−1.414**
	(−1.99)	(−2.00)
pre2	−0.223*	−0.809
	(−0.49)	(−0.69)
pre1	−0.132	−0.259
	(−0.70)	(−0.61)
current	−0.242	−0.072
	(−0.52)	(−0.10)
post1	−0.580	−0.523
	(−1.86)	(−1.19)
post2	0.284	0.453
	(0.76)	(0.79)
post3	0.338	0.412
	(0.73)	(0.57)
Constant	17.466***	25.977***
	(3.56)	(3.50)
年份固定效应	YES	YES
公司固定效应	YES	YES
R-squared	0.149	0.102

5.2.2 倾向性得分匹配

可能存在不随时间变化的不可观测因素导致组间差异，进而引起估计偏误，所以本文将 Rosenbaum（1983）提出的倾向得分匹配方法（Propensity Score Matching，PSM）引入评估研究，以缓解样本的选择性偏差，通过 PSM 对国家大基金投资的企业匹配可供对比的未投资企业，以降低异质性，并修正样本选择偏误，然后再通过双重差分模型（DID）评估政府投资基金的效果。

倾向得分匹配法的基本思想是在国家大基金未投入的控制组中找到某个企业 p，使国家大基金已经投入的企业所在的实验组中某个企业 q 的可观测变量尽可能相似，依个体特征匹配后的企业是否选择有国家大基金进入的概率相等或者接近（何靖，2016），即 x_p、x_q。在进行 PSM 时，同样将样本的实验组和控制组作为分析对象，具体的匹配方法是基于倾向得分的核匹配，使用 Logit 估计倾向得分，并仅对共同取值范围内个体进行匹配。

本文依据公司特征，包括企业所有制、管理层持股比例、资产负债率、总资产周转率、企业规模、董事会规模、独立董事占比、现金流水平、总资产收益率、企业年龄等变量 1：1 匹配特征相似的对照组企业。回归结果如表 7 所示，与表 5 基准回归结果趋同，说明基准回归模型的稳健性。

表 7　　**稳健性检验：PSM-DID**

变量名	TobinQ	PB
	(1)	(2)
Treat×Post	0.443**	1.23**
	(1.97)	(0.483)
Lev	−0.127	5.603***
	(−0.26)	(0.976)
Cashflow	1.080	3.541*
	(0.85)	(1.999)
Age	−0.033	−0.108**
	(−0.63)	(0.049)
Size	−0.653***	−1.275***
	(−2.99)	(0.234)
Ato	0.311	−0.462
	(0.79)	(0.509)
MSR	−0.015**	−0.001
	(−2.34)	(0.01)
Boardsize	−0.010	−0.028
	(−0.12)	(0.126)
SOE	0.613	0.555
	(1.27)	(0.736)
ROA	6.133***	14.114***
	(2.93)	(5.005)
Constant	16.233***	29.543***
	(3.75)	(4.734)
年份固定效应	YES	YES
公司固定效应	YES	YES
R-squared	0.238	0.291

5.2.3 安慰剂检验

本文采用随机化处理组与控制组作为安慰剂检验的主要方式，借鉴曹清峰（2020）的做法，将原处理组中国家集成电路产业投资基金进入的企业作为新的控制组，如果在 t 年有 n 个企业获得国家大基金的支持，则从当年一级之前从未获得国家大基金的企业中随机抽取 n 个企业作为新的处理组，在此基础上利用新的虚构处理组和控制组重新估计，即可完成 1 次安慰剂检验。

将上述过程重复 1000 次，由此可以估计得到 1000 个 Treat×Post 的估计系数。估计结果如图 5 所示，Tobin Q 和 PB 系数均值分别为-0.34 和-0.13，远小于表 5 的 0.722 与 1.22，这表明国家产业投资基金对企业价值增长的带动效应显著。

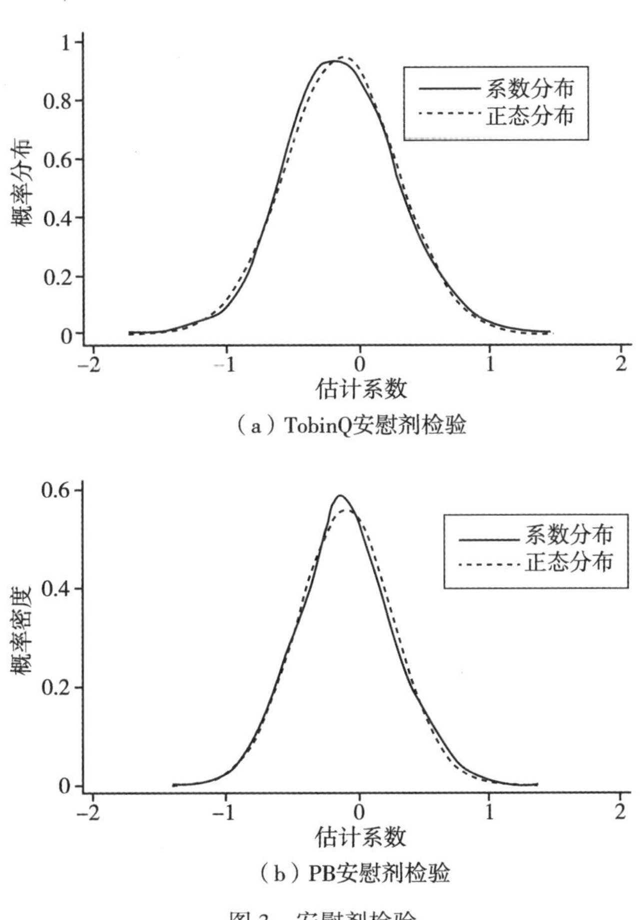

（a）TobinQ安慰剂检验

（b）PB安慰剂检验

图 3　安慰剂检验

5.3 异质性效果分析

5.3.1 区分企业所在产业链位置

集成电路产业链包括设计、制造、封测、材料和设备五大环节，各细分环节具有不同特点与背景。为了进一步分析国家大基金投资对产业上下游的企业价值以及市场表现的影响，本文将集成电路设计计划分为集成电路上游产业，将集成电路制造（包括制造、材料和设备）和集成电路封测划分为集成电路中下游产业，以探索大基金投资对上游产业和中下游产业公司的企业价值和市场表现的影响是否有显著差异。由表 8 可知，相较于上游产业，国家大基金投资对中下游产业整体具有更加明显的促进作用。

表 8　**异质性分析：企业所处产业链位置**

	TobinQ		PB	
	上游	中下游	上游	中下游
Treat×Post	-0.224 (-0.19)	0.649*** (2.78)	-0.933 (-0.57)	1.418*** (4.05)
Lev	-4.120 (-1.30)	-0.122 (-0.30)	4.644 (1.04)	3.534*** (5.11)
Cashflow	1.069 (0.20)	1.473* (1.96)	-0.645 (-0.08)	0.063 (0.04)
Age	-0.127 (-0.88)	0.035*** (2.87)	-0.538** (-2.53)	-0.069*** (-3.42)
Size	0.920 (1.37)	-0.800*** (-12.36)	1.262 (1.32)	-0.854*** (-7.52)
Ato	3.533 (1.17)	0.083 (0.67)	3.867 (0.88)	-0.608* (-1.87)
Boardsize	-3.803*** (-5.29)	-0.045 (-0.93)	-0.008 (-0.21)	-0.015** (-2.45)
IndDirector	-0.603*** (-3.16)	-0.043*** (-3.50)	-5.379*** (-5.18)	-0.210*** (-2.73)
ROA	21.029** (2.18)	4.995*** (3.89)	-0.809*** (-3.00)	-0.077*** (-3.89)
SOE	1.393 (0.79)	-0.131 (-0.71)	34.916** (2.49)	9.842*** (4.38)
Constant	36.678* (1.78)	21.951*** (15.07)	3.697 (1.43)	0.539* (1.81)
年份固定效应	YES	YES	YES	YES
公司固定效应	YES	YES	YES	YES
R-squared	0.680	0.297	0.688	0.207
经验 p-value	0.049**		0.045**	

5.3.2 区分企业生命周期

本文参考 Dickinson（2011）对企业生命周期划分方法并结合集成电路行业发展特征，根据企业经营、投资、筹资现金流特征划分企业所处的生命周期。具体包括孵化期、增长期与成熟期①，分别占比 11.6%、43.7%及 44.6%，基本符合新兴产业生命周期分布，以衡量产业基金政策对不同发展时期半导体企业的异质性影响。

由表 9 的结果可以看出，无论孵化期、增长期与成熟期，国家大基金投资对企业的正面作用都是存在的，不存在显著差异，这进一步说明了政府支持对这个行业的作用。

表 9 **异质性分析：企业生命周期**

	TobinQ			PB		
	孵化期	增长期	成熟期	孵化期	增长期	成熟期
Treat×Post	1.575***	0.621**	1.977***	3.756***	1.142**	2.997***
	(3.01)	(2.47)	(3.58)	(3.01)	(2.36)	(3.99)
Lev	−3.863***	−1.240*	1.166	−1.610	3.611***	5.376***
	(−3.40)	(−1.95)	(1.13)	(−0.55)	(2.69)	(3.47)
SOE	−0.036	0.335	0.673	−0.186	0.800	2.382***
	(−0.07)	(1.29)	(1.40)	(−0.15)	(1.57)	(3.30)
Cashflow	−1.255	3.952*	5.271***	−7.427	4.208	8.027***
	(−0.60)	(1.90)	(3.13)	(−1.36)	(1.01)	(2.71)
MSR	−0.021**	−0.014**	−0.037***	−0.026	0.005	−0.037***
	(−2.36)	(−2.43)	(−4.56)	(−1.28)	(0.41)	(−3.04)
Age	−0.027	−0.028	0.025	−0.101	−0.122***	−0.134***
	(−0.81)	(−1.52)	(0.85)	(−1.26)	(−3.38)	(−2.84)
Size	−0.394*	−0.339***	−1.328***	−0.991*	−0.489**	−1.357***
	(−1.75)	(−3.49)	(−7.85)	(−1.96)	(−2.46)	(−4.75)
Ato	0.309	0.343	0.002	−0.218	−0.331	−0.346
	(1.44)	(1.02)	(0.01)	(−0.20)	(−0.44)	(−0.54)

① 具体而言，孵化期企业是指投资现金流量净额为负、融资现金流量净额为正的企业。其原因在于处于孵化阶段的企业需要进行大量的早期投入以阻止竞争性企业的进入（Spence，1977），而啄食顺序理论表明相比股权融资，企业应优先选择债务融资（Myers，1984；Diamond，1991）。高科技产业初期盈利水平不稳定，此部分未对企业经营现金流量净额进行约束。其次，增长期企业指经营现金流量净额为正，但投资现金流量净额与融资现金流量净额均为负的企业。Spence（1977）指出在企业投资最大化时期，利润空间也将实现最大化。但由于高新科技产业技术门槛高并具有较强的不确定性，随着企业的成长所需要的资金支持更多，所面临的融资限制也更多（张果果和郑世林，2021；Chemmanur et al.，2014），以及可能的前期筹资还款问题。因此，此阶段的集成电路企业需要大量资金，但很可能无法获得相应的融资。最后，我们将其余的现金流状况识别为成熟期企业。

续表

	TobinQ			PB		
	孵化期	增长期	成熟期	孵化期	增长期	成熟期
Boardsize	0.241* (1.77)	-0.117* (-1.66)	-0.401*** (-3.26)	0.580* (1.91)	-0.374*** (-2.67)	-0.732*** (-4.01)
ROA	4.626 (1.14)	10.770*** (5.53)	11.105*** (4.03)	3.729 (0.42)	29.748*** (6.38)	15.661*** (3.71)
Constant	12.302** (2.30)	12.815*** (5.99)	36.969*** (9.64)	24.502** (2.06)	20.206*** (4.66)	42.002*** (6.66)
R-squared	0.547	0.320	0.345	0.430	0.337	0.309

5.4 影响机制检验

5.4.1 融资约束机制

集成电路行业具有极高的资金壁垒。复杂的制造工艺、繁多的设备种类以及难以攻克的研发技术，均需要大量且持续稳定的资金供给。此外，随着集成电路制造技术日新月异的更迭，未来半导体设备不仅要满足“摩尔定律”，还要满足以异质集成为导向的先进封装技术和物联网、智能设备及汽车电子等新兴应用领域对芯片功能多样化的追求。因此，资金问题是行业发展的重中之重。为了验证大基金是否通过融资层面促进半导体行业发展，本文首先从企业事前融资能力的角度进行异质性分析，随后进一步验证企业的融资获得情况。

根据 Hadlock 和 Pierce（2010）的 SA 指数计算公式：

$$SA=-0.737Size+0.043Size^2-0.040Age$$

其中，Size 为企业总资产规模的自然对数，Age 为企业经营年度，等于观测年度与成立年度之差。SA 指数为负且绝对值越大，说明企业受到的融资约束越严重，

同时，为了验证结论的稳健性，本研究也采用衡量企业融资约束程度的 FC 指数验证（Hadlock and Pierce，2010；况学文等，2010；张悦玫等，2017；陈峻和郑惠琼，2020；顾雷雷等，2020），对企业规模、年龄以及现金股利支付率进行标准化处理并根据其均值对样本企业进行排序（由小到大），分别以上下三分位点作为融资约束的分界点，确定融资约束虚拟变量 QUFC，大于 66%分位的上市公司定义为低融资约束组，QUFC=0；小于 33%分位的上市公司定义为高融资约束组，QUFC=1。

拟合企业每一年度的融资约束发生概率 P，并将其定义为融资约束指数 FC（取值在 0~1），FC 越大，企业的融资约束问题越严重，其中 Logit 模型如下：

$$P(QUFU=1 \text{ or } 0 \mid Z_{i,t})=\frac{e^{Z_{i,t}}}{1+e^{Z_{i,t}}}$$

$$Z_{i,t}=\alpha_0+\alpha_1\mathrm{Size}_{i,t}+\alpha_2\mathrm{Lev}_{i,t}+\alpha_3\left(\frac{\mathrm{CashDiv}}{\mathrm{ta}}\right)_{i,t}+\alpha_4\mathrm{MB}_{i,t}+\alpha_5\left(\frac{\mathrm{NWC}}{\mathrm{ta}}\right)_{i,t}+\alpha_6\left(\frac{\mathrm{EBIT}}{\mathrm{ta}}\right)_{i,t}$$

得出 SA 指数与 FC 指数后，分别作为被解释变量，其他控制变量同基准回归，得出表 10 的回归结果，可知国家集成电路产业投资基金的进入，能够显著降低企业的融资约束程度；国家大基金的进入与选取的两个衡量融资约束程度的指数的回归系数显著为负，由此可知，国家大基金对集成电路企业的影响机制包括融资纾困，解决融资难题，从而对集成电路企业产生促进作用。

5.4.2 市场信心机制

作为“卡脖子”行业，集成电路企业长期遭受技术封锁和恶意市场挤压，尽管该行业具有广泛的发展前景，但恶劣的成长环境促使基于有限信息的有限理性投资者更倾向观望态度（李宾等，2021）。投资者信心不仅会影响资本市场股票收益（Delong，1990；Hong & Stein，1999），也会对企业行为产生影响。

有关政府投资和企业股票收益率的研究，Belo 和 Yu（2013）首次基于 PCAPM 分析了政府投资对股权溢价的影响，并利用美国 1947—2010 年的季度数据对模型进行实证研究和校准。他们认为政府投资能够提升全要素生产率（TFP），引起股权溢价的增长，其作用机制是政府投资提高了 TFP 与企业盈利能力的相关性。根据社会经济学假设，经济社会是一个复杂的参与者互动系统。经济主体之间的互动行为通过影响自身的感受，改变经济个体的投资想法与投资思路，并最终反映到实际行动中，引致市场范围内的投资现象。大基金的设立是政府释放出的对集成电路行业的支持信号，一定程度上缓解了行业发展前景的信息不对称性（杨洋，2015），因此我们认为大基金通过改变市场预期，有效提振市场信心，助力产业协同发展。

因此，本研究选取股票收益率（StockYield）和经市场调整的年个股回报率（MAR）作为被解释变量，模型同基准回归进行估计，结果如表 10 所示，可得知国家大基金的进入能够显著提升集成电路企业的市场表现，具体表现为交互项 Treat×Post 系数均显著为正，表明市场信心的增强，综上所述，市场信心机制成立。

表 10 **影响机制检验**

	融资约束		市场表现	
	SA	FC	StockYield	MAR
Treat×Post	−0.060** (−2.08)	−0.113*** (−3.18)	0.173** (2.20)	0.176** (2.26)
Lev	−0.107* (−1.85)	−0.253*** (−4.02)	0.286** (2.14)	0.363*** (2.81)
Cashflow	0.056 (0.53)	−0.068* (−1.79)	0.343 (1.56)	0.492** (2.26)
Age	−0.019*** (−11.02)	0.002 (0.67)	−0.002 (−0.46)	0.001 (0.22)

续表

	融资约束		市场表现	
	SA	FC	StockYield	MAR
Size	0. 009 (0. 99)	-0. 141*** (-8. 12)	-0. 011 (-0. 47)	-0. 016 (-0. 72)
Ato	-0. 002 (-0. 11)	0. 072*** (8. 46)	0. 005 (0. 16)	0. 005 (0. 15)
Boardsize	0. 015** (2. 14)	0. 003*** (4. 21)	-0. 038* (-1. 88)	-0. 002 (-1. 44)
IndDirector	-0. 001 (-0. 49)	-0. 004 (-0. 78)	-0. 006 (-1. 08)	-0. 040** (2. 00)
SOE	-0. 064** (-2. 43)	0. 001 (0. 73)	-0. 002 (-0. 04)	0. 001 (-0. 02)
ROA	-0. 724*** (-4. 09)	0. 009 (0. 38)	2. 212*** (6. 30)	2. 280*** (6. 66)
Constant	-3. 815*** (-18. 07)	0. 193 (1. 29)	1. 093** (2. 06)	0. 839 (1. 63)
年份固定效应	YES	YES	YES	YES
公司固定效应	YES	YES	YES	YES
R-squared	0. 271	0. 573	0. 349	0. 085

6. 结论与启示

国家产业投资基金为面临“卡脖子”危机的集成电路行业发展提供了市场化融资工具。本文借助国家集成电路产业投资基金的对外投资事件，利用 2014—2021 年中国上市公司数据，运用渐进双重差分方法评估了国家产业投资基金对集成电路企业价值的影响。研究结果表明，国家产业投资基金显著促进了获得投资的集成电路行业的企业价值增长，且对中下游的非国有企业积极作用更加明显。研究进一步发现，产业基金市场化的股权融资等方式注资集成电路企业，不仅缓解了融资约束，还优化了企业的资产结构，提高了企业融资资本的使用效率，实现企业价值成长的良性循环。

本文研究结论具有如下政策启示：第一，在“新常态”经济发展格局下，为解决“卡脖子”问题，布局高新技术产业提供依据。在行业面临技术突破的关键节点，市场化的政府政策工具能够有效提升企业价值。以国家产业投资基金为代表的选择性产业政策工具可以有效引导社会资本，弥补资本缺失、促进产业发展，实现资源的优化配置。

第二，政策工具本身应与市场运营紧密结合。以国家集成电路产业投资基金为代表的市场化政策工具在不断实践中与市场互动融合，聚集了优质资源。而市场化资源高效发挥作用依赖于公司资产结构，高流动资产周转率提高了产能利用率，使企业资源配置得到优化。但同时要注意规避产业资金走向只看估值的脱实向虚风险，监督企业将资源用于技术突破，积极突破“卡脖子”困境。

◎ 参考文献

[1] 步丹璐，屠长文．产业政策、债务融资与产能过剩［J］．会计论坛，2017，16（1）．

[2] 曹清峰．国家级新区对区域经济增长的带动效应——基于70大中城市的经验证据［J］．中国工业经济，2020（7）．

[3] 陈冬华，李真，新夫．产业政策与公司融资——来自中国的经验证据［C］．中国会计与财务研究国际研讨会，2010．

[4] 韩乾，洪永淼．国家产业政策、资产价格与投资者行为［J］．经济研究，2014，49（12）．

[5] 郝凤霞，郑婷婷．产权性质、财政补贴与企业价值研究［J］．工业工程与管理，2019，24（4）．

[6] 何靖．延付高管薪酬对银行风险承担的政策效应——基于银行盈余管理动机视角的PSM-DID分析［J］．中国工业经济，2016（11）．

[7] 江飞涛，李晓萍．直接干预市场与限制竞争：中国产业政策的取向与根本缺陷［J］．中国工业经济，2010（9）．

[8] 靳庆鲁，孔祥，侯青川．货币政策、民营企业投资效率与公司期权价值［J］．经济研究，2012，47（5）．

[9] 李宾，彭牧泽，杨济华，等．雾霾降低了企业投资者信心吗——基于Ohlson模型的检验［J］．会计研究，2021（10）．

[10] 李远慧，陈思．政府补助对机构投资者与企业创新产出关系的调节效应——来自2007—2019年A股上市公司的经验证据［J］．科技进步与对策，2021，38（20）．

[11] 梁超，王素素．教育公共品配置调整对人力资本的影响——基于撤点并校的研究［J］．经济研究，2020，55（9）．

[12] 钱雪松，康瑾，唐英伦，等．产业政策、资本配置效率与企业全要素生产率——基于中国2009年十大产业振兴规划自然实验的经验研究［J］．中国工业经济，2018（8）．

[13] 屈文洲，许年行，关家雄，等．市场化、政府干预与股票流动性溢价的分配［J］．经济研究，2008（4）．

[14] 邵帅，吕长江．实际控制人直接持股可以提升公司价值吗？——来自中国民营上市公司的证据［J］．管理世界，2015（5）．

[15] 宋凌云，王贤彬．政府补贴与产业结构变动［J］．中国工业经济，2013（4）．

[16] 唐清泉，罗党论．政府补贴动机及其效果的实证研究——来自中国上市公司的经验证据［J］．金融研究，2007（6）．

[17] 陶雄华，李钰燕，张计宝．年报可读性、融资约束与企业价值［J］．统计与决策，2022，38

(23).
[18] 汪利锬，谭云清 . 财政补贴、研发投入与企业价值 [J]. 会计与经济研究，2016，30 (4).
[19] 王龙兴 . 2018 年我国集成电路产业发展的展望 [J]. 集成电路应用，2018，35 (2).
[20] 王宛秋，张若凡，郄海拓，等 . 国家大基金投入对半导体产业创新绩效的作用效果及机制研究 [J]. 中国科技论坛，2022 (6).
[21] 吴迪良 . 政府引导产业基金投资绩效分析——以国家集成电路产业投资基金为例 [J]. 中国外资，2021 (4).
[22] 严荣，张文羽，胡益萍 . 研发投入、融资支持与企业价值 [J]. 财会通讯，2022 (16).
[23] 杨洋 . 发达资本市场对中国股市的外溢效应研究——基于三因子 AR-EGARCH 模型的实证研究 [J]. 金融发展评论，2015 (2).
[24] 叶祥松，刘敬 . 政府支持与市场化程度对制造业科技进步的影响 [J]. 经济研究，2020，55 (5).
[25] 余明桂，范蕊，钟慧洁 . 中国产业政策与企业技术创新 [J]. 中国工业经济，2016 (12).
[26] 张果果，郑世林 . 国家产业投资基金与企业创新 [J]. 财经研究，2021，47 (6).
[27] 张悦玫，张芳，李延喜 . 会计稳健性、融资约束与投资效率 [J]. 会计研究，2017 (9).
[28] 周亚虹，蒲余路，陈诗一，等 . 政府扶持与新型产业发展——以新能源为例 [J]. 经济研究，2015，50 (6).
[29] 朱晶，赵佳菲，史弘琳，等 . 2020 年中国集成电路产业现状回顾和新时期发展展望 [J]. 中国集成电路，2020，29 (11).
[30] Aghion, P., Cai, J., Dewatripont, M., et al. Industrial policy and competition [J]. American Economic Journal-Macroeconomics, 2015, 7 (4).
[31] Beck, T., Levine, R., Levkov, A. Big bad banks? The winners and losers from bank deregulation in the United States [J]. Journal of Finance, 2010, 65 (5).
[32] Belo, F., Yu, J. Government investment and the stock market [J]. Journal of Monetary Economics, 2013, 60 (3).
[33] Chemmanur, T. J., Loutskina, E., Tian, X. Corporate venture capital, value creation, and innovation [J]. The Review of Financial Studies, 2014, 27 (8).
[34] Clarysse, B., Wright, M., Mustar, P. Behavioral additionality of R&D subsidies: A learning perspective [J]. Research Policy, 2009, 38 (10).
[35] Diamond, D. W. Monitoring and reputation: The choice between bank loans and directly placed debt [J]. Journal of Political Economy, 1991, 99 (4).
[36] Dickinson, V. Cash flow patterns as a proxy for firm life cycle [J]. The Accounting Review, 2011, 86 (6).
[37] Hadlock, C. J., Pierce, J. R. New evidence on measuring financial constraints: Moving beyond the KZ index [J]. Review of Financial Studies, 2010, 23 (5).
[38] Hong, H., Stein, J. C. A unified theory of underreaction, momentum trading, and overreaction in

asset markets [J]. The Journal of Finance, 1999, 54 (6).

[39] Hussinger, K. R&D and subsidies at the firm level: An application of parametric and semi-parametric two-step selection models [J]. Journal of Applied Econometrics, 2008, 23 (6).

[40] Lerner, J., Watson, B. The public venture capital challenge: The Australian case [J]. Venture Capital, 2008, 10 (1).

[41] Musacchio, A., Lazzarini, S. G., Aguilera, R. V. New varieties of state capitalism: Strategic and governance implications [J]. Academy of Management Perspectives, 2015, 29 (1).

[42] Nofsinger, J. R. Social mood and financial economics [J]. The Journal of Behavioral Finance, 2005, 6 (3).

[43] Nunn, N., Trefler, D. The structure of tariffs and long-term growth [J]. American Economic Journal-Macroeconomics, 2010, 2 (4).

[44] Rosenbaum, P. R., Rubin, D. B. The central role of the propensity score in observational studies for causal effects [J]. Biometrika, 1983, 70 (1).

[45] Spence, A. M. Entry, capacity, investment and oligopolistic pricing [J]. The Bell Journal of Economics, 1977 (5).

National Industrial Investment Fund and Enterprise Value
—Empirical Basis from National Integrated Circuit

Luo Danglun　Song Duanduan　Xie Tianyi
(Lingnan College, Sun Yat-Sen University, Guangzhou, 510275)

Abstract: To solve the "technological blockade" problem in the integrated circuit industry, Chinese government established the National IC Industry Investment Fund in 2014. In this paper, we examined the impact of market-oriented government support on the value of "key & core technology" enterprises by using this scenario as an example and treating the enterprises invested by the fund as a treatment group. The study found that government-led corporate industry investment funds can significantly enhance the enterprise value of ICs; the mechanism test found that the government's support behavior helps the industry to alleviate the enterprise financing constraints and strengthen the market confidence. The research provided an empirical basis for the combination of government and market to support the development of high-tech industries and a reference for further optimization of industrial policies in the follow-up.

Key words: Integrated circuit; National industrial investment fund; Enterprise value

专业主编：潘红波

跨界品牌联合整合度对消费者购买意愿的影响研究*

● 朱　越[1]　张安然[2]　许正良[1]
（1　吉林大学商学与管理学院　长春　130012；2　西安电子科技大学经济与管理学院　西安　710126）

【摘　要】跨界品牌联合现象日益盛行，不仅给企业的营销理念和营销策略带来了新的灵感，也给消费者的消费心理与消费行为带来了重要影响。面对不同整合度的跨界品牌联合，消费者会产生不同的认知反应，并最终影响消费者的购买意愿。通过 4 个实验发现，相比低整合度，高整合度的跨界品牌联合更能提高消费者购买意愿，消费者感知创新会中介跨界品牌联合整合度对消费者购买意愿的影响，此外这一中介过程也会受到产品类型的调节作用，当联合产品类型是享乐品时，跨界品牌联合整合度对消费者感知创新及购买意愿的影响得到加强。本文的研究结果不仅对深化和完善跨界品牌联合整合度对消费者购买意愿的影响机制研究有重要的理论意义，而且对企业开展跨界品牌联合营销有重要的实践意义。

【关键词】跨界品牌联合　整合度　产品类型　消费者感知创新
中图分类号：F273. 2　　　　文献标识码：A

1. 引言

跨界品牌联合是指不同行业的品牌在推出新产品时合作（Besharat and Langan，2014；Nguyen et al.，2020）。近些年越来越多的企业都意识到了跨界品牌联合的优势并将其纳入业务模式创新，推动了品牌联合的实践探索。例如，1997 年，麦当劳与迪士尼签订了为期十年的玩具分销合同，消费者购买麦当劳儿童乐园餐可以获得迪士尼玩具，根据食品行业调查机构 Nutrition Nibbles 在 2012 年给出的一份数据，麦当劳每年售出的开心乐园餐达 30 亿份，通过开心乐园餐售出的玩具有 15 亿个；2018 年，奶糖品牌大白兔和日化品牌美加净联合推出了大白兔奶糖味润唇膏，上架一秒就被抢光；2020 年，汽车品牌捷达和餐饮品牌小龙坎打造的“捷达奋斗者号”主题火锅店，打破传统固有的营

* 基金项目：吉林大学研究生创新基金资助项目“企业间跨界品牌联合营销的基本路径与效果预测模型”（项目批准号：101832020CX065）；中央高校基本科研业务费用专项资金项目“善因营销结果披露对消费者角色外行为的影响机制研究”（项目批准号：20103227557）。
通讯作者：朱越，E-mail：zhuyue21@ mails. jlu. edu. cn。

销方式，吸引了大量消费者的关注。从实践界来看，跨界品牌联合遍布各个领域。

以往对于品牌联合的研究普遍认为，联合伙伴在品牌形象、品牌发源地、产品等层面的关联性、相似性或匹配性越强，消费者可能具有更好的认知协调性及认知流畅性，从而联合越可能获得良好的效果（Small et al.，2007；Ho et al.，2017）。但值得注意的是，其一，实践界的实例表明，通过与不同行业品牌，甚至是产品层面与品牌层面均具有差异性的企业结成联合伙伴关系，也会给企业带来积极的结果。显然，采用品牌联合中认知流畅与认知协调等机制解释跨界品牌联合的现象具有局限性，部分学者用联想需求理论、灵感理论、规范信念等对跨界品牌联合中消费者的品牌态度进行了探究（王德胜等，2022；简予繁等，2021；柯佳宁和王良燕，2021），然而对跨界品牌联合推出的产品取得良好营销效果的具体机制解释的研究仍显不足（简予繁等，2021）。其二，品牌联合的成功取决于“他的伙伴”（Amaldoss et al.，2000；Newmeyer and Ruth，2020），具体而言，品牌之间的合作关系是品牌联合至关重要的影响因素。这种合作关系体现在联合产品和合作品牌有意在形式和功能上交织的程度，称为整合度（Newmeyer et al.，2020）。然而大多数消费者层面的研究仅关注单一类型的品牌联合（例如捆绑品牌联合或成分品牌联合；Cao and Sorescu，2013；Samuelsen and Olsen，2012；Tsai et al.，2014）或品牌强度（Radighieri et al.，2014）及主品牌指定（Tsai et al.，2014）的影响，而缺乏对不同整合度是否以及如何影响消费者判断的探讨。故本文对此展开研究，即在跨界品牌联合情境下，消费者是否会对不同联合整合度产生新的感知线索进而成为其购买意愿的依据？

与这一问题紧密相关的是，企业首先需要确定其选择联合的产品，产品被视为品牌联合的关键因素（Ahn et al.，2020；Ma et al.，2018；Senechal et al.，2014；Simonin and Ruth，1998）。依据不同的划分标准，产品一般可以分为搜索品和体验品、享乐品和实用品、放纵型和自律型产品、高卷入度和低卷入度产品等。享乐品和实用品这两种类型的产品在消费特征方面有所不同，并且受到不同动机的驱使。实际上，跨界品牌联合中消费者的购买意愿与其内在的动机紧密相关，而享乐品与实用品作为联合产品类型对消费者的心理有着很大的影响。因此，探究联合产品类型对跨界品牌联合整合度和消费者购买意愿之间关系的影响是本文要解答的第二个问题。

综上所述，本文的创新之处在于在产品层面上，将不同类型的跨界品牌联合按照联合产品在形式和功能上整合的程度分为高、低整合度两种，探讨不同整合度的跨界品牌联合对消费者购买意愿的影响机制；并在此基础上，引入“联合产品类型”（享乐品/实用品）这一调节变量，进一步探讨了联合产品类型对跨界品牌联合整合度和消费者购买意愿之间关系的影响。在跨界视域下，越来越多的企业通过跨界品牌联合展开丰富的营销活动，本研究为企业如何开展跨界品牌联合来增强营销效果提供了相应的建议。

2. 理论背景与研究假设

2.1 跨界品牌联合整合度与消费者购买意愿

跨界品牌联合是指两个不同行业、相互独立但拥有平等商业地位的品牌在推出新产品时的合作，通过刺激老品牌创新，拓展合作伙伴资源，降低产品引进成本等实现销售额的提升（Ahn et al.，2009）。作为对合作伙伴资源的交换，每个合作品牌“放弃”了对产品和市场的独立控制，品牌间的关系变成了联合成功与否的重要影响因素。在品牌联合的研究中，根据联合产品和合作品牌在形式和功能上是否分离，Newmeyer 等（2018）提出了整合度从高到低的六种品牌联合形式：共同研发联合（co-development）、元素品牌联合（ingredient branding）、成分品牌联合（component branding）、捆绑品牌联合（brand bundling）、共同促销联合（co-promotion）、同地品牌联合（co-location）（如表 1 所示）。本研究关注在跨界品牌联合情境下，高、低不同的整合度对消费者购买意愿的影响。

表 1　　品牌联合整合度划分及实例

	形式不可分离	形式可分离
功能 不可分离	高整合度 共同研发联合：蔻驰皮革的贝克家具 元素品牌联合：含当妮柔顺剂的汰渍洗衣液	中整合度 成分品牌联合：劳斯莱斯发动机的空客 A380 捆绑品牌联合：戴尔电脑和佳能打印机
功能 可分离	低整合度 共同促销联合：带迪士尼玩具的开心乐园餐 同地品牌联合：在沃尔玛出售赛百味三明治	无整合度 /

合作品牌之间的合作或互动程度会影响联合产品吸引力及消费者态度（范秀成和张彤宇，2003）。联合产品和合作品牌有意在形式和功能上交织的程度决定了整合度的高低（Newmeyer et al.，2020）。高整合度的跨界品牌联合中，合作品牌的属性融合在一起，呈现一个可以同时消费的单一联合产品。例如，运动品牌阿迪达斯和心率腕带品牌博能共同研发（co-development）的运动监测服装，品牌之间完全融合在一起，联合产品在形式和功能上不可能分开。相反，低整合度是产品的联合展示，这些品牌在形式上很大程度保持分离，品牌几乎是完全独立的，呈现的产品在功能上也可能是分开的，可能需要联合使用，但不是必须的。例如，阿迪达斯服装和博能心率腕带的联合推广，是共同促销联合（co-promotion）的形式，品牌保留了各自的形式、功能和标识。在跨界情境下，高整合度意味着合作品牌更好地将属性融合成一个形式和功能高度整合的产品，以同时消费。由于只有一种产品并且是在高度整合中形成的，每个合作品牌对联合产品的贡献是交织在一起的，消费者更加相信合作品牌各自的优势在联合产品中都会得到体现，从而加强对联合产品的积极态度和评价，使高整合度策略下推出的联合产品迅速被市场接受（Lado et al.，2016）。

消费者认为跨界产品会不同程度地整合合作品牌双方的优势、提升产品质量，并通过体会合作品牌间的融合带来的创意和新鲜感（周延风，2021），更信任、更易接受联合产品，从而对联合产品产生更为积极的评价。但关于跨界品牌联合整合度对消费者购买意愿是否具有正向影响，目前尚无明确的研究结论。综合现有关于跨界品牌联合相关研究成果，本文认为跨界品牌联合整合度会正向影响消费者购买意愿，故本文提出以下假设：

H1：在跨界品牌联合情境下，整合度对消费者的购买意愿有正向影响，相比低整合度，高整合度的跨界品牌联合更能促进消费者的购买意愿。

2.2 感知创新的中介作用

消费者感知创新是指消费者对产品、服务或企业其他形式创新的主观感知和判断（Lowe and Alpert，2015）。Chiu 和 Kwan（2010）研究认为，在文化领域，将看似没有关联的思想糅合在一起，常常会产生创新的效果。当企业推出文化混搭产品时，消费者感受到企业创造的“新鲜乐趣”，进而对混搭现象喜闻乐见（彭璐珞，2013）。同样，当不同行业的品牌进行跨界品牌联合时，联合产品的出现打破了消费者对原有产品和品牌的固有印象，给消费者带来新鲜感和趣味性（周延风，2021）。跨界品牌联合唤起消费者感知创新的主要原因在于，相比常规的同行业品牌间的联合（如装有 Intel 处理器的联想电脑），跨界品牌联合会在一定程度上增强消费者对品牌差异的感知，同时打破消费者的传统思维模式，从而引发消费者的感知创新。

根据上文对跨界品牌联合整合度的讨论，消费者在跨界品牌联合中感受到不同行业品牌紧密联合与互动，合作品牌通过对联合产品创新地诠释内涵，实现了产品的跨界融合，使消费者产生一种不同于任何一个品牌的全新体验，由于大部分消费者无法获得企业内部信息，而是依据他们可得的信息（如产品信息）感知企业的创新能力（Gibson，2008），本文认为，消费者会把这种“全新体验”作为可得的信息，进而产生感知创新。然而，不同整合度的跨界品牌联合引发的消费者感知创新也是不一样的。借鉴李晓和党毅文（2017）对文化混搭产品的研究，本文认为，当不同行业的品牌采用低整合度的方式联合在一起，尽管因为不同行业的品牌同时呈现会让消费者产生新鲜感，但是这一过程中，并没有新事物或新表征的产生，不同行业的产品捆绑堆叠在一起，品牌之间连接松散，容易让跨界品牌联合看起来不伦不类，从而弱化消费者对低整合度跨界品牌联合的感知创新。当消费者认为企业的跨界品牌联合是被迫做出来的，甚至不会产生正面的情绪。但是在高整合度下，通过不同行业品牌的深入合作，让合作品牌更好地跨界融合，产品更好地整合，合作品牌双方之间紧密的合作关系能够强化消费者对合作双方强纽带关系认知（王晓珍，2019），消费者更可能将跨界品牌联合产品当成合作品牌双方强强联合推出的别出心裁的创意之作。因此，可推断，高整合度的跨界品牌联合能唤起更强烈的消费者感知创新，故本文提出以下假设：

H2：在跨界品牌联合情境下，相比低整合度，高整合度的跨界品牌联合会引起更强烈的消费者感知创新。

消费者感知创新以消费者为创新判断的主体，消费者感知创新会显著影响消费者的品牌态度和购买意愿（Hoeffler and Dahl，2004）。Mukherjee 等（2001）认为，消费者感知创新会提高其对品牌的满意度和忠诚度，增加重复购买。李晓和党毅文（2017）也证实了消费者感知创新正向影响消费者对混搭产品的购买意愿。朱強等（2016）发现产品创新性感知对新产品购买意愿有显著的正向影响。现有关于消费者视角的创新研究充分认可消费者感知创新对品牌态度和购买意愿的正向影响（Dahl and Moreau，2002）。因此，本文认为，消费者感知创新会对消费者购买意愿产生积极的影响，消费者感知创新在跨界品牌联合整合度和消费者购买意愿的关系之间起到中介作用。故本文提出以下假设：

H3：感知创新正向影响消费者的购买意愿，并在跨界品牌联合整合度和消费者购买意愿的关系

之间起中介作用。

2.3 联合产品类型的调节作用

为了探讨跨界品牌联合整合度影响消费者购买意愿的边界条件，本研究对联合产品类型（实用品 vs. 享乐品）的作用展开讨论。实用品给人带来理性实际效用，往往是必需品；而享乐品则给人带来愉悦的体验和感受，常常是非必需品（Babin et al.，1994）。消费者购买实用品以满足功能或实际需要，购买享乐品以满足情感需要。这两种类型的产品在消费特征方面有所不同，并且受到不同动机的驱使。实用品是认知驱动，工具性和目标导向为主要消费特征。相反，享乐品以感觉、体验和想象为主要消费特征，消费本身与感官的满足、放纵的欲望、乐趣与享受相关（Barbin et al.，1994）。

正如在假设 H2 中提到的那样，高整合度的跨界品牌联合使消费者产生更强烈的感知创新，进而对联合产品产生了购买意愿。跨界品牌联合产品同样会触及消费者对实用品和享乐品体验的记忆。消费者对创新的总体评价，由对产品概念的新颖性、技术的新颖性和相对优势的感知产生，影响消费者的实用性（认知）和享乐性（情感）反应（Lowe and Alpert，2015）。实用品的购买被认为是一种工作（Babin，1994），消费者在其中寻找更广泛、更准确的信息以及更有性价比的方案。享乐品传递更多与个人追求、情感价值相关的信息，满足了个体的情感需求，且涉及个体审美与追求的认同和肯定情绪（张德鹏等，2021）。一方面，品牌联合中，消费者对品牌的评价存在差异反映在品牌态度的享乐层面，而不是实用层面（Gammoh et al.，2006）。另一方面，具有较高创新性的产品，更具有情感性，可能会引发更高的享乐态度（Lowe and Alpert，2015）。因此，当跨界品牌联合产品是享乐品时，往往具有更高的娱乐性和享受性，能激发个体更强的积极反应，调动积极情绪。故推断，当跨界品牌联合产品为享乐品时，消费者与联合产品的情感连接被强化，从而使感知创新在跨界品牌联合整合度和消费者购买意愿关系中的中介作用增强，故本文提出以下假设：

H4：相比实用品，联合产品是享乐品时，跨界品牌联合整合度越高，消费者感知创新度越高，产生的购买意愿也越强。

综上，本研究提出研究模型如图 1 所示。

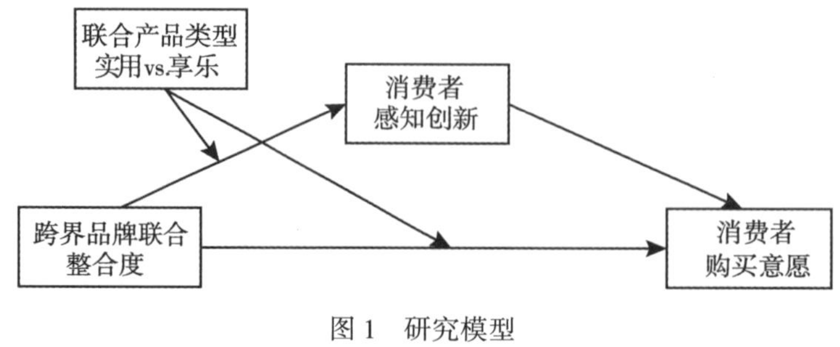

图 1　研究模型

3. 实验 1

实验 1 目的在于探究跨界品牌联合整合度对消费者购买意愿的影响，即验证 H1。

3.1 预实验

预实验的主要目的是确定实验材料中的跨界品牌联合产品。首先，通过阅读相关报纸、杂志和浏览网络信息等，我们收集了真实存在的 72 个跨界品牌联合实例，最终选择了共同研发联合形式下的“ZH 品牌牙膏和 RT 品牌奶糖联合研发推出一款奶糖味道牙膏进行销售”作为高整合度情境，并把同地品牌联合形式下的“ZH 品牌牙膏和 RT 品牌奶糖摆放在一起销售”作为低整合度情境。其中 ZH 和 RT 是我们虚构的品牌，以尽量减少被试以前的品牌接触和相关经验的任何潜在混杂影响。本研究所选择的产品都被认为是可获得的（不太昂贵），并且对样本有吸引力。我们要求被试想象自己处于一个购买的情境，接着我们随机展示一种跨界品牌联合产品给被试，并测量整合度。由于本文在产品层面开展研究，整合度测量项选取 Newmeyer 等（2018）的 7 级量表中与产品相关的三项，包括：“该产品在形式上相结合”“该产品在功能上相结合”和“该产品高度整合”（“1”代表非常不认同，“7”代表非常认同）。最后进行统计分析并确定跨界品牌联合产品。

我们从北方某大学招募了 25 名被试（男生 13 人，平均年龄 24.52 岁）。跨界品牌联合整合度的信度分析结果显示，Cronbach's $\alpha=0.764>0.70$，证明量表是可信的。被试对“ZH 品牌牙膏和 RT 品牌奶糖联合研发推出一款奶糖味道牙膏进行销售”的整合度评分均值 $M_{高整合度}=5.17$；对“ZH 品牌牙膏和 RT 品牌奶糖摆放在一起销售”的整合度评分均值 $M_{低整合度}=4.05$；二者之间的差异显著（$F(1, 23)=10.27$，$p<0.01$）。据此我们将“ZH 品牌牙膏和 RT 品牌奶糖联合研发推出一款奶糖味道牙膏进行销售”视为高整合度情境，而将“ZH 品牌牙膏和 RT 品牌奶糖摆放在一起销售”视为低整合度情境。

3.2 正式实验设计

实验 1 采用了高整合度（共同研发联合）vs. 低整合度（捆绑品牌联合）的单因素实验设计，共分为两种实验情境。我们从第一作者的朋友圈通过滚雪球的方式，招募了 108 名被试，被试通过选择自己生日月份是“奇数”还是“偶数”被随机分配到两个实验组，并被要求想象自己处于一个购买的情况，接着我们按分组结果展示一种跨界品牌联合情境给被试，产品的价格也被指出来，以使跨界品牌联合产品的交易方案更加现实（Varadarajan and Menon，1988）。产品价格与市场的平均价格一致，并与产品的图片一起呈现。

测量被试的购买意愿，包括“我会选择这个产品”“如果我的朋友需要牙膏，我会把这个产品推荐给他”“我会考虑把这个产品作为购买选择”和“这个产品可以很好地满足消费者的需求”（$\alpha=$

0.907）。随后，为了检验预实验对整合度的操纵，要求被试评价跨界品牌联合的整合度（采用七点量表，“1”代表整合度低，“7”代表整合度高）。实验结束后，被试提供个人信息，包括性别、年龄和收入，并获得实验报酬。

3.3 实验结果

实验共收回问卷 108 份，剔除全部为单一选项且答题时间太短、逻辑不通等问题的无效样本，有效问卷数量为 95 份（有效率为 88.63%），男性 38 人（40%），平均年龄 25.20 岁。

3.3.1 操纵检验

结果表明在高整合度实验组的被试对跨界品牌联合整合度的评价远高于低整合度实验组的被试给出的评价（$M_{高整合度}=5.74$，$M_{低整合度}=4.03$，$F(1, 93)=22.53$，$p<0.001$），表明实验操纵成功。

3.3.2 假设检验

进一步 ANOVA 的结果显示，相比低整合度实验组，高整合度实验组的被试有更高的购买意愿（$M_{高整合度}=5.27$，$M_{低整合度}=4.16$，$F(1, 93)=10.23$，$p<0.01$）。由此可见，假设 H1 成立。

3.4 小结

实验 1 结果表明，跨界品牌联合整合度会正向影响消费者的购买意愿。具体而言，相比低整合度，当跨界品牌联合整合度较高时，引发消费者更加积极的购买意愿。实验 2 将更换实验刺激物为沐浴露，继续检验主效应，同时验证感知创新在其中的中介作用。进一步，通过加入控制组，探究对于未进行跨界品牌联合的产品，被试会做出怎样的评价。

4. 实验 2

实验 2 目的在于在实验中加入未进行跨界品牌联合的控制组，并且在验证主效应的基础上，进一步验证感知创新的中介机制，即验证 H1、H2 和 H3。

4.1 预实验

结合跨界品牌联合实例，选择共同研发联合形式的“某茶饮品牌和某个护品牌联合研发推出一款芝士蜜桃味的沐浴露进行销售”作为高整合度情境；共同促销联合形式的“某个护品牌的沐浴露联合某品牌茶饮券共同出售”作为低整合度情境；“某个护品牌的沐浴露”作为不联合情境。接着我们给被试随机展示一种情境，实验过程及测量量表与实验 1 的预实验一致。最后进行统计分析并确定跨界品牌联合产品。结果表明，被试对共同研发联合情境的整合度评分均值 $M_{高整合度}=4.92$，共同促销联合情境的整合度评分均值 $M_{低整合度}=2.86$，二者之间差异显著（$F(1, 56)=50.81$，$p<0.001$）。据此我们将“某茶饮品牌和某个护品牌联合研发推出一款芝士蜜桃味的沐浴露进行销售”视为高整合度情境，而将“某个护品牌的沐浴露联合某品牌茶饮券共同出售”视为低整合度情境。

4.2 正式实验设计

实验2采用了高整合度 vs. 低整合度 vs. 不联合的单因素实验设计，共分为三种实验情境。我们从第三作者的课堂上招募了200名被试，被试通过从“苹果”“香蕉”“橘子”中选择一个喜欢的水果后被随机分配到三个实验组，被试被要求想象自己处于一个购买的情况，接着我们按分组结果展示一种跨界品牌联合情境给被试，产品的价格也被指出来，以使跨界品牌联合产品的交易方案更加现实（Varadarajan and Menon，1988）。产品价格与市场的平均价格一致，并与产品的图片一起呈现。

测量被试的购买意愿（$\alpha=0.838$），测量被试的感知创新包括“该产品比较有创意”和“该产品与众不同”（$\alpha=0.792$）（采用七点量表，“1”代表非常不认同；“7”代表非常认同）。随后，为了检验对整合度的操纵，要求被试评价这些跨界品牌联合整合度（采用七点量表，“1”代表整合度低，“7”代表整合度高）。实验结束后，被试提供个人信息，包括性别、年龄和收入，并获得实验报酬。

4.3 实验结果

实验共收回问卷200份，剔除全部为单一选项且答题时间太短、逻辑不通等问题的无效样本，有效问卷数量为191份（有效率为95.5%），男性100人（52.36%），平均年龄24.01岁。

4.3.1 操纵检验

结果表明在高整合度实验组的被试对跨界品牌联合整合度的评价远高于低整合度实验组的被试给出的评价（$M_{高整合度}=5.44$，$M_{低整合度}=3.22$，$F(1, 189)=106.00$，$p<0.001$），表明实验操纵成功。

4.3.2 假设检验

进一步ANOVA的结果显示，相比低整合度实验组和控制组，高整合度实验组的被试有更高的购买意愿（$M_{高整合度}=4.95$，$M_{低整合度}=3.76$，$M_{控制}=3.52$，$F(2, 188)=27.59$，$p<0.001$），而且，相比低整合度实验组和控制组，高整合度实验组中被试产生的感知创新水平更高（$M_{高整合度}=5.35$，$M_{低整合度}=4.22$，$M_{控制}=2.50$），差异显著（$F(2, 188)=107.27$，$p<0.001$）。由此可见，假设H1和H2成立。为检验假设H3，以消费者感知创新为自变量、消费者购买意愿为因变量构建模型。结果表明，模型显著有效（$F(1, 189)=81.78$，$p<0.001$），消费者感知创新对消费者购买意愿有很强的正向影响，因此，假设H3前半部分得到验证。最后，采用Hayes的Process方法（Bolin and

Hayes，2014），在 95%的置信区间进行 5000 次抽样，Bootstrap 取样方法为选择偏差校正的非参数百分位法。结果表明，消费者感知创新中介了跨界品牌联合整合度对消费者购买意愿的影响（LLCI＝0. 1708，ULCI＝0. 7194，不包含 0），且中介效应值为 0. 3579，然而控制中介变量后，跨界品牌联合整合度对消费者购买意愿的影响不显著（LLCI＝0. 2971，ULCI＝1. 1539，不包含 0），效应大小为 0. 7255，表明感知创新对消费者购买意愿起到部分中介的作用，中介效应的路径系数见图 2，假设 H3 得到验证。

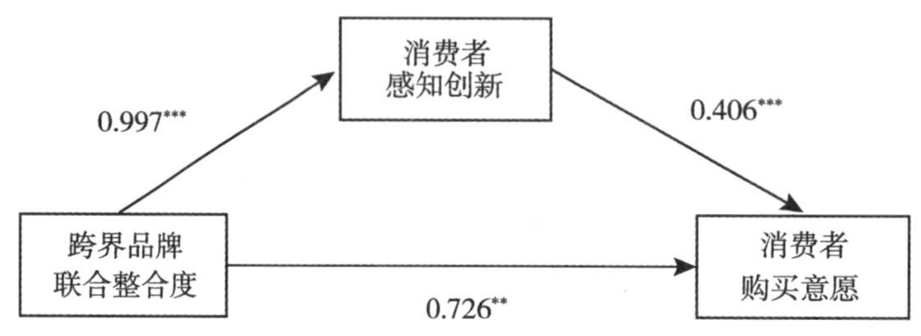

注：** 表示 p<0. 01，*** 表示 p<0. 001。

图 2　消费者感知创新的中介效应

4. 4　小结

实验 2 结果表明，跨界品牌联合整合度会正向影响消费者对跨界品牌联合的感知创新，进而影响消费者的购买意愿。具体而言，相比低整合度，当跨界品牌联合整合度较高时，消费者感知创新更强烈，认为跨界品牌联合产品具有更高的创新性，从而引发更加积极的购买意愿。然而，联合产品类型也会对这一过程产生影响，我们将通过实验 3a 和实验 3b 进行检验。

5. 实验 3a

实验 3a 的主要目的在于探究产品类型的调节作用，即验证 H4。

5. 1　预实验

本次预实验的目的是选择合适的联合产品类型，并确定实验材料中跨界品牌联合产品。首先，被试阅读有关“实用品”与“享乐品”的定义（实用品给人带来理性实际效用；享乐品能给人带来愉悦的体验和感受）。接着，通过阅读并整理跨界品牌联合实例中的联合产品，选择了“香水、奶茶、矿泉水、运动鞋、口红、巧克力、键盘”提供给被试回答有关产品类型的问题（采用七点量表，“1”代表实用品，“7”代表享乐品），最后进行统计分析并确定跨界品牌联合产品的类型。我们从北方某大学招募了25名被试（男生13人，平均年龄24.52岁）。产品类型描述统计结果如表2所示：

表2　**产品类型描述统计结果**

	香水	奶茶	矿泉水	运动鞋	巧克力	键盘	润唇膏
均值	5.56	6.00	1.64	2.32	5.12	2.20	3.00
样本方差	1.76	0.92	0.82	1.64	1.44	2.75	2.58

从表2可以看出，键盘产品类型均值2.20，巧克力均值5.12，这两种产品被试比较熟悉。因此我们最终选择巧克力和键盘作为以下实验的实验材料。

接下来，结合跨界品牌联合实例，选择共同研发联合形式下的“某巧克力品牌和某键盘品牌联合研发推出一款巧克力色彩外观的键盘进行销售”作为高整合度实用产品情境，“某巧克力品牌和某键盘品牌联合研发推出一款键盘造型外观的巧克力进行销售”作为高整合度享乐产品情境，并把同地品牌联合形式下的“某键盘品牌在某巧克力品牌的门店内进行销售”作为低整合度实用产品情境，“某巧克力品牌在某键盘品牌的门店内进行销售”作为低整合度享乐产品情境。我们给被试呈现以上四种跨界品牌联合信息，实验过程及测量量表与实验1的预实验一致。最后进行统计分析并确定跨界品牌联合产品。结果表明，被试对共同研发联合情境的整合度评分均值 $M_{高整合度}=4.50$，同地品牌联合情境的整合度评分均值 $M_{低整合度}=3.60$，二者之间的差异显著（$F(1,23)=7.68$，$p<0.05$）。据此我们将共同研发联合视为高整合度情境，而将同地品牌联合视为低整合度情境。

5.2　正式实验设计

本实验采用了2（跨界品牌联合整合度：高 vs. 低）×2（联合产品类型：实用 vs. 享乐）的组间设计，共分为四种实验情境。我们从第一作者的朋友圈通过滚雪球的方式，招募了170名被试，被试通过从“东”“西”“南”“北”中选择一个喜欢的方位被随机分配到四个实验组，被试被要求想象自己处于一个购买的情况，接着我们按分组结果展示一种跨界品牌联合情境给被试，产品的价格也被指出来，以使跨界品牌联合产品的交易方案更加现实（Varadarajan and Menon，1988）。这些价格与市场的平均价格一致，并与产品的图片一起呈现。

实验材料中关于“消费者购买意愿”“消费者感知创新”和“跨界品牌联合整合度”的测量同实验2。跨界品牌联合产品类型采用七点量表测量（“1”代表实用品，“7”代表享乐品）。实验结束后，被试提供个人信息，包括性别、年龄、收入，并获得实验报酬。

5.3　实验结果

实验共收回问卷170份，剔除全部为单一选项且答题时间太短、逻辑不通等问题的无效样本，有效问卷数量为 150 份（有效率为 88.24%），男性 64 人（42.67%），平均年龄 25.56 岁。

5.3.1 操纵检验

对跨界品牌联合整合度和产品类型进行操纵检验。结果表明在高整合度实验组的被试对跨界品牌联合整合度的评价远高于低整合度实验组的被试给出的评价（$M_{高整合度}=5.57$，$M_{低整合度}=3.73$，$F(1, 148)=42.70$，$p<0.001$）。对刺激物联合产品类型操纵检验，结果表明巧克力组产品类型（$M_{享乐品}=5.43$），键盘组产品类型（$M_{实用品}=2.52$），二者之间差异显著（$F(1, 148)=363.06$，$p<0.001$）。因此，本研究对跨界品牌联合整合度和联合产品类型的操纵是成功的。

5.3.2 假设检验

通过 ANOVA 分析对跨界品牌联合整合度和联合产品类型两个因素对消费者购买意愿的影响进行检验。结果表明，整合度和产品类型交互作用显著（$F(1, 148)=5.21$，$p<0.05$）。简单效应分析显示，相比实用品，跨界品牌联合产品是享乐品时，高整合度的跨界品牌联合会使被试产生更强烈的购买意愿（$M_{高整合度}=5.61$，$M_{低整合度}=4.16$，$F(1, 84)=20.46$，$p<0.001$）；然而，当跨界品牌联合产品类型为实用品时，面对高整合度和低整合度跨界品牌联合，被试的购买意愿没有显著差异（$M_{高整合度}=3.79$，$M_{低整合度}=3.57$，$F(1, 62)=0.25$，$p=0.623$）（见图 3）。

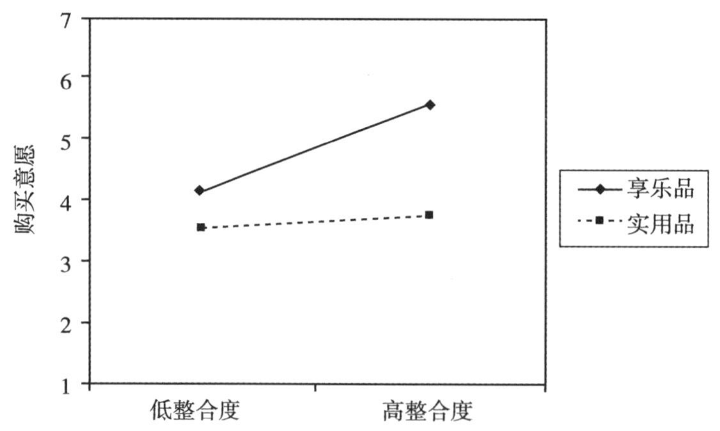

图 3　整合度与产品类型的交互效应对消费者购买意愿的影响

对消费者感知创新进行 ANOVA 分析，结果表明，整合度和产品类型的交互效应显著（$F(1, 148)=8.08$，$p<0.05$），简单效应分析显示，相比实用品，跨界品牌联合产品是享乐品时，高整合度的跨界品牌联合会使被试产生更强烈的创新感知（$M_{高整合度}=6.03$，$M_{低整合度}=4.30$，$F(1, 84)=42.84$，$p<0.001$）；然而，当跨界品牌联合产品为实用品时，面对高整合度和低整合度跨界品牌联合，被试的感知创新不具备显著差异（$M_{高整合度}=4.50$，$M_{低整合度}=4.01$，$F(1, 62)=1.87$，$p=0.18$）（见图 4）。

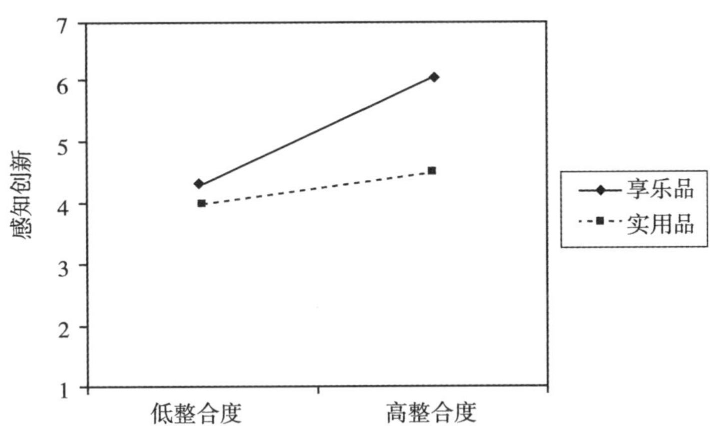

图 4　整合度与产品类型的交互效应对消费者感知创新的影响

5.4　小结

实验 3a 验证了假设 H4，联合产品类型调节了跨界品牌联合整合度和消费者感知创新及购买意愿的关系。相比实用品，跨界品牌联合产品为享乐品时，整合度对消费者感知创新及购买意愿的影响更大。

6. 实验 3b

为了提高结果的稳健性，实验 3b 选用两种整合度不同的跨界品牌联合产品，通过广告语操控产品的享乐属性与实用属性，进一步验证联合产品类型的调节作用。另外，实验 3b 使用了真实的品牌，因此，我们检验了品牌属性相关变量（包括品牌熟悉度和品牌喜爱）是否起到调节作用。

6.1　预实验

本次预实验的目的是确定实验材料中跨界品牌联合产品以及对联合产品类型进行操纵。结合跨界品牌联合实例，本研究选取真实品牌米蓓尔和洽洽进行跨界品牌联合，选择“含有瓜子精华的面膜”作为高整合度情境，“面膜瓜子连包”作为低整合度情境。在联合产品类型方面，采用广告语“深层滋润　密集修护”来启动被试的实用属性感知，“奢享水润 SPA”来启动被试的享乐属性感知。通过将联合产品与操纵广告语两两组合，我们给被试呈现以上四种跨界品牌联合产品信息，测量整合度和产品类型（流程同实验 3a 预实验）。最后进行统计分析并确定跨界品牌联合产品。结果表明，被试对共同研发联合情境的整合度评分均值 $M_{高整合度}=5.13$，捆绑品牌联合情境的整合度评分

均值 $M_{低整合度}=3.03$，二者之间的差异显著（$F(1, 59)=62.26$，$p<0.001$）。被试对“深层滋润 密集修护”的产品类型评分均值 $M_{实用}=2.83$，对“奢享水润 SPA”的产品类型评分均值 $M_{享乐}=4.75$。二者之间的差异显著（$F(1, 59)=26.30$，$p<0.001$）。据此我们将共同研发联合视为高整合度情境，而将捆绑品牌联合视为低整合度情境，且将“深层滋润　密集修护”描述下的面膜视为实用品，“奢享水润 SPA”描述下的面膜视为享乐品。

6.2　正式实验设计

本实验采用了 2（跨界品牌联合整合度：高 vs. 低）×2（联合产品类型：实用 vs. 享乐）的组间设计，共分为四种实验情境。我们从国内一家大型知名网络调研平台，招募了 250 名被试，被试通过从“东”“西”“南”“北”中选择一个喜欢的方位被随机分配到四个实验组，被试被要求想象自己处于一个购买的情况，接着我们按分组结果展示一种跨界品牌联合情境给被试，产品的价格也被指出来，以使跨界品牌联合产品的交易方案更加现实（Varadarajan and Menon，1988）。这些价格与市场的平均价格一致，并与产品的图片一起呈现。

实验材料中关于“消费者购买意愿”（$\alpha=0.84$）、“消费者感知创新”（$\alpha=0.74$）、“跨界品牌联合整合度”“跨界品牌联合产品类型”的测量同实验 3a。品牌熟悉度的测量包含一个题项“我听说过‘米蓓尔’这个品牌”（1=“完全没有”；7=“经常听说”）。品牌喜爱的测量（$\alpha=0.73$）包含两个题项：“我对‘米蓓尔’这个品牌整体感受和评价是积极的”和“我长期购买‘米蓓尔’这个品牌”（1=“极其不同意”；7=“极其同意”）。实验结束后，被试提供个人信息，包括性别、年龄、收入，并获得实验报酬。

6.3　实验结果

实验共收回问卷 250 份，剔除全部为单一选项且答题时间太短、逻辑不通等问题的无效样本，有效问卷数量为 203 份（有效率为 81.2%），男性 100 人（49.26%），平均年龄 23.49 岁。

6.3.1　操纵检验

对跨界品牌联合整合度和产品类型进行操纵检验。结果表明，在高整合度实验组的被试对跨界品牌联合整合度的评价远高于低整合度实验组的被试给出的评价（$M_{高整合度}=5.62$，$M_{低整合度}=2.51$，$F(1, 201)=583.42$，$p<0.001$）。对联合产品类型操纵检验，结果表明，“深层滋润 密集修护”产品类型评分均值（$M_{实用品}=2.48$），“奢享水润 SPA”产品类型评分均值（$M_{享乐品}=5.31$），二者之间差异显著（$F(1, 201)=522.98$，$p<0.001$）。因此，本研究对跨界品牌联合整合度和联合产品类型的操纵是成功的。

6.3.2　假设检验

通过 ANOVA 分析，结果表明，品牌熟悉度与整合度、产品类型三者交互作用不显著（F（1，

201）= 0.21，p = 0.652），品牌熟悉度和整合度（F（1，201）= 0.05，p = 0.819）或产品类型（F（1，201）= 3.74，p = 0.055）两者交互效应均不显著。品牌喜爱与整合度、产品类型三者交互作用不显著（F（1，201）= 2.36，p = 0.126），品牌喜爱和整合度（F（1，201）= 1.20，p = 0.276）或产品类型（F（1，201）= 2.62，p = 0.107）两者交互效应均不显著。因此品牌熟悉度和品牌喜爱均不具有调节效应。而整合度和产品类型交互作用显著（F（1，201）= 109.53，p < 0.001）。简单效应分析显示，相比实用品，跨界品牌联合产品是享乐品时，高整合度的跨界品牌联合会使被试产生更强烈的购买意愿（$M_{高整合度}$ = 5.61，$M_{低整合度}$ = 4.13，F（1，100）= 281.69，p < 0.001）；然而，当跨界品牌联合产品类型为实用品时，面对高整合度和低整合度跨界品牌联合，被试的购买意愿没有显著差异（$M_{高整合度}$ = 3.96，$M_{低整合度}$ = 3.54，F（1，99）= 2.20，p = 0.141）（见图5）。

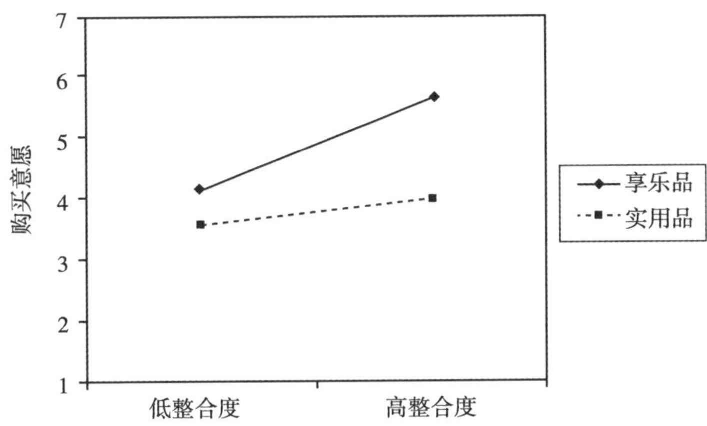

图5　整合度与产品类型的交互效应对消费者购买意愿的影响

对消费者感知创新进行ANOVA分析，结果表明，品牌熟悉度与整合度、产品类型三者交互作用不显著（F（1，201）= 0.19，p = 0.665），品牌熟悉度和整合度（F（1，201）= 0.028，p = 0.868）或产品类型（F（1，201）= 0.05，p = 0.817）两者交互效应均不显著。品牌喜爱与整合度、产品类型三者交互作用不显著（F（1，201）= 0.40，p = 0.528），品牌喜爱和整合度（F（1，201 = 0.71），p = 0.400）或产品类型（F（1，201）= 0.091，p = 0.763）两者交互效应均不显著。因此，品牌熟悉度和品牌喜爱均不具有调节效应。整合度和产品类型的交互效应显著（F（1，201）= 41.19，p < 0.001）。简单效应分析显示，相比实用品，跨界品牌联合产品是享乐品时，高整合度的跨界品牌联合会使被试产生更强烈的创新感知（$M_{高整合度}$ = 6.10，$M_{低整合度}$ = 4.50，F（1，100）= 206.04，p < 0.001）；然而，当跨界品牌联合产品为实用品时，面对高整合度和低整合度跨界品牌联合，被试的感知创新不具备显著差异（$M_{高整合度}$ = 4.88，$M_{低整合度}$ = 4.24，F（1，99）= 1.69，p = 0.196）（见图6）。

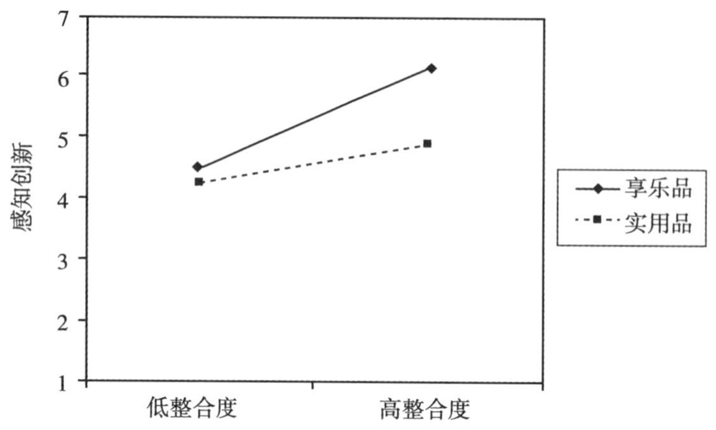

图 6　整合度与产品类型的交互效应对消费者感知创新的影响

6.4　小结

实验 3b 进一步验证了假设 H4，联合产品类型调节了跨界品牌联合整合度和消费者感知创新及购买意愿的关系。相比实用品，跨界品牌联合产品为享乐品时，整合度对消费者感知创新及购买意愿的影响更大。

7. 讨论

本文通过 4 个实验探讨了跨界品牌联合整合度对消费者购买意愿的影响及其内在机制和边界条件。研究结果显示，跨界品牌联合整合度正向影响了消费者购买意愿，消费者感知创新在上述影响中发挥了中介作用，即高整合度的跨界品牌联合使个体产生更强烈的感知创新，继而提高其购买意愿。此外，产品类型是跨界品牌联合整合度影响消费者购买意愿及感知创新的边界条件：当联合产品为享乐品，整合度对消费者购买意愿及感知创新的影响会增强；当联合产品为实用品，整合度对消费者购买意愿及感知创新的影响无显著差异。

7.1　理论贡献

本文系统地梳理了跨界品牌联合整合度、消费者感知创新、联合产品类型以及消费者购买意愿之间的内在关联，研究结果对深化和拓展跨界品牌联合相关研究有重要的理论意义。

首先，本文创新性地关注了消费者对涉及不同行业的品牌联合的认知和评估，识别出了跨界品牌联合整合度对消费者购买意愿的影响。大量研究强调品牌联合的一致性或契合度，如联合品牌相似性、一致性会显著影响消费者对品牌联合的评价（Senechal et al.，2014），但是并未提供关于跨界品牌联合取得成功的机制。本文在产品层面上，将不同类型跨界品牌联合按照联合产品在形式和功能上整合的程度分为高、低整合度两种，强调了企业进行跨界品牌联合时，品牌合作关系紧密程度的重要性，即当品牌跨界合作越紧密，整合度越高，消费者购买意愿越强。本文的研究结果为跨界品牌联合积累了新的实证证据，丰富和拓展了跨界品牌联合研究文献的主题与视角。

其次，本文深入分析了跨界品牌联合使消费者产生更高的购买意愿的内在机制，证实了消费者感知创新的中介作用。本文通过借鉴文化混搭相关研究（李晓和党毅文，2017），引入了消费者感知创新这一中介变量，解释了跨界品牌联合现象取得成功的内在机制。研究结果显示，高整合度的跨界品牌联合会使消费者产生更高的购买意愿，感知创新在其中起到了部分中介的作用。

最后，本文探讨了联合产品类型的调节作用。研究结果表明，对不同类型的联合产品，进行不同整合程度的创造，消费者的购买意愿会有差异：高整合度享乐型跨界品牌联合产品会导致更强烈的消费者感知创新，进而提高购买意愿；当联合产品类型为实用品，无论整合度高低，消费者的购买意愿及感知创新没有显著差异。结果进一步验证了享乐品的消费伴随着情感性，即更容易使消费者产生创新性感知，进而产生购买意愿（Lowe and Alpert，2015）。本文丰富了跨界品牌联合整合度影响效应边界条件的相关研究，对跨界品牌联合中关于产品策略的研究进行了补充。

7.2 实践启示

企业普遍关注的是采取何种跨界品牌联合形式才能使市场收益最大化，本文探究了跨界品牌联合整合度对消费者购买意愿的影响，这一研究结果对企业提升跨界品牌联合营销效果有着重要意义。

首先，企业若能与不同行业的品牌进行跨界品牌联合，不仅可以实现产品创新，促进消费者的购买意愿，还有助于迅速赢得市场。因此企业在寻求合作伙伴时，可以放眼于各行各业，而不仅局限于与自身相似的企业或品牌声誉高的企业。

其次，不同类型跨界品牌联合所呈现的不同整合度，会使消费者对其产生不同的创新性感知，进而影响购买意愿。因此企业在进行跨界品牌联合时，应结合自身产品的特点、属性和功能，敢于在跨界品牌联合中研发高整合度的联合产品，在市场竞争不断加剧的情境下带给消费者新的消费体验。

最后，企业在打造高整合度的跨界品牌联合时，应选择享乐型的跨界品牌联合产品，因为享乐型产品更具有情感性，更易唤起消费者感知产品的创新性进而使消费者产生购买意愿。

7.3 研究局限与展望

本文对跨界品牌联合整合度对消费者购买意愿的影响展开了实验研究，但不可避免地存在一定的局限性。

首先，价格是消费者选购产品的重要因素之一，但是本文在实验中没有考虑价格因素的影响。在低整合度的情况下，如品牌联合捆绑促销，在更具有价格优势的情况下，感知创新的中介效应是否仍然存在，有待进一步验证。

其次，现实生活中有很多跨界品牌联合的案例，未来可以通过真实的企业、品牌和产品销售数据，采用田野实验等方式在现实消费场景下进行研究，挖掘跨界品牌联合中合作品牌间的其他关系变量（如联合持久度、排他度等）。

最后，许多跨界品牌联合没有成功实现预期的效果。例如，可口可乐未能与汤米·希尔菲格（Tommy Hilfiger）建立高端时尚系列；阿芙和福临门推出的卸妆油遭到消费者抵制。因此，虽然本文发现跨界品牌联合整合度对消费者购买意愿的积极作用，但鉴于其中的复杂关系，未来的研究可以去探索跨界品牌联合失败的原因。例如，从感知侵扰或者感知风险的视角展开研究。

◎ 参考文献

[1] 范秀成，张彤宇．跨国公司的联合品牌战略［J］．外国经济与管理，2003，4（9）．

[2] 简予繁，朱丽雅，周志民．品牌跨界品牌联合态度的生成机制：基于消费者灵感理论视角［J］．南开管理评论，2021，24（2）．

[3] 柯佳宁，王良燕．跨品类延伸对老字号品牌和新兴品牌的影响差异研究［J］．南开管理评论，2021，24（2）．

[4] 李晓，党毅文．混搭产品的混搭方式对消费者购买意愿的影响研究——以感知创新和感知侵扰为中介［J］．珞珈管理评论，2017（3）．

[5] 彭璐珞．理解消费者对文化混搭的态度：一个文化分域的视角［D］．北京：北京大学博士学位论文，2013．

[6] 王晓珍，郑颖，施佳蓉，杨拴林．要素品牌联合紧密度对联合后主品牌评价的影响研究［J］．中央财经大学学报，2019（4）．

[7] 王德胜，李婷婷，韩杰．老字号品牌跨界对年轻消费者品牌态度的影响研究［J］．管理评论，2022，34（2）．

[8] 张德鹏，陈春峰，张凤华．社交媒体情境下个性化广告对用户态度的影响研究［J］．管理学报，2021，18（3）．

[9] 朱强，王兴元．产品创新性感知对消费者购买意愿影响机制研究——品牌来源国形象和价格敏感性的调节作用［J］．经济管理，2016，38（7）．

[10] 周延风，张莹，陈少娜．品牌跨界产品联合距离对联合产品评价及购买意愿的影响［J］．商业经济与管理，2021（12）．

[11] Ahn，S. K.，Kim，H. J.，Forney，J. C. Co-marketing alliances between heterogeneous industries：Examining perceived match-up effects in product，brand and alliance levels［J］. Journal of Retailing and Consumer Services，2009，16（6）.

[12] Ahn，J.，Kim，A.，Sung，Y. The effects of sensory fit on consumer evaluations of co-branding［J］. International Journal of Advertising，2020，39（4）.

[13] Amaldoss，W.，Meyer，R. J.，Rapoport，R. A. Collaborating to compete［J］. Marketing Science，

2000, 19 (2).

[14] Babin, B. J., Darden, W. R., Mitch, G. Work and/or fun: Measuring hedonic and utilitarian shopping value [J]. The Journal of Consumer Research, 1994, 20 (4).

[15] Besharat, A., Langan, R. Towards the formation of consensus in the domain of co-branding: Current findings and future priorities [J]. Journal of Brand Management, 2014, 21 (2).

[16] Bolin, J. H., Hayes, Andrew F. Introduction to mediation, moderation, and conditional process analysis: A regression-based approach [J]. Journal of Educational Measurement, 2014, 51 (3).

[17] Cao, Z., Sorescu, A. Wedded bliss or tainted love? Stock market reactions to the introduction of co-branded products [J]. Marketing Science, 2013, 32 (6).

[18] Chiu, C. Y., Kwan, Y. Y. Culture and creativity: A process model [J]. Management and Organization Review, 2010, 6 (3).

[19] Dahl, D. W., Moreau, P. The influence and value of analogical thinking during new product ideation [J]. Journal of Marketing Research, 2002, 39 (1).

[20] Geylani, T., Inman, J. J., Hofstede, F. T. Image reinforcement or impairment: The effects of co-branding on attribute uncertainty [J]. Marketing Science, 2008, 27 (4).

[21] Gammoh, B. S., Voss, K. E., Chakraborty, G. Consumer evaluation of brand alliance signals [J]. Psychology and Marketing, 2006, 23 (6).

[22] Gibson, B. Can evaluative conditioning change attitudes toward mature brands? New evidence from the implicit association test [J]. Journal of Consumer Research, 2008, 35 (1).

[23] Hoeffler, S., Dahl, D. W. Visualizing the self: Exploring the potential benefits and drawbacks for new product evaluation [J]. Journal of Product Innovation Management, 2004, 21 (4).

[24] Ho, H. C., Lado, N., Rivera-Torres, P. Detangling consumer attitudes to better explain co-branding success [J]. Journal of Product Brand Management, 2017, 26 (7).

[25] Lado, N., Cesaroni, F., Ho, H., et al. The role of gender in co-branding strategies of hi-tech brands and luxury [M]. Springer, 2016.

[26] Lanseng, E. J., Olsen, L. E. Brand alliances: The role of brand concept consistency [J]. European Journal of Marketing, 2012, 46 (9).

[27] Lowe, B., Alpert, F. Forecasting consumer perception of innovativeness [J]. Technovation, 2015 (45/46).

[28] Ma, B., Cheng, F., Bu, J., Jiang, J. Effects of brand alliance on brand equity [J]. Journal of Contemporary Marketing Science, 2018, 1 (1).

[29] Mukherjee, A., Hoyer, W. The effect of novel attributes on product evaluation [J]. Journal of Consumer Research, 2001, 28 (3).

[30] Newmeyer, C. E., Venkatesh, R., Ruth, J. A., et al. A typology of brand alliances and consumer awareness of brand alliance integration [J]. Marketing Letters, 2018, 29 (3).

[31] Newmeyer, C. E., Venkatesh, R., Chatterjee, R. Co-branding arrangements and partner selection:

A conceptual framework and managerial guidelines [J]. Journal of the Academic Marketing Science, 2014, 42 (2).

[32] Newmeyer, C. E., Ruth, J. A. Good times and bad: Responsibility in brand alliances [J]. European Journal of Marketing, 2020, 54 (2).

[33] Nguyen, H. T., Ross, W. T., Pancras, J., et al. Market-based drivers of co-branding success [J]. Journal of Business Research, 2020 (115).

[34] Paydas Turan, C. Success drivers of co-branding: A meta-analysis [J]. International Journal of Consumer Studies, 2021, 45 (4).

[35] Radighieri, J. P., Mariadoss, B. J., Grégoire, Y. et al. Ingredient branding and feedback effects: The impact of product outcomes, initial parent brand strength asymmetry, and parent brand role [J]. Marketing Letters, 2014, 25 (2).

[36] Samuelsen, B. M., Olsen, L. E. The attitudinal response to alternative brand growth strategies [J]. European Journal of Marketing, 2012, 46 (1/2).

[37] Senechal, S., Georges, L., Pernin, J. L. Alliances between corporate and fair trade brands: Examining the antecedents of overall evaluation of the co-branded product [J]. Journal of Business Ethics, 2014, 124 (3).

[38] Simonin, B. L., Ruth, J. A. Is a company known by the company it keeps? Assessing the spillover effects of brand alliances on consumer brand attitudes [J]. Journal of Marketing Research, 1998, 35 (1).

[39] Small, J., Melewar, T., Bluemelhuber, C., et al. Extending the view of brand alliance effects [J]. International Marketing Review, 2007, 24 (4).

[40] Tsai, M. C., Lou, Y. C., Bei, L. T., et al. Position matters when we stand together: A linguistic perspective on composite brand extensions [J]. Journal of the Academy of Marketing Science, 2014, 42 (6).

The Impact of Integration on Consumer Purchase Intention in Cross-category Brand Alliance

Zhu Yue[1] Zhang Anran[2] Xu Zhengliang[1]

(1 Business and Management School, Jilin University, Changchun, 130012;

2 School of Economics and Management, Xidian University, Xi'an, 710126)

Abstract: The increasing prevalence of cross-category brand alliance has not only brought new inspiration to companies' marketing concepts and strategies, but also had a significant impact on consumers' psychology and behavior. The different degrees of integration of products in cross-category brand alliance will lead to different cognitive responses and ultimately influence consumers' purchase intention. The four experiments found that in cross-category brand alliance, products with a higher degree of integration are more likely to increase consumers' purchase intention than products with a lower degree of integration, and that consumers' perceived innovativeness mediates the effect of product integration on consumers' purchase intention. The effect of product integration on consumers' perceived innovativeness and purchase intention is enhanced when the product type is hedonic. The findings of this paper not only have important theoretical implications for deepening and improving the mechanism of product integration on consumers' purchase intention in cross-category marketing, but also have important practical implications for companies to alliance with others.

Key words: Cross-category brand alliance; Integration; Product type; Consumers' perceived innovativeness

专业主编：寿志钢

数字囤积行为的影响因素组态路径研究*
——基于 fsQCA 的分析

● 张成虎[1] 张一凡[1] 刘建新[2]
（1 中国传媒大学经济与管理学院 北京 100024；2 西南大学经济管理学院 重庆 400715）

【摘 要】文章应用 fsQCA 对采集的 311 个有效样本进行分析，比较了网络平台和个人储存情境下，数字资源属性、个体因素、感知因素通过组合驱动数字囤积行为的路径异同。研究发现：（1）归纳两种情境下产生数字囤积行为的不同组态，可将数字囤积分为占有型、盲目型、忘我型和淡定型四类；（2）进一步的路径分析表明，个体进行数字囤积行为的背后动机分为“风险管理意识”和“实用价值判断”；（3）相比网络平台型数字囤积，个人存储型数字囤积行为受个体因素和数字资源属性的影响更为明显。

【关键词】数字囤积 数字资源属性 个体因素 感知因素 模糊集定性比较分析
中图分类号：B842.9 文献标识码：A

1. 引言

我们生活在一个日益数字化的时代，每天产生、存储、分享并与越来越多的数据进行交互，这也使得人们拥有和收藏的物品逐渐转向非物质化（Siddiqui & Turley，2006）。如今，数字虚拟物在消费者的日常生活中扮演着越来越重要的角色，并呈现出新的占有形式，如社交网络档案、电子游戏中的虚拟财产等（Watkins & Molesworth，2012）。数字资源的无形性和低储存成本使得个体很容易对其进行大量积累，但维护它们需要更多的时间和精力，因此越来越多的人表现出数字囤积（digital

* 基金项目：国家自然科学基金青年项目“资源稀缺对放纵消费的影响研究：内在机制、边界条件和应对策略”（项目批准号：71902002）；教育部人文社会科学研究青年基金项目“决策中断对消费者选择的折中效应影响的研究：内在机制、边界条件和应对策略”（项目批准号：19YJC630210）；中国传媒大学新入职教师科研项目“儿童放纵消费决策研究——基于家庭角色的视角”（项目批准号：CUC210C007）；西南大学研究阐释党的二十大精神专项项目“‘二十大’共同富裕视域下扶贫产品消费的心理机制与促进策略研究”（项目批准号：SWU2209048）；西南大学 2022 级教改重点项目“数字经济发展背景下工商管理专业人才培养模式创新与实践研究”（项目批准号：2022JY002）。

通讯作者：张一凡，E-mail：zhangyf@ cuc. edu. cn。

hoarding）的倾向。van Bennekom 等（2015）将数字囤积定义为：“数字文件堆积到让人丧失判断力的地步，最终导致压力和混乱。”区别于实物囤积，数字囤积并不会让生活空间变得杂乱，但它却可能损害个体认知功能、引发自我损耗（吴旭瑶和李静，2021）、增加工作负载、危害心理健康（Sweeten et al.，2018）、降低企业运营效率、增加运营成本（Gormley & Gormley，2012）、消耗服务器资源（Thorpe et al.，2019）。

鉴于数字囤积行为引发的一系列负面影响，探索数字囤积的形成路径变得尤为紧迫，这将有助于数字囤积行为的科学引导和治理。然而，现有研究虽然零星地探讨了数字囤积的影响因素和行为表现，且多聚焦于社交媒体情境，却鲜有研究能系统地揭示数字囤积的形成路径，以及不同场景下数字囤积的成因差异。鉴于此，本文通过文献回顾梳理了引发数字囤积行为的可能诱因；基于探索多因素复杂因果关系的需要，选用模糊定性比较分析方法（fsQCA）尝试探讨以下问题：数字囤积行为的驱动因素有哪些？上述影响因素如何组合并最终引发数字囤积行为？不同场景下数字囤积的形成路径是否存在差异？

2. 文献综述及变量选择

2.1 数字囤积文献综述

早期关于“囤积”行为的研究多集中于实物囤积领域，伴随着信息和通信技术的快速发展以及互联网的普及，人们的囤积行为开始呈现出“数字化”的特点（Oravec，2018）。数字囤积最早的研究源于心理学和神经科学，van Bennekom 等（2015）基于对首例数字囤积症患者的临床研究，将数字囤积行为定义为“个体不知道如何对自己累积的数据做出反应，从而形成一种习惯，使个体降低目标检索能力，感到压力和混乱并难以预见未来”。该定义强调数字资源的繁杂和累积对个体工作生活的影响。随着个体对多媒体资源的大量使用，数字囤积被定义为“个体对于多媒体数据文件表现出持续收集且不愿意删除的行为”（Oravec，2018），该定义侧重强调了数字囤积中的行为持续性和个体的意愿。随着社交媒体中数据数量激增和保存数据的成本降低，个体出现无差别保存数据且不愿意删除数据的行为（王琳等，2022）。由此可见，数字囤积目前仍在探索阶段，其概念还没有非常清晰且统一的认知，具体表现为如下两个方面：首先，相关研究对数字囤积行为的界定仍沿用了实物囤积中的个体行为特征描述，即“过度收集物品，以及无法丢弃它们”（Gormley & Gormley，2012）；其次，一些研究对数字囤积概念的界定有着明显的消极倾向，如“无差别保存”“导致压力和混乱”。实际上，数字囤积不同于囤积症，它被认为是一种广泛的行为倾向而非心理障碍（Vitale et al.，2018）。

当前有关数字囤积的研究主要围绕三个方面展开：

第一，数字囤积的行为表现。总的来看，个体对数字文件的过度积累和无序化、难以删除数据是数字囤积行为的核心表现（Gormley & Gormley，2012；Neave et al.，2019）。其中，“积累”是指个体大规模地收集和存储更实用、更省力的解决方案，反映了一种保留共享信息的趋势；出于对该部分信息在未来某个时间节点有用的考虑，个体会倾向于当前先保留数据（Neave et al.，2019）。“无序化”则是指个体对于囤积的数据没有做系统的清晰的归档和整理（Gormley & Gormley，2012），它表现为个体对待已积累的数字资源缺乏有效的处置。“删除困难”是指当数据被删除时，会诱发囤积者的损失感或痛苦感，这反映了个体对数据的依恋；当面对那些极具个人价值（个体参与创建或具有重要贡献）的数字文件时，上述影响将更加凸显，这些“预期的”负面情感体验进一步助推了个体的囤积行为（Cross et al.，2018；Neave et al.，2019；Schiele & Hughes，2013）。

第二，数字囤积行为形成诱因。回顾既有研究，依恋焦虑会作为诱发数字囤积行为的重要因素在众多的研究中被提及（Sweeten et al.，2018；Vitale et al.，2018；Kirk & Sellen，2010）；具体而言，依恋焦虑的个体害怕删除重要信息，或担忧没有及时保存信息而造成无法挽回的结果，这种对潜在消极后果的夸大伴随强烈的负面情绪，导致了数字囤积行为的产生。进一步的研究发现，上述影响还受到无法忍受不确定性和情绪调节困难的中介（吴旭瑶等，2021）。工作环境下的数字囤积行为则源于数据资源对个人和组织的特殊价值（交易证据、员工努力工作、遵守规则的证明等），人们保留数据作为证据以应对未来的不确定（Sweeten et al.，2018）。一项针对青年群体的数字囤积行为研究表明，兴趣习惯、自我驱动、错失焦虑和强迫型人格特质是数字囤积产生的关键内部动因（刘天元和贾煜，2023）。为了更加系统地挖掘数字囤积行为的形成诱因，王琳等（2021）通过扎根理论分析构建出数字囤积行为的概念模型，提出了社交媒体环境下大学生的数据囤积行为受到情境因素、数据因素、主体特征、主体需求和主体认知的共同影响。

第三，数字囤积的后效影响。数字囤积会对个体和组织造成负面影响。对个体而言，首先，数字囤积会影响个体的心理健康（Sweeten et al.，2018）。过度收集、存储和整理数字文件会导致信息过载，从而造成个体的压力；当突破个体承受能力时，还会引发自我强迫和紧张的焦虑感（吴旭瑶和李静，2021）。对首位数字囤积临床患者的研究发现，其活动和睡眠都受到了较大影响，在失去秩序的生活中他承受着巨大的痛苦（van Bennekom et al.，2015）。其次，数字囤积会损害个体的认知功能、影响个体的社会交往行为。数字混乱的存在诱发工作负载（Sweeten et al.，2018），这将消耗更多的认知资源，并易引发自我损耗（吴旭瑶等，2021）。此外，以往研究表明，囤积行为往往伴随依恋焦虑（吴旭瑶等，2021），而高依恋焦虑的个体会认为自己不能很好地完成社交活动，感知到较高的社交威胁，更加惧怕他人的否定评价。对于组织而言，大量的累积数据会影响组织内成员的搜索行为，使得目标文件难以定位，从而增加总体任务时间，降低员工的工作效率（Sweeten et al.，2018）。此外，过度的数字混乱可能会对成本、数据寿命、有效性和知识管理产生不利影响，从而导致企业的运营效率低下而遭受损失（Gormley & Gormley，2012）。

综上所述，数字囤积仍属于一个较为新兴的研究领域，通过对数字囤积的文献梳理可以发现，现有研究零星地探讨了数字囤积的影响因素和行为表现，且多聚焦于某一特殊场景（如社交媒体情境、工作场景）或针对某一类对象（大学生、青年群体等）开展研究（王琳等，2022；Sweeten et al.，2018；刘天元和贾煜，2023），抑或探究某一个或几个变量对数字囤积行为的影响，缺乏对数字囤积行为影响机制的系统性思考，忽视了多个因素之间的组合作用。

2.2 数字囤积影响因素的划分及变量选择

本研究基于对“数字囤积”内涵、特征和测量的综合分析，总结提炼出“个体因素”“数字资源属性”和“感知因素”这三个维度的影响因素来完成后续的组态路径分析。首先，从“数字囤积行为”基本内涵中我们提取了“个体因素”和“数字资源属性”这两个主要维度。正如赵栋祥（2022）曾指出，个人的数字囤积行为核心是“囤积行为”；行为主体是“个人”，即囤积行为的发出者；行为客体是“数字”信息内容，是被囤积的对象。由此，描述行为主体的“个体因素”和刻画行为客体的“数字资源属性”也就相应地被纳入诱发数字囤积行为主要因素的探讨。再者，从数字囤积行为的关键特征及测量题项角度来看，个体对数字内容资源“删除困难”是数字囤积者一个重要的行为表现（Thorpe et al.，2019）；且量表中的相关测量题项包含诸如“删除某些文件就像删除所爱的人一样”“如果我删除了某些文件，事后我会感到不安”“删除某些文件就像失去了自己的一部分”等（Ncavc ct al.，2019）。这意味着数字囤积行为的形成很大程度上依赖个体如何看待数字资源，因此本研究将这一类影响因素提炼概括为“个体对数字资源的感知因素”。

2.2.1 数字资源属性

（1）数字资源的稀缺性。稀缺源于资源的供需不平衡，这种不平衡会引发资源短缺和资源竞争（Kristofferson et al.，2016）。如果人们认为稀缺的资源很重要，且面临持续供应的威胁，就会通过囤积行为来寻求对该资源的控制（Kirk & Rifkin，2020）。COVID-19大流行下供应链中断导致零售商货架大面积缺货，这背后可能是稀缺感加剧了消费者的囤积倾向（Kirk & Rifkin，2020）；在数字资源稀缺情境下亦是如此：Steam的游戏玩家会因为限时的价格促销而购置、存储多款游戏。可见，稀缺线索会引发并强化个体的数字囤积行为。

（2）数字资源的有用性。有用性是指产品有能帮助使用者的功能（Jeng，2005）。对于数字信息资源来说，其有用性主要体现在使用价值和物质效用等方面（陈亚召和肖剑平，2012）。大量实证研究表明，有用性感知会促进消费者的购买意愿、使用意愿和评价意愿（Purnawirawan et al.，2012）。而数字资源的有用性则表现为数字资源本身的价值与个体的适配程度。当个体感受到某一资源在价值的细分维度（效用、质量等）具有较好的表现时，则倾向于选择使用或收藏。由此，个体会因为对数字资源的高有用性感知而增强囤积的欲望并实施行为。

（3）数字资源的不确定性。数字资源的不确定性主要体现在两个方面。首先，对于部分个体而言，他们无法明确分辨出自己现在所需信息和以后可能用到的信息，并担心误删有用文件而带来的不利影响（Sweeten et al.，2018）。对人多数人来说，避免删除有用数据而带来的囤积行为比评估数据的潜在未来价值更加容易。其次，不确定性来源于对数字产品所有权和安全性的担忧。数字资源在可见性和有形性上的缺失会被冠以“脆弱”和“短暂”的属性标签，人们更倾向于通过复制和存储将其保存下来（Denegri-Knott et al.，2013）。研究发现，出于担心数码设备被偷、损坏和崩溃所导致的数字财产丢失，青少年痴迷于备份相关文件（Odom et al.，2011）；甚至数字版本的存储有时也难以“彰显”自身对某一资源的拥有感，例如，熟练运用数字技术的个体也希望同时保存一份打印件和多份数码照片副本（Siddiqui & Turley，2006）。因此，个体更可能通过囤积数字资源来提高安全感，以应对数字资源的不确定性。

2.2.2 个体因素

（1）儿时社会经济地位。关于囤积症的“认知—行为”模型指出，个体早期经历和生活史是影响囤积行为的“远端因素”（Wheaton，2016）。同样，Tolin 等（2010）也发现，囤积障碍患病与童年期经历有关，童年早期的创伤、压力生活事件更容易诱发个体的囤积行为。儿时社会经济地位被认为是衡量个体早期经历的重要指标，它表示个体的童年成长环境中资源丰富或匮乏的程度（Griskevicius et al.，2011）。研究发现，相对于高儿时社会经济地位的个体，低儿时社会经济地位的个体习惯采用快速生活史策略（Griskevicius et al.，2011），表现出更低的控制感和自我效度感（Mittal & Griskevicius，2014；Thompson et al.，2020），他们更有可能通过囤积数字资源以提升控制感或以备不时之需。

（2）控制感。控制感是指个体对自己能够在多大程度上控制外部事物和周围环境的认知和感觉（Burger，1989），它强调个体对控制的主观感受与信念。控制感对于数字囤积行为可能存在两种影响：一方面，强控制感的个体更可能将数字物品视为自己的财产，并像保护财产一样保护数据，享受这给他们带来的权力感（Gormley & Gormley，2012）。例如，电子游戏玩家为了提升对数字物品的控制感，会通过某些“占有仪式”将数字虚拟产品转化为特殊的、不可替代的、具有个人意义的财产，尽管他们知道虚拟产品并不真正属于自己（Watkins & Molesworth，2012）。因此，控制感越强的个体对自己生活的掌控欲望越强，也就越容易表现出对数字资源的控制倾向。另一方面，对于那些控制感较弱的个体，为了自身控制感的重申更可能采取“无差别的囤积行为”，即采取强迫性积累以避免因无法获得当前或未来有价值的资源而导致的潜在痛苦（Steketee & Frost，2003）。

（3）无法忍受不确定性。无法忍受不确定性指个体对不确定性情境或事件进行感知、解释和反应的认知偏差，无法忍受不确定性较高的个体觉得不确定性环境令人紧张、不安和消极，应该予以避免（Dugas et al.，2004）。其已被证实是囤积行为的主要预测指标，并对其施加正向影响（Wheaton，2016）。数字资源在价值上的不确定性助推了上述效应，个体保留数字文件则是为了应对未来的潜在需要（Sweeten et al.，2018）。其实，上述不确定性多来自个体内心的不安全感。他们会通过保留数字文件获得控制感，因为数字资源为个体提供了更多信息，数字资源的囤积在一定程度上可以缓解或消除不确定性，从而减轻焦虑、抑郁等情绪。

2.2.3 感知因素

（1）自我呈现。自我呈现指个体为使他人按其愿望看待自己而展示自我、影响他人的努力。个体往往通过拥有物品的形象和风格来传达渴望的自我（Thompson et al.，1995），这同样适用于数字囤积情境。研究发现，个体通过数字物品的收藏、囤积和存档来构建自我认同和定义自我，硬盘上的旧文件、个人照片、音乐收藏，甚至数字桌面环境的特定安排，都可以被视为一个人身份的反映，代表了自我的某些方面（Kirk & Sellen，2010）。Cushing（2013）的研究也证实了数字财产的特征之一是“代表个人身份”，并以爱好和兴趣等方式提供了个人的身份信息及价值。社交媒体网站

Pinterest 的用户同样将网站上收藏的数字图像视作身份的有形体现，认为它们表现了个人品位、态度或理想自我（Schiele & Hughes，2013）。由此可见，数字产品承担着自我表达的功能，逐渐变成了自我扩展的对象（Belk，2013），进而帮助构建自我概念。因此，当面对能够表达、定义自我，用于自我呈现的数字资源时，为了保持和不破坏自我概念，人们难以将其丢弃或删除，进而表现出数字囤积行为。

（2）依恋。依恋感对于数据囤积的影响被广泛提及。例如，早期学者对囤积行为的定义侧重于处置的失败，这种失败是由对物品的过度依恋和移除物品的惰性共同导致的（Cross et al.，2018）。迁移到数字情境下，数据被删除会引起损失或痛苦的感觉，这代表了个体对数字资源的情感依恋（Neave et al.，2019）。具体而言，人们会对数字产品存在功能性或情感性依恋：对于成本低、易用性高的数字产品，人们会对其产生功能性依恋（Siddiqui & Turley，2006）；而对于给人们带来快乐（Schiele & Hughes，2013）或者承载了大量的记忆和经历的数字产品（Vitale et al.，2018），人们会对其产生高度的情感依恋（Watkins & Molesworth，2012）。依恋的产生会提升人们对数字产品重要性的感知，使人们赋予其高价值并引以为傲，不忍心将其删除（Schiele & Hughes，2013；Sweeten et al.，2018），最终导致数字囤积。

（3）心理所有权。心理所有权是指个体将目标物（物质的或非物质的）视为“自己的”的一种心理状态（Pierce et al.，2003）。持有数字资源可以建立拥有感和占有感（Reb & Connolly，2007），这种感知控制会帮助个体建立对数字资源的心理所有权。心理所有权的建立促进了人们对数字物品的依恋（拥有—自我联系），这使数字资源与自我概念联系在一起并融入其中（Chatterjee et al.，2013）。另外，所有权在自我认同方面也起着重要作用，个人所拥有的物品可以作为自我的象征性表达，用于自我定义和向他人投射自我形象（Wattanasuwan，2005）。由此，数字囤积满足了心理所有权提升的需要，是一种心理所有权的极端呈现。

2.3 数字囤积场景

现实生活中，不同数字场景下个体囤积行为的形成存在较大差别。但是，现有研究关于数字囤积的探讨更多地局限在社交媒体平台，且较多地关注了大学生群体（Schiele & Hughes，2013；王琳等，2022）。区别于实物囤积，数字囤积被认为无需占用大量的物理空间，具有低廉的成本（Gormley & Gormley，2012）。但受限于数字存储空间，不同数字囤积场景下的存储成本、便利性和安全性也存在差异，这必然对个体囤积行为施加影响。本研究将数字囤积场景划分为网络平台型数字囤积和个人存储型数字囤积，两类囤积行为的比较如表 1 所示。具体来看，存储成本包括购买存储介质、对存储介质进行刷新以及数据库管理系统的维护等；成本与数字资源的数量和保存时间存在直接正向影响（王军，2006），更低的存储成本将诱发更“随意”的囤积行为。便捷性涵盖了信息传输转移的便利性、使用便利性等体验，它决定了消费者是否会长期使用该存储设备或服务（程慧平和程玉清，2017），较高的便利方便消费者“随时”进行数字资源的保存和使用，降低“操作成本”的同时增加了囤积行为。存储的安全性表现为个人或敏感数据丢失的关键威胁（Sweeten et al.，2018），数据囤积者需要权衡放弃有价值物品的风险与因存储安全性带来丢失风险（Cross et al.，

2018)；因此，当存储的安全性较高时，避免放弃有价值数字资源的囤积行为更容易产生。

表 1　　数字囤积场景特点比较

囤积场景	举例	存储成本	便利性	安全性
网络平台型	网络浏览器、网络云盘、在线论坛、微信、抖音的收藏夹	囤积成本低，平台储存空间趋近于无限	资源存储、读取方便	控制感和所有权弱，资源容易丢失
个人存储型	手机、电脑、硬盘等个体存储设备	囤积成本高，需要耗费自身存储空间	资源存储、读取困难	控制感和所有权强，资源不容易丢失

3. 研究设计与方法选择

3.1　问卷设计与数据采集

采用问卷调研法收集数据，题项测量均为李克特五级量表，其中 1 表示完全不同意，5 表示完全同意，数字越大代表符合或同意的程度越高。本研究的测量指标源于国内外权威量表，并结合不同场景下数字囤积的实际情况进行适当修改。问卷总共包含五部分：第一部分为网络平台型和个体存储型数字囤积程度的测量；第二部分是数字资源属性测量，包括数字资源稀缺性、数字资源有用性、数字资源不确定性；第三部分是个体因素测量，包括儿时社会经济地位、控制感、无法忍受不确定性；第四部分是感知因素测量，包括自我呈现、依恋、心理所有权；第五部分为人口统计题项，包括性别、年龄、学历、职业。

研究问卷通过 Credamo 平台进行发放，收回问卷 374 份，剔除回答时间小于 100s 或未通过注意力检测题项等无效问卷后，最终获得有效问卷 311 份，有效率为 83.1%，样本的人口统计学特征描述性统计见表 2。可以看出，在性别方面，女性为 63.1%，男性占比 36.9%；受调研者大多为青壮年群体，年龄主要集中在 21~40 岁，21~30 岁的人数占比最大，为 58.1%；学历水平在本科及以上接近 90%，普遍受教育程度较高；从职业来看，以公司职员、学生为主，其中行政管理人员占比超过 30%。从整体来看，样本数据基本涵盖了各年龄段、学历水平和职业领域的用户，其中以年轻、学历高的职员为主，可认为样本具有广泛性和代表性。

表 2　　样本统计情况

变量	分类	频数	频率（%）
性别	男	115	36.9
	女	196	63.1

续表

变量	分类	频数	频率（%）
年龄	20 岁及以下	19	6.1
	21~30 岁	181	58.1
	31~40 岁	86	27.6
	41~50 岁	17	5.4
	50 岁以上	8	2.5
受教育水平	高中及以下	6	1.9
	专科	37	11.8
	本科	214	68.8
	硕士研究生及以上	54	17.3
职业	全日制学生	84	27.0
	服务业人员	12	3.8
	技术/研发人员	46	14.7
	生产人员	14	4.5
	市场/销售/宣传/运营/咨询人员	25	8.0
	行政/管理人员	107	34.4
	专业人士（如教师、会计师、律师、设计师、医护人员、记者等）	23	7.4

3.2 模糊定性比较分析方法

本文采用定性比较方法（Qualitative Comparative Analysis，QCA），在整体的视角下展开案例层面的比较分析，通过案例间的比较，找出条件组态与结果间的因果关系，回答“哪些条件组态的组合会导致期待结果的出现?”这类问题（杜运周和贾良定，2017）。依据变量的类型，QCA 方法还可细分为确定集定性比较分析法（csQCA）、多值集定性比较分析法（mvQCA）和模糊集定性比较分析法（fsQCA）。相较于其他两种定性比较分析法，fsQCA 方法在处理连续变量时更具优势，更适合本研究。

数字囤积行为的影响因素探索是一个较为复杂的问题，需要综合考虑多维度的潜在影响。既往的研究大多采用单变量分析方法，即考虑单一变量对数字囤积行为的影响，而忽略了多个因素之间的相互作用。然而，数字囤积行为的形成是由数字资源属性、个体因素、感知因素这三个维度多重因素共同作用的结果，因此单变量分析很难全面、准确地刻画数字囤积行为的真实形成机理。针对这一问题，本文引入了模糊集定性比较分析方法，更全面地分析数字囤积行为的影响因素及多因素的组合效果。该方法能够快速捕捉多个因素之间的关系，并用一种简单但精确的方式做出路径解释，这有利于深入探究数字囤积行为背后的复杂因果关系。具体来说，本文试图通过定性比较分析揭示哪些潜在因素的组合会导数字囤积行为；文章拟采用问卷数据进行分析，在模糊集定性比较分析法中每份有效问卷都将被视为一个案例。

4. 结果与分析

4.1 共同方法偏差

共同方法变异是数据来源、测量工具和使用环境等相同而导致的变量之间变异的重叠，不代表构念间的真实关系。在问卷研究中，由于所有题项均为受试填写完成，研究结果的可靠性会受到同源方差的影响，本研究采用 Harman 单因素检测方法，检验研究是否存在共同方法偏差问题。结果显示未旋转时第一个公因子占总载荷量的 28.65%，小于 40%的临界值标准，表明研究较好地控制了数据的同源方法变异问题，不存在严重的共同方法偏差，可以进行下一步研究。

4.2 信效度分析

为证明问卷各变量题项的有效性和可靠性，研究使用 SPSS24.0 对问卷收集数据进行信效度分析。Cronbach's α 系数值越大表示问卷项目间相关性越好，内部一致性可信度越高。一般而言 α 在 0.6~0.8 表示较好，而低于 0.6 表示内部一致性较差（曾五一和黄炳艺，2005）。由于 fsQCA 为探索性研究方法，结合以往研究案例，变量内部一致性系数大于 0.6 即说明内部一致性水平良好（许芳等，2020）。如表 3 所示，数字资源有用性、不确定性和自我呈现变量的 Cronbach's α 值均大于 0.6，其余各变量的 Cronbach's α 值和 CR 值均大于 0.7，说明问卷的信度良好。

表 3　　问卷测量指标的因子载荷、Cronbach's α、CR、AVE 值

维度	测量变量	测量题项	因子载荷	Cronbach's α	组合信度 CR	平均方差提取量 AVE
数字资源属性	数字资源稀缺性	DS1	0.790	0.891	0.894	0.737
		DS2	0.882			
		DS3	0.900			
	数字资源有用性	DU1	0.628	0.645	0.648	0.381
		DU2	0.583			
		DU3	0.639			
	数字资源不确定性	DPU1	0.562	0.616	0.634	0.472
		DPU2	0.792			

续表

维度	测量变量	测量题项	因子载荷	Cronbach's α	组合信度 CR	平均方差提取量 AVE
个体因素	儿时社会经济地位	CSES1	0.789	0.892	0.894	0.738
		CSES2	0.925			
		CSES3	0.857			
	控制感	PC1	0.593	0.727	0.748	0.427
		PC2	0.659			
		PC3	0.685			
		PC4	0.672			
	无法忍受不确定性	IU1	0.799	0.760	0.774	0.543
		IU2	0.850			
		IU3	0.518			
感知因素	自我呈现	ZW1	0.524	0.691	0.697	0.367
		ZW2	0.616			
		ZW3	0.614			
		ZW4	0.660			
	依恋	EA1	0.773	0.811	0.815	0.525
		EA2	0.767			
		EA3	0.688			
		EA4	0.664			
	心理所有权	PO1	0.603	0.711	0.710	0.450
		PO2	0.711			
		PO3	0.694			
数字囤积场景	网络平台型	WPDH1	0.603	0.763	0.761	0.444
		WPDH2	0.690			
		WPDH3	0.628			
		WPDH4	0.737			
	个体存储型	SDDH1	0.661	0.797	0.801	0.502
		SDDH2	0.716			
		SDDH3	0.749			
		SDDH4	0.704			

4.3 条件和结果的校准

按照fsQCA分析的步骤，在进行正式分析之前，首先需要对原始数据进行校准。本文数据为量表数据，基于已有理论和经验知识，本研究运用直接校准法将数据转换为模糊集隶属分数（Ragin，2009），完全隶属、交叉点以及完全不隶属的校准标准分别为0.95、0.5、0.05，表4展现了本文各个条件和结果的校准信息。

表4　**各变量校准锚点**

变量	目标集合	锚点		
		完全隶属（隶属度=0.95）	交叉点（隶属度=0.50）	完全不隶属（隶属度=0.05）
条件变量	强数字资源稀缺性	14	11	6
	强数字资源有用性	15	13	9
	强数字资源不确定性	10	8	5
	高儿时社会经济地位	14	10	5
	高控制感	19	16	11
	强无法忍受不确定性	14	11	5
	高自我呈现	19	17	12
	强依恋	18	16	9
	高心理所有权	14	13	8
结果变量	强网络平台型数字囤积	19	16	9
	强个体存储型数字囤积	18	16	8

4.4 单个条件的必要性分析

锚点校准结束后，对单个条件变量进行必要性分析。在fsQCA中，若某条件在结果发生时总是存在，那么该条件为必要条件，应当予以剔除。通常使用一致性水平衡量必要条件，若一致性水平大于0.9，则认为该条件是必要条件（Ragin，2009）。表5为数字囤积的必要条件检验结果，全部条件变量的一致性水平均小于0.9，不存在必要条件，可以进行进一步的分析。

表 5　**必要条件分析**

条件变量	强网络平台型数字囤积		弱网络平台型数字囤积		强个体存储型数字囤积		弱个体存储型数字囤积	
	一致性	覆盖度	一致性	覆盖度	一致性	覆盖度	一致性	覆盖度
强数字资源稀缺性	0.767	0.820	0.486	0.415	0.735	0.822	0.494	0.398
弱数字资源稀缺性	0.453	0.524	0.790	0.730	0.462	0.559	0.779	0.679
强数字资源有用性	0.726	0.842	0.563	0.521	0.674	0.817	0.574	0.501
弱数字资源有用性	0.587	0.627	0.829	0.708	0.5882	0.657	0.790	0.636
强数字资源不确定性	0.763	0.797	0.617	0.515	0.739	0.808	0.595	0.468
弱数字资源不确定性	0.536	0.637	0.757	0.719	0.513	0.637	0.757	0.677
高儿时社会经济地位	0.651	0.765	0.539	0.506	0.595	0.731	0.584	0.517
低儿时社会经济地位	0.580	0.611	0.750	0.632	0.606	0.669	0.696	0.553
高控制感	0.755	0.777	0.600	0.494	0.697	0.750	0.630	0.489
低控制感	0.508	0.614	0.729	0.704	0.525	0.663	0.678	0.617
强无法忍受不确定性	0.653	0.733	0.643	0.576	0.645	0.757	0.622	0.526
弱无法忍受不确定性	0.622	0.685	0.702	0.618	0.596	0.686	0.712	0.591
高自我呈现	0.787	0.880	0.519	0.463	0.722	0.844	0.546	0.460
低自我呈现	0.520	0.575	0.866	0.765	0.538	0.621	0.815	0.679
强依恋	0.805	0.862	0.496	0.424	0.756	0.846	0.529	0.427
弱依恋	0.462	0.534	0.838	0.775	0.488	0.590	0.809	0.705
高心理所有权	0.699	0.846	0.515	0.499	0.658	0.833	0.529	0.483
低心理所有权	0.586	0.602	0.841	0.690	0.592	0.636	0.817	0.632

4.5　组态条件的充分性分析

结合现有研究和样本数量，本文将一致性阈值设为 0.8，PRI 阈值设为 0.75，频数阈值设为 3。fsQCA 通常会出现三种解，即复杂解、中间解和简单解，通常情况中间解优于复杂解和简约解，与现有研究一致，本文主要汇报中间解，并辅之以简约解。表 6 和表 7 分别为网络平台型和个人存储型数字囤积组态分析结果，实心圆（●）表示条件存在，含叉圆（⊗）表示条件缺席，空格表示条件可出现亦可不出现。大圆为核心条件，即条件同时存在于中间解和简约解，小圆则表示辅助条件，即条件仅存在于中间解。从分析结果可以看出，两种场景下的解的一致性水平均高于可接受的最低标准 0.75，数据结果良好。

表 6　　网络平台型数字囤积组态分析

变量 \ 条件组态		S1	S2	S3	S4	S5
数字资源属性	数字资源稀缺性	•	•	•	•	
	数字资源有用性	•	•	•	•	•
	数字资源不确定性	•	•			•
个体因素	儿时社会经济地位			•	⊗	•
	控制感	•		•	•	•
	无法忍受不确定性		•	⊗	•	⊗
感知因素	自我呈现	●	●	●	●	●
	依恋	●	●	●	●	●
	心理所有权	●	●	●	●	●
原始覆盖度		0. 420	0. 343	0. 271	0. 215	0. 275
唯一覆盖度		0. 031	0. 030	0. 015	0. 008	0. 022
一致性		0. 980	0. 968	0. 984	0. 971	0. 972
整体方案覆盖度		0. 499				
整体方案一致性		0. 965				

表 7　　个人存储型数字囤积组态分析

变量 \ 条件组态		P1	P2	P3	P4	P5	P6
数字资源属性	数字资源稀缺性	●	●	•	●		●
	数字资源有用性	●	•	●	●	●	⊗
	数字资源不确定性	●	●			•	●
个体因素	儿时社会经济地位			•	⊗	•	⊗
	控制感	●		●	●	●	⊗
	无法忍受不确定性		●	⊗	●	⊗	●
感知因素	自我呈现	●	●	●	●	●	⊗
	依恋	●	●	●	●	●	⊗
	心理所有权	●	●	●	●	●	⊗
原始覆盖度		0. 376	0. 313	0. 254	0. 209	0. 253	0. 153
唯一覆盖度		0. 030	0. 025	0. 015	0. 008	0. 017	0. 028
一致性		0. 919	0. 924	0. 962	0. 986	0. 935	0. 961
整体方案覆盖度		0. 480					
整体方案一致性		0. 911					

4.6 稳健性检验

为避免结果的随机性和敏感性，本文采用调整一致性阈值的方式进行稳健性检验，具体操作为将一致性阈值从 0.80 降低至 0.75。调整后结果与原结果组态的集合关系状态和拟合参数相同，因此，本研究数据分析结果具有稳健性。

4.7 数字囤积的形成原因分析

网络平台型数字囤积的影响因素共有 5 种条件组态，整体方法覆盖度为 0.499，表示所有网络平台型数字囤积个案结果中有 49.9%的案例都包含在以上 5 种条件组合路径之中；个人存储型数字囤积的影响因素共有 6 种条件组态，有 48.0%的案例都包含在以上 6 种条件组合路径之中。在模糊集定性比较分析中，通过对要素组合进行归纳，可进一步提炼出上层路径逻辑，具体而言，通过对各变量在结果路径中起到的作用以“包含”“不包含”和“无影响”进行质性分析，可发现导致数字囤积的条件组合主要分为四大类。

第一，强控制感作用于低儿时社会经济地位的“占有型”数字囤积，包括 S4 和 P4。这类数字囤积者儿时社会经济地位较低，占有的资源较少；但是对自己的生活控制感很强，认为自己有能力掌控自身生活及身边事物，倾向于尽力占有令自己产生依恋、自我呈现和心理所有权等感知特征的数字资源，例如与朋友家人的照片、能够展示自己性格特征的数字产品等。此外，数字资源的稀缺性和有用性会促进其进行数字囤积，但数据资源的不确定性不会对其造成太大影响。

第二，低控制感叠加低儿时社会经济地位的“盲目型”数字囤积，包括 P6。这类数字囤积者对自己生活的掌控感和控制力较低，且儿童时期社会经济地位较低，尽管其对数字资源没有感知方面的特质，仍倾向于不分类地囤积大量具有稀缺属性和不确定性较强的数字资源，以此来提升安全感和控制感。其最终目的是最大可能地规避一种未知的、负面的“不确定性”，由此，在进行数字囤积时更容易“眉毛胡子一把抓”，显现出盲目的特点。

第三，强感知因素与强数字资源属性的“忘我型”数字囤积，包括 S1、S2、P1、P2。当数字囤积者意识到数字资源的价值属性（即认为数字资源具备稀缺性、有用性和不确定性属性）且对数字资源有强烈的感知特质（如对数字资源有情感依恋、认为数字资源可以表达自我、对其具有较强的心理所有权）时，即认为数字资源是属于自己的，这种情况下，就会产生双场景下的数字囤积行为。此时，个人特质对数字囤积的影响不大，并不会改变这一结果。这一类型的数字囤积表现为个体内在感知作用下数字资源属性的驱动，从其变量要素组成路径和路径覆盖度来看，都体现一种最为普适的数字囤积行为。

第四，强控制感加可忍受不确定性的“淡定型”数字囤积，包括 S3、S5、P3、P5。这类数字囤积者从小物质生活条件较为优越，对自身生活和周围事物拥有较强的控制感，可以忍受生活和环境的不确定性。数字囤积者对自己拥有较强的信心，不需要通过囤积数字资源来提升安全感，因此他们只重视真正有用的数字内容和资源，并对其进行囤积。

5. 总结与讨论

5.1 研究讨论

基于个体因素突出或数字资源属性突出可以将个体数字囤积行为的背后动机提炼为“风险管理意识”和“实用价值判断”，两者都建立在个体对数字资源感知因素突出的前提之下。通过对数字囤积的路径梳理，本研究提出数字囤积影响因素的路径模型如图 1 所示。将所有路径类型对应到由两种囤积动机构成的象限中可以发现：

第一，占有型的用户在进行数字囤积时，重视数字资源的有用性为其自身带来的价值（陈亚召和肖剑平，2012），不会因其不确定性而不愿舍弃，同时又愿意在此基础上求多、求全，以应对未来的问题和挑战，表现为风险管理意识和实用价值判断俱佳。

第二，盲目型的用户只存在于个人存储设备数字囤积的情境中，在面对盈千累万的数字资源特别是稀缺的类型时，这种儿时社会经济地位较低的用户倾向于将其尽可能地存储到本地设备以获得安全感（Mittal & Griskevicius，2014；Thompson et al.，2020），而较少关注数字资源本身的价值属性，这类数字囤积者风险管理意识较强，但是缺乏对于数字资源的实用价值判断，可能会造成“无效囤积”。

第三，在两种情境中覆盖度最高的忘我型可以反映多数用户在数字囤积时遵循的路径，多数用户无论个体特质如何，都在强烈感知因素的影响下全面考量数字资源对个人的意义，囤积意图较为综合，并非盲目多囤或唯价值而囤。

第四，淡定型的用户是对个人的数字囤积物有较强掌控力的用户，他们的控制感强，在变化莫测的信息世界中镇定自若（Watkins & Molesworth，2012），囤积的资源均为其所用，没有让个人的数字囤积行为走向工具理性炽热、价值理性凋零的境地。此类用户在囤积时较少考虑“不囤积”而带来的风险，只看重真正有价值的数字资源。

对两种数字囤积情境下的组态进行对比可以发现其异同点。不论网络平台型还是个人存储型数字囤积，感知因素都是其最为突出的影响因素类型。个体对数字资源的感知会影响个体的数字囤积行为，会通过囤积资源的类型来展现“理想自我”（Thompson et al.，1995），也会对囤积的资源或其类型产生情感依恋（Vitale et al.，2018），并在“数字物—自我”的连接中相互融入（Chatterjee et al.，2013），表现出强烈的多维感知。两种囤积情境的差异之处主要体现为以下两点：首先，相较于网络平台型的数字囤积行为，个人存储型数字囤积行为受个体因素和数字资源属性的影响更为明显，这表明个体在不同情境中的数据囤积行为考量因素存在差异。相比有限存储空间“约束”下的个人存储，人们在网络平台上的数字囤积较少受到空间限制，在看似具有“无限性”的平台上更“随心所欲”地进行着囤积（Sweeten et al.，2018）。这是客观可视空间与赛博空间的显著差异，基于数字化信息流动和存储，网络平台这一“云端”不但为个体的数字囤积提供了虚拟空间，更提供了心理空间。其次，个人存储型数字囤积存在一类独特的数字囤积类型——“盲目型”数字囤积，对于这

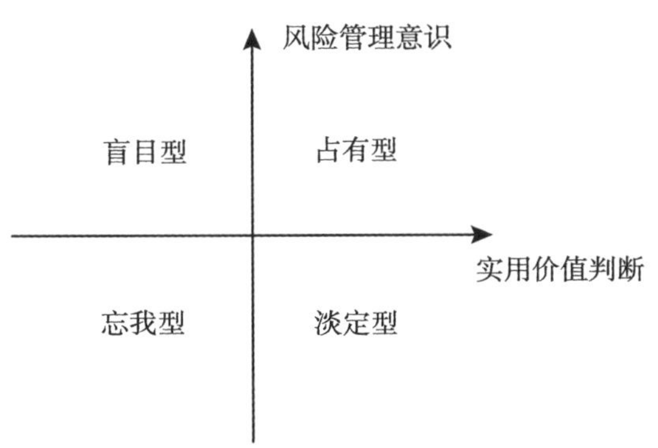

图 1　数字囤积影响因素路径模型

种低儿时社会经济地位的个体而言，成长过程中物质的缺失会让他们习惯性地感知到脆弱和不安（Denegri-Knott et al.，2013）；相比网络平台，个体将数字资源保存至“更为可控”的存储设备中方能更好地缓解上述负面感受。

5.2　理论贡献

首先，本研究拓展了对数字囤积行为影响因素的认识。基于对“数字囤积”内涵、特征和测量的综合分析，研究从数字资源属性、个体因素和个体对数字资源的感知因素三方面总结提炼了数字囤积行为的驱动因素，并通过模糊定性比较分析方法探究数字囤积行为的形成路径，较系统地揭示了数字囤积相关因素的共同作用机制。研究发现，相比数字资源属性和个体因素，数字囤积行为受到感知因素的影响最突出，即个体通过数字资源进行自我表达以及对数字资源的依恋和心理所有权是导致数字囤积行为产生的重要原因。

其次，补充和深化了数字囤积形成路径研究。研究根据组态分析的结果，将数字囤积行为归纳为占有型、盲目型、忘我型和淡定型四类，并在此基础上总结提炼了“风险管理意识”和“实用价值判断”这一深层次行为机制，揭示了不同类型数字囤积行为的形成机理。具体而言，“占有型”数字囤积表现为对具有强感知因素数字资源的强烈囤积欲望与行为，数字资源的稀缺性和有用性会助推这一结果；“盲目型”数字囤积表现为不分类地囤积具有稀缺属性和不确定性较强的数字资源，以此来提升安全感和控制感；“忘我型”数字囤积表现为多维度感知因素与数字资源属性的双驱动，体现一种普适性的数字囤积行为；“淡定型”数字囤积表现为在囤积时较少考虑“不囤积”而带来的风险，只重视和囤积真正有价值的数字资源。

最后，丰富了不同数字囤积场景相关研究。既往研究更多地拘泥于某一情境或者某类群体来探索数字囤积行为，缺乏对数字囤积行为的全面性洞察。本研究根据存储成本、便利性和安全性将数字囤积场景划分为网络平台型数字囤积和个人存储型数字囤积，并比较得出了两种囤积场景的异同点。两者的相似之处在于都受到个体对数字资源“感知因素”的突出影响，即个体对数字资源的自我呈现、依恋和心理所有权等感知因素对数字囤积行为的驱动作用在两种场景下都较显著；差异之处是个体在网络平台场景下的数字囤积更少受到个体因素和数字资源属性的影响，在看似具有“无限性”的平台上更加“放肆”地囤积。

5.3 管理启示

随着数字化的不断发展，数字产品在现代社会中占据着愈加重要的地位。然而，个体对数字内容的依赖性和对数字信息的过度消费，导致了数字囤积行为的普遍出现。针对这一现象，如何进行有效的数字囤积行为管理，已成为数字时代的一个重要课题。本文探讨数字囤积的前置因素及形成路径，旨在为消费者、企业、政府管理者提供可靠的管理启示。

首先，对消费者而言，相比实物囤积，数字囤积更加隐蔽，也更不易被察觉，但数字囤积会占有既有资源（存储资源、个人精力等），降低个人的工作效率和生产力，影响生活品质和心理健康，甚至引发个体的自我损耗、自我强迫、焦虑感和悲伤情绪。因此，探索数字囤积的影响因素和形成路径有利于提升公众对这一行为的关注和认识，主动实施相应措施以规避负面结果。例如，本研究发现，低儿时经济地位叠加低控制感易产生“盲目型”数字囤积行为，叠加高控制感则导致“占有型”数字囤积。因此，低儿时经济地位的个体在储存数字资源时应该全面综合地考虑其对自身的作用及意义，谨慎思考自己是否真正需要，避免盲目多“囤”，尝试使用更加合理的数字资源管理策略。

其次，对企业而言，引导和治理数字囤积行为同样重要。一方面，企业要强化工作环境下各类数据资源的重复积累，实施有效的制度措施规避个体因为“将来需要”而过度地囤积数据资源，保障工作效率和运行效果。另一方面，平台企业也要充分认识到消费者数字囤积行为的“危害”。这是因为消费者囤积数字产品不仅占据既有资源，还会影响数字资源的流通和共享，阻碍了数字资源的潜在价值的发挥。对于需要“数字流量”的企业而言，消费者购买数字资源并不意味着消费服务的结束，因分享、传播和讨论等带来的流量经济效益远超商品销售获益。例如，数字资源的流通可以扩大企业的用户群体和市场规模，提高企业的品牌知名度和声誉，从而增加企业的收益和盈利能力。

最后，对政府和国家而言，针对数字囤积行为影响机制的探索也是对“数字中国建设”“碳中和”和“碳达峰”国家战略的积极响应。建设数字中国是大势所趋，但数字化建设的推进也带来了数据的几何级高速增长，并产生大量“冷数据”。这些数据的存储将消耗巨量国家能源，导致高昂的运营成本和碳排放。探索个体数字囤积行为的形成机理，一方面将为政府和相关管理部门有效规制和引导个体数字囤积行为提供政策依据，另一方面也将为后续组织层面、社会层面的更为海量的数字囤积行为的研究提供些许借鉴和思考。

5.4 研究局限与展望

本研究的不足体现在如下几个方面：首先，受限于研究方法的固有“缺陷”，数字囤积路径分析的过程中存在一定的主观性。其次，虽然本研究搜集了众多数字囤积的影响因素，但两种数字囤积情境下的总体方案覆盖度均在五成左右，仍有不少的影响因素和作用路径有待进一步挖掘。最后，本研究根据数字囤积路径特点总结出占有型、盲目型、忘我型和淡定型四类数字囤积行为，但上述四类数字囤积行为存在哪些后效影响，以及不同的数字囤积行为是否会对消费者后续“无关情境”中的决策行为产生影响仍有待进一步的探究。

◎ 参考文献

[1] 陈亚召，肖剑平．基于用户感知的数字信息资源有用性的评价模型构建［J］．情报理论与实践，2012，35（9）．

[2] 程慧平，程玉清．用户体验视角下的个人云存储服务质量评价研究［J］．情报科学，2017，35（9）．

[3] 杜运周，贾良定．组态视角与定性比较分析（QCA）：管理学研究的一条新道路［J］．管理世界，2017（6）．

[4] 刘天元，贾煜．青年群体数字囤积行为的形成机理及其结果效应　基于内部动因视角的分析［J］．中国青年研究，2023（2）．

[5] 王军．基于成本分析的数字资源长期保存策略研究——迁移法与仿真法比较［J］．图书情报知识，2006（1）．

[6] 王琳，杜田羽，朱华健．社交媒体环境下大学生数据囤积行为形成机理研究［J］．情报理论与实践，2022（1）．

[7] 吴旭瑶，李静．信息时代的“数字占有”——数字囤积及其相关研究［J］．心理科学，2021，44（4）．

[8] 吴旭瑶，黄旭，李静．依恋焦虑与数字囤积行为的关系：无法忍受不确定性和情绪调节困难的中介作用［J］．中国临床心理学杂志，2021，29（5）．

[9] 许芳，杨杰，田萌，等．信用户后悔情绪影响因素与应对策略选择——基于 SEM 与 fsQCA 的研究［J］．图书情报工作，2020，64（16）．

[10] 赵栋祥．个人的数字囤积行为研究进展与展望［J］．情报杂志，2022，41（8）．

[11] 曾五一，黄炳艺．调查问卷的可信度和有效度分析［J］．统计与信息论坛，2005（6）．

[12] Belk，R. W. Extended self in a digital world［J］. Journal of Consumer Research，2013，40（3）．

[13] Burger，J. M. Negative reactions to increases in perceived personal control［J］. Journal of Personality and Social Psychology，1989，56（2）．

[14] Chatterjee，P.，Irmak，C.，Rose，R. L. The endowment effect as self-enhancement in response to threat［J］. Journal of Consumer Research，2013，40（3）．

[15] Cross，S. N.，Leizerovici，G.，Pirouz，D. M. Hoarding：Understanding divergent acquisition，consumption，and disposal［J］. Journal of the Association for Consumer Research，2018，3（1）．

[16] Cushing，A. L. It's stuff that speaks to me：Exploring the characteristics of digital possessions［J］. Journal of the Association for Information Science & Technology，2013，64（8）．

[17] Dugas，M. J.，Schwartz，A.，Francis，K. Briefreport：Intolerance of uncertainty，worry，and

depression [J]. Cognitive Therapy & Research, 2004, 28 (6).

[18] Gormley, C. J., Gormley, S. J. Data hoarding and information on clutter: The impact on cost, life span of date, effectiveness, sharing, productivity and knowledge management culture [J]. Issues in Information Systems, 2012, 13 (2).

[19] Griskevicius, V., Tybur, J. M., Delton, A. W., et al. The influence of mortality and socioeconomic status on risk and delayed rewards: A life history theory approach [J]. Journal of Personality and Social Psychology, 2011, 100 (6).

[20] Jeng, J. What is usability in the context of the digital library and how can it be measured? [J]. Information Technology and Libraries, 2005, 24 (2).

[21] Kirk, C. P., Rifkin, L. S. I'll trade you diamonds for toilet paper: Consumer reacting, coping and adapting behaviors in the Covid-19 pandemic [J]. Journal of Business Research, 2020, 117.

[22] Kirk, D. S., Sellen, A. On human remains: Values and practice in the home archiving of cherished objects [J]. ACM Transactions on Computer-Human Interaction (TOCHI), 2010, 17 (3).

[23] Kristofferson, K., Mcferran, B., Morales, A. C., et al. The dark side of scarcity promotions: How exposure to limited-quantity promotions can induce aggression [J]. Journal of Consumer Research, 2016, 43 (5).

[24] Mittal, C., Griskevicius, V. Sense of control under uncertainty depends on people's childhood environment: A life history theory approach [J]. Journal of Personality and Social Psychology, 2014, 107 (4).

[25] Neave, N., Briggs, P., McKellar, K., et al. Digital hoarding behaviors: Measurement and evaluation [J]. Computers in Human Behavior, 2019, 96.

[26] Odom, W., Zimmerman, J., Forlizzi, J. Teenagers and their virtual possessions: Design opportunities and issues [C]. Proceedings of the SIGCHI Conference on Human Factors in Computing Systems, 2011.

[27] Oravec, J. A. Virtual hoarding [J]. International Journal of Computers in Clinical Practice, 2018, 3 (1).

[28] Pierce, J. L., Kostova, T., Dirks, K. T. The state of psychological ownership: Integrating and extending a century of research [J]. Review of General Psychology, 2003, 7 (1).

[29] Purnawirawan, N., De Pelsmacker, P., Dens, N. Balance and sequence in online reviews: How perceived usefulness affects attitudes and intentions [J]. Journal of Interactive Marketing, 2012, 26 (4).

[30] Ragin, C. C. Redesigning social inquiry: Fuzzy sets and beyond [M]. Chicago: University of Chicago Press, 2009.

[31] Reb, J., Connolly, T. Possession, feelings of ownership and the endowment effect [J]. Judgment & Decision Making, 2007, 2 (2).

[32] Schiele, K., Hughes, M. Possession rituals of the digital consumer: A study of Pinterest [J]. European Advances in Consumer Research, 2013, 10.

[33] Siddiqui, S., Turley, D. Extending the self in a virtual world [J]. Advances in Consumer Research,

2006, 33 (1).

[34] Steketee, G., Frost, R. Compulsive hoarding: Current status of the research [J]. Clinical Psychology Review, 2003, 23 (7).

[35] Sweeten, G., Sillence, E., Neave, N. Digital hoarding behaviors: Underlying motivations and potential negative consequences [J]. Computers in Human Behavior, 2018, 85.

[36] Thompson, C. J., Hirschman, E. C. Understanding the socialized body: A post-structuralist analysis of consumers' self-conceptions, body images, and self-care practices [J]. Journal of Consumer Research, 1995, 22 (2).

[37] Thompson, D. V., Hamilton, R. W., Banerji, I. The effect of childhood socioeconomic status on patience [J]. Organizational Behavior & Human Decision Processes, 2020, 157.

[38] Thorpe, S., Bolster, A., Neave, N. Exploring aspects of the cognitive behavioral model of physical hoarding in relation to digital hoarding behaviors [J]. Digital Health, 2019, 5.

[39] Tolin, D. F., Meunier, S. A., Frost, R. O., et al. Course of compulsive hoarding and its relationship to life events [J]. Depression and Anxiety, 2010, 27 (9).

[40] van Bennekom, M. J., Blom, R. M., Vulink, N., et al. A case of digital hoarding [J]. BMJ Case Reports, 2015, 10.

[41] Vitale, F., Janzen, I., McGrenere, J. Hoarding and minimalism: Tendencies in digital data preservation [C]. Proceedings of the 2018 CHI Conference on Human Factors in Computing Systems, 2018.

[42] Watkins, R., Molesworth, M. Attachment to digital virtual possessions in video games [J]. Research in Consumer Behavior, 2012, 13.

[43] Wattanasuwan, K. The self and symbolic consumption [J]. Journal of American Academy of Business, 2005, 6 (1).

[44] Wheaton, M. G. Understanding and treating hoarding disorder: A review of cognitive-behavioral models and treatment [J]. Journal of Obsessive-Compulsive and Related Disorders, 2016, 9.

A Study of the Grouping Path of Factors Influencing Digital Hoarding Behavior —An Analysis Based on fsQCA

Zhang Chenghu[1] Zhang Yifan[1] Liu Jianxin[2]

(1 School of Economics and Management, Communication University of China, Beijing, 100024;
2 School of Economics and Management, Southwest University, Chongqing, 400715)

Abstract: The article applies fsQCA to analyze 311 valid samples collected to compare the similarities and differences in the paths of digital resource attributes, individual factors, and perceived factors driving digital hoarding behaviours through combinations in online platforms and personal storage contexts. The study found that: (1) by summarizing the different groups of digital hoarding behaviours in the two contexts, digital hoarding can be classified into four categories: possession, blind, forgetful, and calm; (2) further path analysis shows that the motivations behind individuals' digital hoarding behaviours are divided into "risk management awareness" and "practical value judgment"; (3) compared with online platform-based digital hoarding, individual factors and digital resource attributes more significantly influence personal storage digital hoarding behaviour.

Key words: Digital hoarding; Digital resource attributes; Individual factors; Perceived factors; Fuzzy set qualitative comparative analysis

专业主编：寿志钢

附录

变量测量题项

变　　量		编号	测 量 题 项	参 考 文 献
数字囤积物属性	数字资源稀缺性	DS1	我认为我储存的数字内容（资源）是市面上有限的	Lynn& Bogert，1996；刘建新和李东进，2017
		DS2	我认为我储存的数字内容稀缺程度较高	
		DS3	我认为我存储的数字内容是稀少的资源	
	数字资源有用性	DU1	囤积数字内容（资源）可以节约时间，让我更快地完成任务	Davis，1989
		DU2	囤积的数字内容（资源）能够帮助我解决遇到的问题	
		DU3	囤积的数字内容（资源）能够让我提升自身的能力	
	数字资源不确定性	DPU1	我不轻易删除已储存的数字内容（资源），是因为我不愿意承担删除它们而带来的风险	Gomez-Mejia & Balkin，1989
		DPU2	我认为无论如何都要避免删除可能有用数字内容（资源）的风险	
个体因素	儿时社会经济地位	CSES1	在我成长的过程中，我的家庭通常有足够的钱买所需的东西	Griskevicius et al.，2011
		CSES2	我在一个相对富裕的环境中长大	
		CSES3	与当年学校里的其他孩子相比，我觉得自己相对富裕	
	控制感	PC1	我生命中的事件主要是由我自己的行为决定的	Kay et al.，2008；Lachman & Weaver，1998
		PC2	我无法控制生活中发生的大多数事情	
		PC3	我能否得到我想要的东西由我自己做主	
		PC4	未来发生在我身上的事主要取决于我自己	
	无法忍受不确定性	IU1	无法预料的事情会让我心烦意乱	吴莉娟等，2016
		IU2	如果不能拥有我所需要的全部信息，我会很沮丧	
		IU3	我必须摆脱所有不确定的情形	

续表

变　量		编号	测量题项	参考文献
感知因素	自我呈现	ZW1	我囤积的数字内容（资源）能够体现我的个性和风格	姜岩，2013
		ZW2	囤积数字内容（资源）这一行为符合我的生活方式	
		ZW3	我认为自己与囤积的数字内容（资源）之间存在某种联系	
		ZW4	数字囤积是我生活的一部分	
	依恋	EA1	我囤积的数字内容（资源）能提醒我我是谁	Ball & Tasaki，1992
		EA2	如果我丢了我囤积的数字内容（资源），我会觉得失去了一点自我	
		EA3	如果让我介绍自己，我囤积的数字内容（资源）很可能就是我会提到的东西	
		EA4	如果有人称赞我囤积的数字内容（资源），我会觉得自己被夸奖	
	心理所有权	PO1	我感觉我囤积的数字内容（资源）属于我	Peck & Shu，2009；Fuchs et al.，2010
		PO2	我和我囤积的数字内容（资源）之间有很强的亲密感	
		PO3	我感觉和我囤积的数字内容（资源）相联结	
数字囤积程度测量	网络平台型	WPDH1	我会在网络平台存储大量数字内容（资源）	Neave，2019；吴旭瑶等，2021
		WPDH2	我会在网络平台存储那些他人可能不会保留的数字内容（资源）	
		WPDH3	即使与当前需求无关，我也会倾向于在网络平台保存某些数字内容（资源）	
		WPDH4	删除网络平台某些数字内容（资源），仿佛失去了一位朋友	
	个人储存型	SDDH1	我会在个人存储设备中存储大量数字内容（资源）	
		SDDH2	我会在个人储存设备中存储那些他人可能不会保留的数字内容（资源）	
		SDDH3	即使与当前需求无关，我也会倾向于在个人储存设备中保存某些数字内容（资源）	
		SDDH4	删除个人储存设备中的某些数字内容（资源），仿佛失去了一位朋友	

"私"之不存，"公"将焉附？*
——产品伤害危机后 CSR 策略的修复机理研究

● 白 琳 高 洁
（安徽大学商学院 合肥 230601）

【摘　要】"如何"实施企业社会责任（CSR）策略以修复产品伤害危机（PHC）是理论界与实务界亟待解决的重要问题。本文立足于中国社会环境，从消费者的 CSR 怀疑视角出发，结合"说"与"做"两个要素，实证研究了 PHC 下消费者感知企业 CSR 修复策略的心理机制与影响因素。研究结果表明：相较于强调"公共服务动机"，企业主动曝光"企业服务动机"更有利于品牌危机修复；CSR 怀疑部分中介企业 CSR 动机的自我曝光对品牌危机修复效果的作用过程；CSR 行为调节了企业 CSR 动机的自我曝光与 CSR 怀疑的关系及 CSR 怀疑的中介效应；最后，相较于公德，私德更有利于降低 CSR 怀疑，促进危机修复。本文的研究结论为企业合理有效地开展 PHC 后的 CSR 策略具有一定理论价值及实践指导意义。

【关键词】产品伤害危机　CSR 怀疑　CSR 动机　CSR 行为　品牌危机修复
中图分类号：F272　　　文献标识码：A

1. 引言

产品伤害危机（Product Harm Crisis，PHC）是指偶尔出现并被广泛宣传的关于某个产品存在功能上的缺陷或对消费者造成伤害的事件（Siomkos & Kurzbard，1994）。近年来，PHC 的爆发愈演愈烈，福特变速箱"生锈门"、特斯拉"刹车失灵"、康师傅"土坑酸菜"等事件一度引起轩然大波，轻则损害品牌声誉、削弱品牌资产、抑制品牌延伸；重则演变为社会关系的对立冲突，致使企业多年经营成果毁于一旦（陶红和卫海英，2016）。PHC 修复已成为学术界与实务界亟待解

* 基金项目：安徽省哲学社会科学规划项目"移动互联网+环境下安徽零售企业用户体验管理研究"（项目批准号：AHSKY2019D018）。
通讯作者：白琳，E-mail：bailin8019@163.com。

决的重要问题。

当下，企业社会责任（Corporate Social Responsibility，CSR）逐渐成为传统危机响应策略（否认、减轻、重建）的有效替代方案（Vanhamme & Grobben，2009），主要表现为企业在PHC后积极承担社会责任、加大社会公益投入等。但风险管理实践中，大量CSR策略并未达成理想效果，企业积极塑造贡献社会的正面形象的努力反而常“弄巧成拙”，致使危机态势“雪上加霜”。如小龙坎在“制售地沟油”“后厨无证上岗”等食品质量安全事件后加大公益力度，积极投身于抗疫赈灾等社会责任活动，但收效甚微，消费者反而将其视为“虚情假意”，并在其官博下评论“好口碑全败完了，以后真的不会选择了”“口碑和消费者安全在利益面前不值一提，失望了”……

为何一些企业在PHC后积极塑造贡献社会的正面形象的努力反而会“弄巧成拙”？这种结论的不一致性提供了深入研究的理论缺口。基于文献梳理，以往研究大多基于消费者视角对企业的CSR修复策略进行动机归因，并最终决定危机修复效果，但鲜有研究讨论产品危机后，企业主体自发曝光CSR动机对于修复效果的影响。企业主体做出的CSR声明作为PHC后消费者接触企业CSR履行的陈述性信息，也是第一手信息，往往会直接影响消费者对企业的CSR信念、感知及态度、评价、行为（晏毅，2018），同时能很好地预防第三方媒体报道信息失真的可能，为企业的危机管理占据主导地位。因此，在“说”层面，本文试图探讨企业CSR动机的自我曝光对于危机修复的影响。再者，近年来，CSR研究正逐渐从传统的聚焦于机构、组织层面扩展到微观的个体心理层面，而个体的心理体验很大程度上会受其所处文化背景的影响——“差序格局”态势下，公众的道德会因所施加的对象与自己的关系而加以程度上的伸缩。为更准确地揭示企业实施的CSR策略与PHC修复效果间的作用关系，在“做”层面，本文从中国传统文化观念所形成的社会组织结构出发，将CSR行为划分为“公德”与“私德”两类，以探讨立足于本土文化背景的CSR修复理论。

综上所述，本文拟研究“PHC后的CSR修复策略如何挽回顾客的心”这一问题。危机应对策略主要探究企业应对危机所采取的具体行动，即“说什么”与“做什么”（张朝阳，2016），对应于这两个维度，本文提出并验证了两个信息特征，即CSR动机的自我曝光（企业服务动机与社会服务动机）与CSR行为类型（私德与公德），对CSR怀疑的影响效果，并进一步阐述了CSR怀疑是影响PHC修复效果的重要途径。本研究不仅是对现有CSR理论及PHC修复研究的完善，也帮助决策者更好地运用CSR作为危机应对策略，为企业妥善处理危机、重建品牌信心等提供具有借鉴价值的管理启示。

2. 文献综述

2.1 企业社会责任动机

归因理论（attribution theory）在CSR领域开辟了消费者响应的新视角（卢东等，2009）。人们对企业动机的归因主要分为两种类型：更加关注社会福利（公共服务动机）与更为关注企业利益

（企业服务动机）。公共服务动机下，企业的 CSR 举措是造福社会、创造价值、积极承担责任的无私奉献；而企业服务动机下，其履行的 CSR 往往会被视为一种价值增值战略与“开明的自利”，旨在为企业提供资源支持以提高企业竞争力或是通过履行 CSR 来掩盖或转移其他不当行为（祁怀锦和刘艳霞，2018）。以往研究表明，消费者通常会认为企业的利己动机是消极的，而利他动机则要积极得多，只有当企业的 CSR 策略被消费者更多地归因于利他动机时，才能正向作用于消费者的企业态度及对产品质量的感知，促进信任的恢复和购买意愿的提升（樊帅和田志龙，2017）。基于此，学者们提出，可通过一定手段来“管理”消费者对其 CSR 策略的利他动机归因，如延长 CSR 行为的参与时间（Sandin，2009）、提高 CSR 行为与其核心业务的匹配度（樊帅和田志龙，2017）等。

然而，归因过程作为一种消费者视角的内在推理十分复杂且极易受多方因素影响，消费者对企业 CSR 行为的感知水平无法保证其能抵制负面的 PHC 信息。在诚信体系尚不健全的中国，“信息鸿沟”致使消费者在对企业行为动机的评估过程中极易陷入困境。面对企业履行 CSR 的信息不对称与社会上 CSR 伪善事件的频发，公众愈发倾向于相信企业推行的所有活动（包括 CSR 决策）即使在某些方面服务了公众，但最终都是由利润动机所驱动。出于风险厌恶，消费者愈发质疑企业 CSR 的利他性，企业也难以管理、控制这种怀疑的出现概率与强度，致使 CSR 修复收效甚微。鉴于实施 CSR 策略是对企业有限资源的一种消耗，本文试图站在企业角度，探寻更有效、可控的危机修复路径。以往研究主要基于消费者视角对 CSR 策略进行动机归因，而 McGuire 的“自我揭露的沟通策略”表明，当组织采取主动的危机揭露策略时，可能会使信息的接受者产生“免疫”，当其真正面临反面信息大量侵袭时，接受者便会主动防御负面信息的攻击（杨芳和余明阳，2017）。基于此，本文猜想，“说”的层次上，企业方对 CSR 动机（企业服务动机与社会服务动机）的主动曝光能产生更佳的 PHC 修复效果。

2.2 企业社会责任行为类型

现有的国内外 CSR 研究主要集中于 CSR 的后果变量，以及消费者对 CSR 的归因研究，而对 CSR 本身（无论其内容还是形式）的研究较为稀少（晏毅，2018）。Haigh 等（2010）根据内容特征将 CSR 行为划分为慈善捐助、商业赞助及事业关联营销。Becer-Olsen 等（2006）通过判断“企业开展的社会事业与其经营业务间的关系”将其区分为功能匹配型和形象匹配型，或产品种类匹配型和品牌名称匹配型（Lafferty et al.，2004）。Vanhamme 等（2009）根据企业承担社会责任历史的长短区分为长期 CSR 与短期 CSR。王汉瑛等（2016）则是基于 CSR 方案的针对对象将之区分为慈善型 CSR 与商业型 CSR。现有的 CSR 行为相关研究大多遵循这些分类方式，并据此解释预测消费者的行为反应。

然而，消费者的心理体验很大程度上会受其所处文化环境的影响，以上这些分类方式无法很好地体现出中国文化背景下消费者独特的情感特征。大量本土心理学及中国哲学的研究表明，儒家思想主导下的中国社会是一个既讲究“德行”又讲究“关系”的社会，其道德理性是以情为基础的“情之理”，这既不同于以意志功能为基础的西方实践理性，也不同于以理论认识为目的的西方纯粹理性（李小燕，2017）。中国社会是以“己”为中心的“差序社会”——对于地位越高、关系越亲近的人，人们对其履行道德的程度和优先级也越高（周大鸣，2022）。基于中国社会结构的这种“伦理本位”特性，童泽林等（2015）依照梁启超所提出的“中国……偏于私德，而公德殆阙如”“人人独善其身者谓之私德，人人相善其群者谓之公德”等思想，将这种由亲疏差距导致的道德程度差异行为区分为公德与私德，并由个体层面进一步借鉴于组织层面。其中，道德行为对象为股东、员工、合作伙伴、消费者和政府的为私德，如保障消费者权益、提升员工福利水平和实现股东财富最大化；此范畴之外则为公德，如积极保护环境、进行无偿公益性捐赠（李四兰等，2020）。因此，在“做”的层次上，本文采用“公德”“私德”这一CSR行为分类方式，以探讨立足于本土社会文化背景的CSR修复理论。

2.3 企业社会责任怀疑

CSR影响着消费者的内在反应（消费者关注、归因、态度、信任等）与外在行为（消费者的购买意愿等）（刘小平等，2020），而在PHC“污名”的负面情境下，公众会更倾向于将企业的CSR努力视作绕过更切实的解决方案来恢复品牌声誉的“投机取巧”（Vanhamme & Grobben，2009）。解释这种消费者心理的一个重要机制是企业社会责任怀疑（CSR skepticism），即“公众倾向于质疑、怀疑和不信任企业的CSR动机、CSR信息、CSR管理、CSR结果以及其声称的对社会负责的立场与行动”（Romani et al.，2016）。CSR怀疑源于公众意识中的利益导向的企业本质和公益导向的CSR本质之间的矛盾——前者致力于增加利润，后者则是对创造更美好社会的自愿承诺，这种信念在公众反复经历企业的CSR行为和主张的不一致中得以产生并强化（Webb & Mohr，1998）。

作为企业的一类特殊营销活动，CSR本就极易被公众质疑为一种有意的、机会主义的商业操纵行为，而PHC丑闻的特定情境使得企业处于更为严格的审查状态，公众会更倾向于将企业的CSR努力视作绕过更切实的解决方案来恢复品牌声誉的“投机取巧”（Vanhamme & Grobben，2009）。市场经济发展的最大特征是追求经济利益最大化，目前我国诚信道德体系尚不完备，契约精神尚未深入，此时企业往往为利益所驱动，在商业活动中失信违约；再加上企业漂绿、伪社会责任等策略性“责任脱耦”行径频繁曝光下社会舆论的不断蔓延（肖红军，2020），公众会潜移默化地形成一种普遍的社会心理：企业逐利。出于风险厌恶，公众在面对企业的CSR信息时，会普遍持有一种固有的怀疑态度，“企业普遍存在机会主义行为，且这种机会主义有害于整个消费市场”（Helm，2006），进而会发展为对CSR的“漠视”甚至“敌视”。

3. 研究假设

3.1 CSR动机的自我曝光与品牌危机修复效果

基于有效市场的构建逻辑，企业的根本追求本就在于实现“利润最大化”，其CSR运筹亦是其中的一环。Aguillera等（2007）经对比英美模式与大陆模式的CSR得出，企业履行CSR的动机均主要是为实现企业的短期利润与长期利益。李海婴等（2006）从竞争关键要素的角度分析得出，企业的逐利性决定了经济动因是企业履行社会责任的最大推动力，履行社会责任是企业为加强获取竞争性资源的能力。谢佩洪（2008）也指出，内在的利益驱动机制（经济利润、保值增值）和外在的合法性机制（预防外部伤害，提高资源积累能力）促使企业履行社会责任。不可否认，企业的“逐利”行为的确推动着整个社会经济的发展，“利己型”企业的 CSR 承担甚至更能降低财务违规行为发生的可能性（刘爱明和石淑华，2021）。因此，企业的“经济人”属性本身并非负面，消费者在很大程度上会承认并接受其“利己”倾向（Kim & Choi，2018），而只有当公众意识到“企业试图用伪装的无私来掩盖自私的目标”时才会衍生反感情绪。

CSR 修复发生在危机曝光后，这种被动的反应型补救策略作为一种问题导向性行为本就自带“工具性”属性（Chiu & Sharfman，2011），再加上市场经济的发展使得企业的“逐利”形象愈发深入人心，若企业此时仍强调自身的公共服务动机，反而极易引发公众的伪善感知，促使消费者裁定企业的 CSR 承担是“讨好”公众的权宜之计。PHC 情境下，涉事企业需向公众展现出的是赎罪的真诚，此时明确的动机承认象征着企业行为的透明化，可有效规范消费者的负面归因（Dowling & Moran，2012）。同时，企业主体对于 CSR 动机的这种“自曝”能很好地预防第三方媒体报道信息失真的可能，为企业的危机管理占据主导地位。自我曝光服务于企业自身的 CSR 方案由于契合了企业的“逐利”本质而更能使消费者恢复外部环境变化与自我认知的平衡，这种坦诚进行自我揭露的沟通策略更能激发消费者对 CSR 的认同态度，进而促进危机修复。因此，提出假设：

H1：相较于“公共服务动机”，企业主动曝光“企业服务动机”可达成更好的危机修复效果。

3.2　CSR 怀疑的中介作用

CSR 实践中，企业机会主义行为泛滥，如对外宣传的 CSR 政策或承诺与内部的做法或惯例相脱节、表面上承诺采取一些责任行为却并未实际落实，或报告的社会责任表现与实际绩效相脱钩等（肖红军，2020）。此类现象的盛行逐渐加剧了消费者对于“CSR 是否被企业战略性地用于增强危机管理效率”的怀疑。因此，企业方所宣称的“行善”往往相悖于消费者的评判倾向，逆火效应（backfire effect）（陈通等，2018）下，对于“公共服务动机”的强调将极易陷入“自我营销困境”，不仅难以激励消费者的正面感知，反而极易引发 CSR 怀疑。作为一种消极反应，CSR 怀疑质疑了企业的价值主张，不利于公众的企业态度及对企业的支持倾向（Kim，2014），威胁着危机修复。

相反，“企业服务动机”的承认反而会让公众感受到企业对于错误的诚实面对，更相信企业正采取具体行动解决问题，进而削弱 CSR 怀疑。Vries 等（2015）也曾提出，当企业公开其 CSR 参与是出于经济动机而非环境动机时，更有助于减轻公众对企业漂绿的怀疑；Kim 等（2014）也表明，在 CSR 方案中说明企业服务动机能减弱公众对 CSR 计划的怀疑，因为“利益相关者重视企业的透明沟通，并赞赏企业试图平衡经济责任、道德义务和慈善事业的努力”。在善因营销领域内，Bae（2018）也进一步证实了，企业服务动机的承认有助于弥合传达的内容（陈述动机）与感知的内容（感知动机）间的差距，相较于仅在 CRM 广告中表明公共服务动机，同时表明其公共服务动机与企业服务动机可使高怀疑倾向的消费者感知到更好的企业信誉。综上，提出假设：

H2a：相较于强调“公共服务动机”，企业主动曝光其“企业服务动机”更能抑制 CSR 怀疑。

H2b：CSR 怀疑负向影响品牌危机修复效果。

H2c：CSR 怀疑在 CSR 动机的自我曝光对品牌危机修复效果的影响中起中介作用。

3.3 CSR 行为类型的调节作用

CSR 实施过程中，企业“宣扬的 CSR 理念和实际 CSR 行为间不一致”的现象往往会影响消费者感知与评价（樊帅等，2020）。在不同的“做法”下，公众对于不同的“说法”会持有不同的态度。PHC 事件之所以能掀起巨大的社会反响，根本原因在于产品伤害与消费者自身权益息息相关，威胁了消费者对品牌期望价值（功能性、体验性、社会性价值）的自我利益推断（陶红和卫海英，2016）。而私德行为正有助于增强消费者对品牌生产能力的信任（曹凯等，2017），体现出较强的信息诊断力，有效弥补了品牌实效合法性的缺失，化解了消费者对产品绩效的不确定性感知（李四兰等，2020）。作为一种针对性修复，私德情境下，企业对于“企业服务动机”的自我曝光正是一种“勇于面对”与“坦然认错”。企业实际 CSR 与陈述 CSR 之间的接洽得以给消费者带来心理安慰，作为“定心丸”提高消费者对于企业 CSR 方案的真诚感知，并促使消费者重新评估与反思缓解对企业的负面情绪（崔泮为等，2015），进而降低 CSR 怀疑，对消费者的后续态度与购买意向产生正向影响。而若企业强调其“公共服务动机”，这种“说一套，做一套”的行为更像是一个道义“伪君子”，进而将激发消费者的防御警惕心理，增加消费者的 CSR 怀疑，更易坐实企业的“做秀”名头，不利于危机修复。

公德作为一种面向广大社会公众不以营利为目的的自愿性自我牺牲行为，更能增强的是消费者对品牌正直和善意的信任（曹凯等，2017）。这种价值相关型感知尤为抽象，不仅极易扩大消费者的心理距离、降低消费者的关联性感知（黄珺和朱攀，2015），也不具备较强的信息诊断力，难以解决消费者对产品绩效的不确定性感知（童泽林等，2015）。此时，消费者不太可能会积极主动搜寻多元化信息，对信息进行理解与内化，而是本能、习惯性地产生怀疑，将此类公德行为笼统地归于企业应对危机而采取的机会主义行为。此时，相较于“公共服务动机”，企业“利己动机”的自曝对于 CSR 怀疑的抑制能力将受到一定的限制，对于危机修复的促进作用较弱。综上，提出假设：

H3a：CSR 行为显著调节 CSR 动机的自我曝光与 CSR 怀疑的关系。相较于公德，私德情境下，“企业服务动机”对 CSR 怀疑的抑制能力更加显著。

H2c 指出，CSR 动机的自我曝光通过 CSR 怀疑影响品牌危机修复效果。H3a 指出，CSR 行为显著调节 CSR 动机的自我曝光与 CSR 怀疑的关系：相较于公德，私德情境下，“企业服务动机”对 CSR 怀疑的抑制能力更加显著。整合 H2c 与 H3a，本研究提出一个被调节的中介作用，即 H3b。

H3b：CSR 行为显著调节 CSR 怀疑在 CSR 动机的自我曝光与品牌危机修复效果间的中介作用。相较于公德，私德情境下，CSR 动机的自我曝光通过 CSR 怀疑影响品牌危机修复效果的作用更加显著。

3.4 CSR 行为类型与 CSR 怀疑

企业资源有限，若被更多地用于帮助“外人”，势必就会短缺于“家人”。而企业具体生产、设计和运营等是依靠“家人”实现的，因而公德行为会稀释可用于生产能力建设方面的资源投入，限制了企业生产能力的提高（童泽林等，2015）。而对于“私德”，其行为对象与企业间具备较强的利益关联，与其商业经营及盈利息息相关。基于合法性理论，企业积极履行私德更能获得员工、投资者等内部利益相关者的认可、忠诚和组织契合行为（戴鑫等，2011）。基于资源约束理论，企业对利益相关者提供的资源具有依赖性，更多地履行私德，就能获得更多实质性的经济资源与财务效益（买生等，2015），进而提升核心业务的专业性，为企业注入更具持久性的竞争优势，促进“有目的的利润”。价值共享互惠下，企业解决社会问题的参与不再仅是成本支出，亦无须“牺牲”利润，因而企业具备更强的主观能动性，将更愿意为此投入更多的精力。

公德本质上是私德的延伸放大，对“公”的维护应建立在对“私”的认可与尊重上。合理的自有权利无法实现，所提倡的“公”也会失去立足点（刘泽华和张荣明，2003），盲目地在私德之外推进公德反而会强化公众对于“企业自身如何从促进此类社会事业中受益”的困惑。王汉瑛等（2016）的研究也提出，避免优先投资于慈善型 CSR 是走出 CSR 修复策略困境的必要条件，只有当商业型 CSR 较高时，高慈善型 CSR 才会起到积极的 PHC 修复作用。再者，中国消费者具有较强的损失规避与风险厌恶倾向，私德由于涉及了主要利益相关者保护，且与企业的商业价值追求具契合性与同向性，可更有效地降低消费者遭遇潜在损失的概率（王汉瑛和田虹，2016）。因此，私德情境下，消费者对 CSR 怀疑的程度更低，更相信企业会“做好好事”“改过自新”。由此，提出假设：

H4：与公德相比，私德型 CSR 更有利于降低 CSR 怀疑，提升品牌危机修复效果。

综上，本研究的概念模型如图 1 所示。

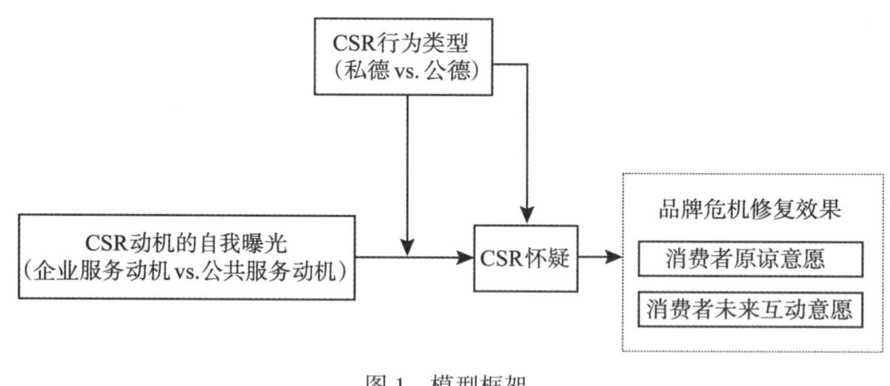

图 1　模型框架

4. 预实验：实验情景开发与操控检查

预实验有两个目的：一是选取实验刺激物（企业 PHC 事件），并开发实证检验中用于操控企业 CSR 动机的自我曝光、CSR 行为的实验情景；二是对企业 CSR 动机的自我曝光、CSR 行为进行操控检查。

4.1 实验情境开发

本研究采用从网络上收集整理汇编真实案例的实证方法。

首先，在刺激物的选取上，本文对近几年 PHC 事件进行了梳理分类：一是全行业产品事件（如 2019 年乳制品行业“芳香烃事件”）；二是个别产品问题（如 2018 年特斯拉新能源汽车“碳排放”超标事件）。为避免行业产品问题的溢出效应及个人习惯偏好的作用，本文将“新能源汽车碳排放超标”作为实验的刺激事件。在实验背景选择上，本文采取虚拟的 XYZ 名称以排除现实品牌对结果的干扰，XYZ 背景资料以现实中三家新能源汽车制造企业为蓝本改编而成，同时，为避免企业自身市场要素对实验结果的影响，尽量将其控制在中等水平。此外，相较于国有企业，非国有企业承担社会责任的机会主义动机更加强烈，CSR 和盈余管理的正相关关系也更强（李姝等，2019），因此，本文将研究对象 XYZ 设定为非国有企业以提高研究显著性。

其次，本文借鉴 Vries 等（2015）的研究操纵所述动机，CSR 动机材料分组的区别在于：企业服务动机组的陈述信息包括诸如“我们投资环保事业的发展，因为我们希望从长远来看能得到有利的投资回报”等语句；公共服务动机组的陈述信息包含诸如“我们投资于环境保护的发展，因为我们关心自然环境”之类的语句。

再者，在企业 CSR 行为类型的实验情境开发上，为保证实验结论具有一定的外部效度，情景设计素材均来自主流网络媒体对企业 CSR 行为的真实报道。本研究借鉴黄静等（2010）的做法，展开企业公德和私德行为的实验情景开发：

第一步，按照 3 个条件搜索媒体报道：一是新闻报道主题是 CSR 行为；二是报道来源于具一定社会影响力的权威报刊或主流网站；三是报道事件发生在近 5 年以内。最终，结合“CSR 中国教育榜”优秀企业案例与相关企业的官网材料，共收集到 10 篇媒体报道。

第二步，在告知企业公德和私德行为定义后，请 3 名营销学专家经过 2 轮讨论，选择出最符合公德和私德定义的 CSR 媒体报道各 2 篇，共计 4 篇。企业私德材料包括 LG 新能源“动力电池创新竞赛”和宝马“儿童交通安全训练营”；企业公德材料包括索尼“绿色征程环保营”和国网四川省电力公司“电力技能人才培养项目”。

第三步，随机选择安徽某高校 30 名非管理专业的学生，在告知企业公德和私德行为的定义后，要求他们对企业 CSR 行为进行分类，具体结果如表 1 所示。由于被试对 LG 新能源动力电池创新竞赛和索尼的环保营活动行为做出了 100%正确分类，所以二者分别作为私德和公德行为的实验情景。

第四步，模仿媒体报道的风格对企业 CSR 行为进行描述，描述内容包括企业名称、企业 CSR 行为及结果。两组情境的主要区别在于其 CSR 方案更能使何种层次的利益相关者受益，公德情景材料主要呈现：“XYZ 大力支持环保训练营，让更多公众关注环境保护及生态文明建设，推动实现环境零负荷”；私德情景材料则主要呈现：“XYZ 通过培养更多对动力电池和材料有浓厚兴趣和研究的优秀人才，助力企业动力电池技术创新”。

表 1　　实验情境的样本选择结果

	企业私德行为		企业公德行为	
企业 CSR 行为分类正确率	LG 新能源	宝马	国网	索尼
	100%	75%	80%	100%

4.2　预实验设计及操控检查

（1）企业所述 CSR 动机检查。“预实验 1”邀请安徽地区的 70 名大学生参加，其中男生 28 人（占 40.0%）。各 35 名被试被随机分配到“企业服务动机”声明和“公共服务动机”声明操控组。配对样本 T 检验的结果表明，在“企业服务动机”组，消费者对企业利己性感知的均值显著高于利他性感知的均值（$M_{企业服务动机}=5.74>M_{公共服务动机}=3.94$，$t=-6.41$，$p<0.001$）；在“公共服务动机”组，消费者对企业利他性感知的均值显著高于利己性感知的均值（$M_{企业服务动机}=4.18<M_{公共服务动机}=5.65$，$t=5.24$，$p<0.001$）。企业 CSR 动机操纵成功，可用于主实验。

（2）企业公德和私德行为检查。“预实验 2”招募了安徽地区的 62 名大学生参加，其中男生 42 人（占 67.7%）。各 31 名被试被随机分配到公德和私德操控组。被试被要求先阅读企业 CSR 行为的操控材料，然后在语义差别量表上对 CSR 行为进行评分（1 分代表私德，7 分代表公德）。独立样本 T 检验的结果表明，公德组评分显著高于私德组评分（$M_{公德}=6.06>M_{私德}=2.03$，$t=-18.364$，$p<0.001$），且两组评分均值均远离中位数 4。此外，采用童泽林等（2015）关于道德水平的量表，要求被试对企业不同 CSR 行为的道德水平打分，公德组与私德组间道德水平的均值无明显差异（$p>0.05$），道德水平操控成功。再者，被试对两则材料的具体性感知无显著差异（$p>0.05$）。企业 CSR 行为类型操纵成功，可用于主实验。

此外，为确保正式实验所采用的测量工具清晰、无歧义，借鉴 Antonetti 等（2016）的做法，用开放式问题的形式要求被试指出测量题项的不清晰之处，结果表明题项清晰无歧义。

5. 研究一：CSR 动机的自我曝光对品牌危机修复效果的影响

研究目的：验证研究模型的主效应，即在 PHC 情境下，探索企业主体曝光的 CSR 动机类型与品牌危机修复效果间的作用机制和边界条件。实验设计为 2（CSR 动机的自我曝光：企业服务动机 vs. 公共服务动机）×2（CSR 行为：私德 vs. 公德）组间实验，研究对象为对 CSR 有一定关注和了解的群体。调研在线下进行，以安徽某高校本科生、研究生及 MBA 学员为主，共收集 150 份问卷，剔除无效问卷，最终有效问卷为 139 份，有效率达 92.7%。其中，男生 66 人（占 47.5%），女生 73 人（占 52.5%），男女比例接近 1∶1，较为均衡；年龄层集中在 19~23 岁（占 48.2%）；学历以本科为主（占 72.7%）。

5.1 研究设计

实验分为以下几个部分：

第一步，将被试随机分配到四种实验情境中，以口头方式告知每组被试实验目的在于了解消费者对品牌问题的看法，实验结果仅供学术研究之用。实验采取的形式是先认真阅读实验情景材料，再回答相应问题，并要求被试在填写时认真做答，不能交互交流，以提高实验结果的准确性。

第二步，向被试发放有关 XYZ 品牌主要特点和品牌前期 CSR 声誉的第一份问卷，请被试根据刺激材料填写。本研究将品牌 CSR 声誉控制为中等水平，以尽量减少品牌前期声誉对被试危机后反应的影响。

第三步，请被试阅读 XYZ 新能源汽车因碳排放超标而召回车辆的相关新闻、产品危机事件后的企业 CSR 行为及发布的 CSR 动机声明的刺激材料，四组实验材料字数相当。阅读结束后，要求被试填写第二份问卷。问卷内容包括对企业 CSR 所述动机的判断、对企业公德与私德行为的判断，并测量了感知 CSR 重要性、危机涉入度、危机严重性、企业道德水平、CSR 怀疑以及原谅意愿与未来互动意愿。

第四步，为排除个人特质对实验结果的影响，在背景资料部分，本文收集了被试的性别、年龄和教育程度等人口统计变量，以保证实验的随机性和科学性。最后，回收问卷并表示感谢。

5.2 变量测量与信、效度分析

本研究采用的测量工具均为成熟量表，并采用 Likert-7 点计分法（1=完全反对，7=完全同意）。

（1）企业所述动机的测量参考了 Kim 等（2015）使用的测量量表。其中，“公共服务动机”共三个问项（Cronbach's α 系数 = 0.917，因子载荷分别为 0.882、0.934、0.938，方差解释率为 85.823%），如“XYZ 是受到道义感、责任感的驱使而自发地帮助社会公众”；“企业服务动机”共三个问项（Cronbach's α 系数 = 0.873，因子载荷分别为 0.848、0.852、0887，方差解释率为 79.765%），如“XYZ 企图参与慈善活动以促进经济利益”。

（2）CSR 怀疑的测量参考了 Dalal 等（2021）使用的测量量表，共三个测项（Cronbach's α 系数 = 0.903，因子载荷分别为 0.835、0.859、0.850，方差解释率为 83.821%），如“XYZ 不会真心实意地投入其发起的社会责任活动”。

（3）品牌危机修复效果以情感层面的消费者原谅和行为意向层面的未来互动意愿两个维度进行测量（陶红和卫海英，2016），共 4 个测项（Cronbach's α 系数 = 0.909，因子载荷分别为 0.823、0.820、0.780、0.832，方差解释率为 78.709%）。其中，消费者原谅参考 Santelli 等（2009）对原谅意愿的测量量表，包括 2 个测项，如“我愿意原谅 XYZ 犯下的错误”；未来互动意愿主要参考了 Stockmyer（1996）对重购意愿的量表，包括 2 个测项，如“我未来愿意购买 XYZ 的产品”。

本研究各潜变量的 Cronbach's α 系数均大于 0.7，整体信度良好。在验证性因子分析（CFA）中，各变量平均提取方差（AVE）均大于 0.5，组合信度（CR）均大于 0.7，具有较好的收敛效度和区别效度。本文量表均来自成熟研究，经反复双向翻译后定稿，具有较好的内容效度。

5.3 操控检验

（1）企业所述 CSR 动机的操控。配对样本 T 检验结果表明，在“企业服务动机”组，消费者对企业利己性感知的均值显著高于利他性感知的均值（$M_{企业服务动机}=5.33 > M_{公共服务动机}=4.74$，$t=-2.53$，$p<0.05$）；在“公共服务动机组”，消费者对企业利他性感知的均值显著高于利己性感知的均值（$M_{公共服务动机}=4.89 > M_{企业服务动机}=4.38$，$t=3.08$，$p<0.05$）。被试均认为企业服务动机组的企业形象更以自我为中心，成功操纵所述动机。

（2）企业 CSR 行为类型的操控。独立样本 T 检验结果表明，公德组评分显著高于私德组评分（$M_{公德}=4.91> M_{私德}=3.89$，$t=-4.07$，$p<0.001$），且不同类型 CSR 行为的道德水平均值无显著差异（$p>0.05$），成功操纵 CSR 行为类型。

（3）无关变量的操控。四组实验间，刺激场景均清晰、可信；感知危机严重性无显著差异（$F(3, 135)=1.07$，$p>0.05$），且均值处于 4.83~5.21，属于中等偏上程度危机，消除了由于轻度危机让被试对材料的反应缺乏积极性和重度危机带来被试过度反应的偏差；感知 CSR 重要性均值处于 5.64~6.30，被试普遍认识到了 CSR 的重要性，且无显著差异（$p>0.05$），排除了参与者对 CSR 重视程度不同对实验结果可能造成的影响；品牌前期 CSR 声誉感知无显著差异（$p>0.05$），且控制为中等水平；危机涉入感的均值处于 5.29~5.97，无显著组间差异（$F(3, 135)=1.868$，$p>0.05$），涉入度良好。

综上，所有实验变量的操控达到预期，可进行下一步的假设检验。

5.4 数据同源偏差检验

本文采取实验研究，问卷填写过程中所有数据来源于同一被试，所以研究可能出现共同方法偏差（CMV）。为尽可能减少同源偏差问题，本文在实验过程中对企业 CSR 行为情景材料采取了多群体阅读。得出数据后，运用 Harman 单因素方法检验 CMV（Podsakoff，2003），采用非旋转主成分分析法进行探索性因子分析的结果显示没有出现单一因子，且第一个因子对总体变异的解释为 42.52%，小于 50%。因此，CMV 未对结果造成实质影响。

5.5 假设检验

本文采用线性回归分析和 Bootstrap 方法对假设进行检验，统计分析软件为 SPSS26.0，具体分析及结果如下。

其一，检验 CSR 怀疑的中介效应（见表 2）。首先，检验自变量对因变量的作用，M6 回归结果显示，在控制了相关人口统计变量后，企业 CSR 动机的自我曝光与品牌危机修复效果显著正相关（$\beta=1.419$，$p<0.001$），说明与强调“公共服务动机”相比，自我曝光“企业服务动机”能产生更

积极的危机修复效果，H1 得到验证。其次，检验自变量对中介变量的影响，M2 显示，企业 CSR 动机的自我曝光负向影响 CSR 怀疑（$\beta=-1.271$，$p<0.001$），即相较于“公共服务动机”，企业主动表明其“企业服务动机”更能降低 CSR 怀疑，H2a 得到验证。M7 表明，CSR 怀疑与品牌危机修复效果之间是负向影响的关系（$\beta=-0.567$，$p<0.001$），H2b 得到检验。同时，由 M8 回归结果可知，在加了 CSR 怀疑这一中介变量以后，CSR 怀疑与危机修复效果间的负向关系显著（$\beta=-0.298$，$p<0.001$），企业 CSR 动机的自我曝光正向影响品牌危机修复效果的结果虽有所减弱但仍然显著（$\beta=1.040$，$p<0.001$），表明 CSR 怀疑部分中介了 CSR 动机的自我曝光对品牌危机修复效果的正向影响过程。由此，H2c 得到部分验证。

表 2 **线性回归分析结果**

变量	CSR 怀疑				品牌危机修复效果			
	M1	M2	M3	M4	M5	M6	M7	M8
控制变量								
性别	0.151	0.212	0.210	0.087	0.011	−0.057	0.097	0.006
年龄	0.804***	0.513***	0.555***	0.057	−0.442***	−0.116	0.015	0.037
教育程度	−0.731***	−0.253	−0.211	−0.099	0.994***	0.461**	0.579**	0.385
自变量								
CSR 动机的自我曝光（1=企业服务动机）		−1.271***	−1.266***	−1.565***		1.419***		1.040***
调节变量								
CSR 行为（1=私德）			−0.116*	0.487*				
交互项								
CSR 动机的自我曝光（1=企业服务动机）×CSR 行为（1=私德）				−1.928***				
中介变量								
CSR 怀疑							−0.567***	−0.298***
R^2	0.370	0.577	0.578	0.666	0.223	0.526	0.461	0.570
ΔR^2	0.370	0.207	0.001	0.088	0.223	0.303	0.238	0.044
F 值	26.387***	45.661***	36.362***	43.862***	12.927***	37.174***	28.654***	38.285***

注：* 表示 $p<0.05$，** 表示 $p<0.01$，*** 表示 $p<0.001$。下同。

然后，采取 Bootstrap 方法，设置 Process 程序运行自抽样次数为 5000，进一步检验中介效应（见表 3）。结果表明，在加入控制变量的情况下，CSR 动机的自我曝光正向影响品牌危机修复效果的直接效应显著（效应值为 1.040，95%CI 为［0.686，1.394］，不包含 0），且通过 CSR 怀疑的间接效应显著（效应值为 0.379，95%CI 为［0.131，0.690］，不包含 0），因此 CSR 怀疑具有部分中介作用。综上，CSR 怀疑中介效应显著，即相较于“公共服务动机”，企业主动曝光“企业服务动机”更能减少 CSR 怀疑，进而促进危机修复。H2c 再次得到支持。

表 3　　　　**基于 Bootstraping 的中介效应模型检验**

类别	效应大小 effect	标准误 SE	统计量 t	显著性 p	95%置信区间 CI	
					下限 LLCI	上限 ULCI
总效应	1.419	0.153	9.252	0.000***	1.116	1.723
直接效应	1.040	0.179	5.812	0.000***	0.686	1.394
间接效应	0.379	0.143	—	不包括 0	0.131	0.690

其二，本文采用线性回归分析的方法检验 CSR 行为类型在第一阶段的调节作用。把 CSR 怀疑作为结果变量，然后将控制变量、自变量、调节变量、交互项先后加入回归。调节作用检验见表 2 中的 M4，CSR 行为类型与 CSR 动机的自我曝光的交互项对 CSR 怀疑的影响显著（$\beta=-1.928$，$p<0.001$）。因此，CSR 行为类型调节了 CSR 动机的自我曝光正向影响 CSR 怀疑的作用，H3a 得到验证。为更清楚展现 CSR 行为类型在 CSR 动机的自我曝光与 CSR 怀疑间的调节效应，简单斜率分析表明（见图 2），私德情境下，CSR 动机的自我曝光对 CSR 怀疑的回归系数（$\beta=-2.4529$，$p<0.001$）显著大于公德情境下 CSR 动机的自我曝光对 CSR 怀疑的回归系数（$\beta=-0.525$，$p<0.001$）。可见，企业产品危机后，相较于实施公德型 CSR，在实施私德型 CSR 的情境下，CSR 动机的自我曝光对 CSR 怀疑的负向影响更加显著，进一步支持了 H3a。

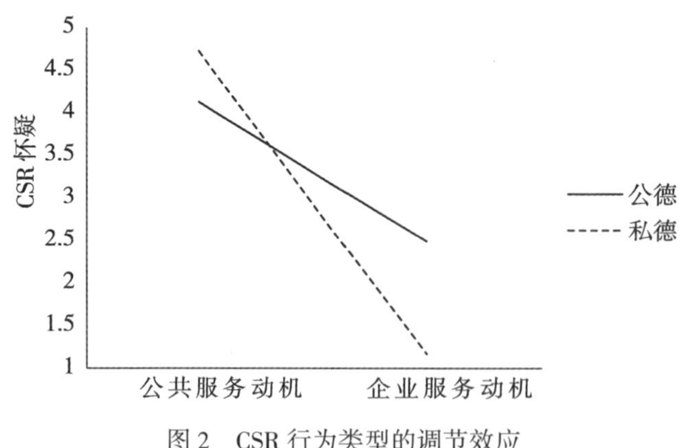

图 2　CSR 行为类型的调节效应

其三，上述研究已证明，CSR 行为类型在 CSR 动机的自我曝光对 CSR 怀疑影响机制中起到调节作用。为保证研究的严谨性，需进一步证明 CSR 行为类型调节了 CSR 动机的自我曝光通过 CSR 怀疑对品牌危机修复效果的间接影响。本文根据 Hayes 提供的方法，基于 Process 插件及宏程序进行拔靴法（bootstrap method）检验，以验证本研究模型被调节的中介作用，即 H3b。检验结果如表 4 所示，根据 Process 输出结果中的 index = 0.575（95%CI 为［0.170，1.079］，不包含 0，显著），存在被调节的中介效应。CSR 动机的自我曝光通过 CSR 怀疑对品牌危机修复效果的间接效应在私德组的效应值（β = 0.732，95%CI 为［0.239，1.307］，不包含 0）高于公德组（β = 0.157，95%CI 为［0.044，0.308］，不包含 0），且两分组差异显著（Δ = 0.575，95%CI 为［0.170，1.079］）。综上，CSR 行为类型调节了 CSR 怀疑在 CSR 动机的自我曝光对品牌危机修复效果的影响作用中所起的中介作用。H3b 得到支持。

表 4　　被调节的中介效应路径分析结果

调节变量	条件间接效应				被调节的中介效应			
	效应	标准误	95%置信区间		index	标准误	95%置信区间	
			下限	上限			下限	上限
公德	0.157	0.069	0.044	0.308	0.575	0.234	0.170	1.079
私德	0.732	0.273	0.239	1.307				

6. 研究二：补充验证 CSR 行为类型对品牌危机修复效果的影响

研究目的：在研究一的基础上，从区分变量维度开始，进行单因素组间设计（CSR 行为类型：公德 vs. 私德），验证 PHC 后，CSR 行为类型在 CSR 怀疑的中介作用下对品牌危机修复效果的影响。为避免与研究一的研究对象重复，研究二的数据主要通过线上有针对性地发放问卷，集中于课题组成员的朋友圈以滚雪球的方式逐渐扩散。最后共发放问卷 100 份，有效问卷 93 份，有效率达 93%。其中，男性占比 62.4%，年龄集中在 19~27 岁，学历以本科及硕士为主。

6.1　实验设计

为保持研究统一性，依旧延续研究一中的刺激物“新能源汽车碳排放超标”事件和 XYZ 企业背景。实验分为三个部分。首先，被试阅读 XYZ“新能源汽车碳排放超标”的新闻。其次，将被试随机分配到两组实验情境中，阅读 PHC 事件后企业不同 CSR 行为的材料。与研究一保持一致，以 LG 新能源动力电池创新竞赛和索尼的环保营活动行为分别作为私德和公德行为的实验情景原型，并模仿媒体报道的风格进行描述。阅读结束后，请被试回答 CSR 怀疑、品牌危机修复效果、企业道德水平的问卷。最后，对分组进行情景操控，请被试在语义差别量表上对 XYZ 从事的 CSR 行为类型进行评分（1 = 私德行为，7 = 公德行为）。另外，在背景资料部分，本文收集了被试的性别、年龄和教育程度等信息。

6.2 操控检验及信、效度分析

93 名被试被随机分配到两组中。独立样本 T 检验结果显示，公德组评分显著高于私德组评分（$M_{公德}=4.72>M_{私德}=3.67$，$t=-3.147$，$p<0.01$），CSR 行为类型操纵成功。此外，企业道德水平量表的 Cronbach'α 系数为 0.817，公德组与私德组的道德水平均值无显著差异（$t=0.762$，$p>0.05$），排除了道德水平的干扰。实验变量的操控达到了预期。

6.3 假设检验

在控制人口差异的情况下，以 CSR 行为类型作为自变量、CSR 怀疑作为中介变量、品牌危机修复效果作为因变量，依据 Zhao 等（2010）、Wen 和 Ye（2014）的中介效应分析程序和方法，采用 Bootstrap 方法，选择样本量 5000 和 Model 4 利用 Process 插件在 SPSS26.0 中进行中介效应检验，95%的置信区间下 CSR 怀疑的中介效应和置信区间结果如表 5 所示。

表 5　**CSR 怀疑在 CSR 行为类型对品牌危机修复效果影响的中介效应检验**

CSR 怀疑中介机制	品牌危机修复效果		
	β	t	p
CSR 行为类型（1=私德）→品牌危机修复效果	1.895	−9.297	0.000***
CSR 行为类型（1=私德）→CSR 怀疑	−2.244	−12.039	0.000***
CSR 怀疑→品牌危机修复效果	−0.628	−8.334	0.000***
[LLCI，ULCL]	[0.108，1.293]		
effect	0.612		

从表 5 的检验结果来看，CSR 怀疑在 CSR 行为类型和品牌危机修复效果之间具有中介作用。根据温忠麟和叶宝娟（2014）有关中介效应检验流程，首先，检验主效应的显著性，统计检验结果显示：CSR 行为类型对品牌危机修复效果的主效应显著（$\beta=1.895$，$p<0.001$）。其次，检验 CSR 怀疑这一中介变量的效果，检验结果如下：CSR 行为类型对 CSR 怀疑有显著影响作用（$\beta=-2.244$，$p<0.001$），CSR 怀疑对品牌危机修复效果有显著影响作用（$\beta=-0.628$，$p<0.001$），并且 CSR 怀疑的中介效应检验置信区间为［0.108，1.293］，不包括 0，中介作用的效果为 0.612，由此得出，CSR 怀疑在 CSR 行为类型和品牌危机修复效果之间具有部分中介作用。即 PHC 情境下，相较于公德，私德型 CSR 更有利于降低 CSR 怀疑，产生更积极的品牌危机修复效果。H4 得到验证。基于 Bootstraping 的中介效应模型检验见表 6。

表 6　　基于 Boostraping 的中介效应模型检验

类别	效应大小 effect	标准误 SE	统计量 t	显著性 p	95%置信区间 CI	
					下限 LLCI	上限 ULCI
总效应	1.895	0.204	9.297	0.000***	1.490	2.300
直接效应	1.283	0.323	3.973	0.000***	0.641	1.925
间接效应	0.612	0.300	—	不包括 0	0.108	1.293

7. 结论与讨论

7.1　研究结论

“如何选择鲜少被消费者怀疑的 CSR 策略？”受此问题启发，本文结合中国情景，将 CSR 怀疑纳入研究框架，结合“说”与“做”两个层次，对企业如何施行 CSR 策略提出构想与验证，研究得出了几点有启发性的结论：

（1）相较于强调“公共服务动机”，企业主动曝光自身的“企业服务动机”更有利于危机修复。

（2）CSR 动机的自我曝光与品牌危机修复效果间的作用关系通过 CSR 怀疑的部分中介过程实现。

（3）CSR 行为调节了 CSR 动机的自我曝光与 CSR 怀疑之间的关系：相较于公德，在私德型 CSR 情境下，“企业服务动机”对 CSR 怀疑的抑制能力更加显著。同时，CSR 行为还调节了 CSR 动机的自我曝光通过 CSR 怀疑对品牌危机修复效果的间接影响：在私德情境下，“企业服务动机”通过 CSR 怀疑对品牌危机修复效果的促进作用更加显著。

（4）与公德相比，私德型 CSR 更能降低消费者的 CSR 怀疑，进而取得更好的危机修复效果。

7.2　理论贡献

（1）本研究引入“企业自曝 CSR 动机”的 CSR 沟通方式，丰富了现有的 CSR 研究。其一，CSR 价值的实现需以利益相关者的知晓与认同为前提，这必须通过 CSR 沟通来实现。以往研究表明，CSR 沟通是“声誉风险管理”的重要部分，对品牌形象具有显著的修复作用，但目前对该领域的研究仍相对不足（陈艺妮等，2019）。其二，以往研究更集中于消费者的 CSR 归因，但鲜有研究探讨企业主动曝光 CSR 动机对于修复效果的影响。实际上，消费者对企业 CSR 的感知水平无法保证其能抵制负面的 PHC 信息，CSR 策略的施行已呈现“吃力不讨好”的态势，也极大挫伤了企业实施 CSR 的积极性。本文将企业方坦陈 CSR 动机的宣传方式引入危机管理领域，站在企业的角度，探寻更有效、可控的危机修复路径，对企业有效沟通或披露 CSR 信息具有一定指导意义。

（2）本研究融入中国文化的“道德”要素探讨了CSR行为与危机修复的关系，深化了道德营销理论。一方面，现有CSR领域的研究主要集中于CSR的后果变量，而鲜有聚焦于CSR本身（内容、形式等）；另一方面，现有关于CSR修复策略的研究很少基于中国文化情境来考虑消费者的怀疑态度，导致了研究结论与实践的脱节。对道德行为的评判需考虑道德社会的结构，中国消费者对危机情境下CSR行为的解读会受到本土差序格局思维方式的影响。本研究将之引入分析框架，解答了消费者对于企业“公”“私”的不同心理是如何影响品牌危机修复这一问题，验证了“脱离了私德基础的公德将极易受到公众的怀疑”，丰富了适用于中国情景的危机管理理论。

（3）本研究提出并验证了CSR怀疑这一心理变量在CSR修复策略中的内部作用机制。已有研究表明，公众对于说服性的营销信息会存在本能的怀疑（Helm，2006），作为一类特殊的企业营销手段，其CSR策略亦是如此；再加上实践中不少企业试图借助CSR等软性情感策略转移或掩盖负面影响（高勇强等，2012），广域信任的削弱愈发强化了公众对企业的“经济人”刻板印象，企业的CSR策略将招致更深的CSR怀疑。本研究将CSR怀疑引入研究框架，阐明了企业盈利与CSR公益间的对抗性质是CSR策略效果不佳的重要原因，丰富了品牌危机管理的理论研究。

7.3 管理启示

（1）相较于是否实施CSR修复策略，如何实施更为重要。研究结果表明：主动曝光“企业服务动机”配合实施私德型CSR会招致最少的CSR怀疑，危机修复效果最佳（最优策略）；“企业服务动机”配合公德型CSR活动会招致次少的怀疑，也可使危机修复效果得到较显著提升（次优策略）；“公共服务动机”配合公德型CSR活动会招致次高的怀疑，对危机修复效果既无显著提升作用也无显著下降作用（无效策略）；“公共服务动机”配合私德CSR活动会招致最多的CSR怀疑，危机修复效果最差（最差策略）。CSR修复策略矩阵如图3所示。实践中企业应尽力规避最差策略和无效策略，优先选择最优策略以发挥二者的协同效应。

（2）企业需重视主动型应对策略之于危机修复的影响，应主动“抢雷”而非冷处理“埋雷”。危机补救的及时性、主动性对危机后组织信任及关系承诺会产生积极影响（Huang，2008），根据混沌理论（chaos theory），企业在危机爆发的初始阶段还可能对事件发挥一定控制和影响，但一旦超过某个升级点，任何决策都将收效甚微（Murphy，1996）。因此，企业在施行CSR修复方案的同时需重视CSR沟通工作，不仅显示出自身良好的认错态度，也能抢占此事件的话语权，防范第三方媒体对于舆论的不利造势。此时企业对于“利己动机”（不损人而利己）的“社会公关”方式反而将削弱消费者的CSR怀疑，更有利于危机修复。此外，实施CSR策略时，企业应注意及时监测消费者心理状态，评估消费者的CSR怀疑程度。如借助社交媒体与大数据分析手段，及时回应消费者的质疑，向公众展现出足够的诚意。

（3）CSR策略的优先级选择可遵循“先私后公”原则。企业资源有限，很多情况下无法做到“公私兼顾”，结合中国文化来看，企业应优先选择私德行为。作为生产经营性组织，企业追求盈利

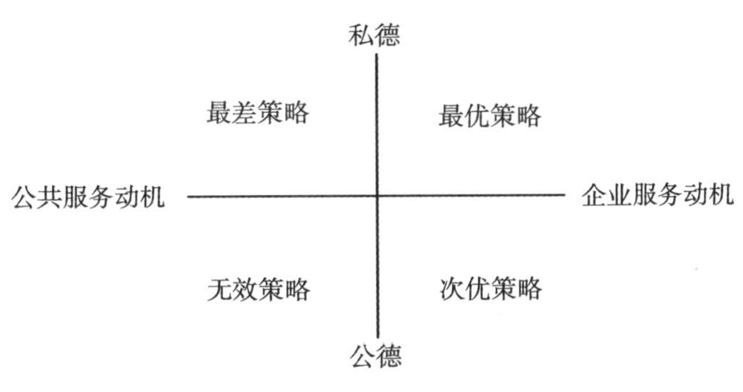

图 3　CSR 修复策略矩阵

本就无可厚非，应承认商业企业的经济价值偏好，尊重企业运行的商业逻辑与市场逻辑。作为一种单纯的亲社会行为，公德更多的是一种松散联结企业的“外挂式”CSR，是企业已有价值的“共享”或“平衡”；而私德是在商业性基础上履行规范性，基于核心业务提高企业的价值增益与竞争力，在促进社会价值的同时提升自身的经济价值，缓解了企业与社会关系中商业利益和社会利益的相互冲突。此时，CSR 修复由“临时抱佛脚”的被动策略转为预防下一轮危机的“事前”控制，危机的处理成为向外展示核心能力的良机，更有利于提升消费者对于企业能力及产品质量的信任，从而促成“广告效应”，达成危机营销。

7.4　局限性与研究展望

（1）研究对象的局限性。本研究主要选取高校大学生作为主要的实验对象，未来研究可增加样本的多样性，诸如招募不同背景的社会人士参与实验，或有针对性地对其他群体进行研究以增强结论的准确性和普适性。

（2）研究方法的局限性。本研究采用情景模拟实验法，对诸多影响因素进行了操控，使得本研究的外部效度受到一定影响。未来可采用诸如问卷调查和访谈等方法来提高外部效度，并可运用案例研究等方法进行交叉验证。另外，未来可在实验材料的设计中加入图片、音频以及视频等素材，这些内容的细化与扩充也可很好地提升研究的普适性。

（3）研究内容的局限性。其一，有较高怀疑特征的人群可能具备更多的劝说知识储备，他们对企业的营销宣传具备更强的思辨意识，并很少机械相信企业的宣传信息（Foreh & Grier，2003）。未来研究可将消费者怀疑特征纳入研究范围以深入检验。其二，本文仅研究了 PHC 特定情境下的 CSR 策略效力机制，而“道德失败”后采用“道德修复”策略可能更容易招致消费者 CSR 怀疑，未来可就道德型危机情境进行研究，或就两种危机进行对比研究。其三，具体的 CSR 信息能提高 CSR 怀疑论者的购买意愿（Connors et al.，2017），本文将 CSR 信息的具体程度作为控制变量而未对此进行探讨，未来可就 CSR 信息的具体程度或对比信息的“具体”与“抽象”展开研究。

◎ 参考文献

[1] 陈通，青平，涂铭．企业社会责任在品牌危机中的作用研究 [J]．当代财经，2018 (2)．

[2] 陈艺妮，田敏，闫文娟．信息框架对 CSR 信息沟通效果的影响研究——基于文化诉求的调节作用分析 [J]．技术经济与管理研究，2019 (8)．

[3] 崔泮为，杨洋，李蔚．CSR 策略修复产品伤害危机后品牌信任的效果研究——调节变量和中介变量的作用 [J]．中央财经大学学报，2015 (2)．

[4] 曹凯，何瑞欣，刘锋．企业社会责任行为对消费者品牌信任的影响研究 [J]．科技创业月刊，2017，30 (19)．

[5] 戴鑫，毛江华，王武，等．组织合法性理论视角下的社会和环境披露研究评述 [J]．管理学报，2011，8 (9)．

[6] 樊帅，田志龙．产品伤害危机下 CSR 策略匹配度对购买意愿的影响——基于消费者怀疑的中介作用 [J]．经济管理，2017，39 (8)．

[7] 樊帅，田志龙，郭娜．CSR 中伪善行为对消费者惩罚意愿的影响 [J]．经济管理，2020 (1)．

[8] 高勇强，陈亚静，张云均．"红领巾" 还是 "绿领巾"：民营企业慈善捐赠动机研究 [J]．管理世界，2012 (8)．

[9] 黄静，王新刚，张司飞．企业家违情与违法行为对品牌形象的影响 [J]．管理世界，2010 (5)．

[10] 黄珺，朱攀．社会责任信息披露、管理层信任度与投资者决策 [J]．软科学，2015，29 (5)．

[11] 卢东，李俊伟，寇燕．企业社会责任感知与期望对企业声誉的影响研究 [J]．江苏商论，2009 (1)．

[12] 李四兰，陈国平，李亚林．产品伤害危机后企业社会责任行为对品牌影响力的修复机理 [J]．企业经济，2020，39 (6)．

[13] 刘爱明，石淑华．企业社会责任履行与财务违规——出于 "利己" 还是 "利他"？[J]．金融与经济，2021 (3)．

[14] 李小燕．传统儒学情理逻辑悖论探究 [J]．东南大学学报（哲学社会科学版），2017 (5)．

[15] 李海婴，翟运开，董芹芹．企业社会责任：层次模型与动因分析 [J]．当代经济管理，2006，28 (6)．

[16] 李姝，柴明洋，狄亮良．社会责任偏重度，产权性质与盈余管理——道德行为还是机会主义？[J]．预测，2019，38 (6)．

[17] 刘泽华，张荣明．公私观念与中国社会 [M]．北京：中国人民大学出版社，2003．

[18] 买生，杨英英，李俊亭．公司社会责任治理：多理论融合的理论模型 [J]．管理评论，2015，27 (6)．

[19] 祁怀锦，刘艳霞．管理者自信会影响企业社会责任行为吗？兼论融资融券制度的公司外部治理效应 [J]．经济管理，2018，40 (5)．

[20] 陶红，卫海英．抢雷策略对品牌危机修复效果的影响研究——品牌危机类型、品牌声誉的调节作用［J］．南开管理评论，2016，19（3）．

[21] 童泽林，黄静，张欣瑞．企业家公德和私德行为的消费者反应：差序格局的文化影响［J］．管理世界，2015（4）．

[22] 温忠麟，叶宝娟．有调节的中介模型检验方法：竞争还是替补？［J］．心理学报，2014，46（5）．

[23] 王汉瑛，田虹．产品伤害危机后企业社会责任的选择：商业型还是慈善型［J］．上海财经大学学报，2016，18（3）．

[24] 肖红军．共享价值式企业社会责任范式的反思与超越［J］．管理世界，2020，36（5）．

[25] 谢佩洪，周祖城．企业履行社会责任的动因及对策建议［J］．中国人力资源开发，2008（7）．

[26] 杨芳，余明阳．品牌危机揭露方式对消费者品牌态度的影响研究——基于危机关联度的视角［J］．上海管理科学，2017，39（5）．

[27] 晏毅．企业社会责任声明类型对消费者购买意愿的影响［D］．暨南大学，2018．

[28] 张朝阳．不同危机程度下企业应对方式对品牌购买意愿的影响［D］．武汉纺织大学，2016．

[29] 周大鸣．差序格局与中国人的关系研究［J］．中央民族大学学报（哲学社会科学版），2022，49（1）．

[30] Aguilera，R. V.，Rupp，D. E.，Williams，C. A.，et al. Putting the S back in corporate social responsibility：A multilevel theory of social change in organizations［J］. Academy of Management Review，2007，32（3）．

[31] Bae，M. Overcoming skepticism toward cause-related marketing claims：The role of consumers' attributions and a temporary state of skepticism［J］. Journal of Consumer Marketing，2018，35（2）．

[32] Becker-Olsen，K. L.，Cudmore，B. A.，Hill，R. P. The impact of perceived corporate social responsibility on consumer behavior［J］. Journal of Business Research，2006，59（1）．

[33] Connors，S.，Anderson-Macdonald，S.，Thomson，M. Overcoming the 'window dressing' effect：Mitigating the negative effects of inherent skepticism towards corporate social responsibility［J］. Journal of Business Ethics，2017，145（3）．

[34] Chiu，S. C.，Sharfman，M. Legitimacy，visibility，and the antecedents of corporate social performance：An investigation of the instrumental perspective［J］. Journal of Management，2011，37（6）．

[35] Dowling，G.，Moran，P. Corporate reputations：Built in or bolted on?［J］. California Management Review，2012，54（2）．

[36] De Vries，G.，Terwel，B. W.，Ellemers，N.，et al. Sustainability or profitability? How communicated motives for environmental policy affect public perceptions of corporate green-washing［J］. Corporate Social Responsibility and Environmental Management，2015，22（3）．

[37] Dalal, B., Aljarah, A. How brand symbolism, perceived service quality, and CSR skepticism influence consumers to engage in citizenship behavior [J]. Sustainability, 2021, 13 (11).

[38] Foreh, M. R., Grier, S. When is honesty the best policy? The effect of stated company intent on consumer skepticism [J]. Journal of Consumer Psychology, 2003, 13 (3).

[39] Haigh, M. M., Brubaker, P. Examining how image restoration strategy impacts perceptions of corporate social responsibility, organization-public relationships, and source credibility [J]. Corporate Communications: An International Journal, 2010, 15 (4).

[40] Helm, A. E. Cynical consumers: Dangerous enemies, loyal friends [D]. University of Missouri, Columbia, 2006.

[41] Huang, Y. H. Trust and relational commitment in corporate crises: The effects of crisis communicative strategy and form of crisis response [J]. Journal of Public Relations Research, 2008, 20 (3).

[42] Kim, S., Choi, S. M. Congruence effects in post-crisis CSR communication: The mediating role of attribution of corporate motives [J]. Journal of Business Ethics, 2018, 153 (2).

[43] Kim, Y. Strategic communication of corporate social responsibility (CSR): Effects of stated motives and corporate reputation on stakeholder responses [J]. Public Relations Review, 2014, 40 (5).

[44] Kim, S. What's worse in times of product-harm crisis? Negative corporate ability or negative CSR reputation? [J]. Journal of Business Ethics, 2014, 123 (1).

[45] Kim, H. S., Lee, S. Y. Testing the buffering and boomerang effects of CSR practices on consumers' perception of a corporation during a crisis [J]. Corporate Reputation Review, 2015, 18 (4).

[46] Lafferty, B. A., Goldsmith, R. E., Hult, G. T. M. The impact of the alliance on the partners: A look at cause-brand alliances [J]. Psychology & Marketing, 2004, 21 (7).

[47] Murphy, P. Chaos theory as a model for managing issues and crises [J]. Public Relations Review, 1996, 22 (2).

[48] Paolo, A., Stan, M. An extended model of moral outrage at corporate social irresponsibility [J]. Journal of Business Ethics, 2016, 135 (3).

[49] Podsakoff, N. P. Common method biases in behavioral research: A critical review of the literature and recommended remedies [J]. Journal of Applied Psychology, 2003, 88 (5).

[50] Romani, S., Grappi, S., Bagozzi, R. P. Corporate socially responsible initiatives and their effects on consumption of green products [J]. Journal of Business Ethics, 2016, 135 (2).

[51] Siomkos, G. J., Kurzbard, G. The hidden crisis in product-harm crisis management [J]. European Journal of Marketing, 1994, 28 (2).

[52] Sandin, P. Approaches to ethics for corporate crisis management [J]. Journal of Business Ethics, 2009, 87 (1).

[53] Santelli, A. G., Struthers, C. W., Eaton, J. Fit to forgive: Exploring the interaction between

regulatory focus, repentance, and forgiveness [J]. Journal of Personality and Social Psychology, 2009, 96 (2).

[54] Stockmyer, J. Brands in crisis: Consumer help for deserving victims [J]. ACR North American Advances, 1996 (23).

[55] Vanhamme, J., Grobben, B. "Too good to be true!": The effectiveness of CSR history in countering negative publicity [J]. Journal of Business Ethics, 2009, 85 (2).

[56] Webb, D. J., Mohr, L. A. A typology of consumer responses to cause-related marketing: From skeptics to socially concerned [J]. Journal of Public Policy & Marketing, 1998, 17 (2).

[57] Zhao, X. S., Lynch, J. G., Chen, Q. M. Reconsidering Baron and Kenny: Myths and truths about mediation analysis [J]. Journal of Consumer Research, 2010, 37 (2).

If "Private" Does not Exist, How Can "Public" Be Attached?
—A Research on Repair Mechanism of CSR Strategy after Product Harm Crisis

Bai Lin　Gao Jie

(School of Business, Anhui University, Hefei, 230601)

Abstract: The "how" of implementing corporate social responsibility (CSR) strategies to repair product harm crisis (PHC) is an important issue that needs to be addressed by both theoretical and practical communities. Based on the Chinese social environment, this paper empirically investigates the psychological mechanisms and factors influencing consumers' perceptions of corporate CSR repair strategies in PHC from the perspective of consumers' CSR skepticism, combining the elements of "saying" and "doing". The results of this study show that: The proactive exposure of "corporate service motives" by corporate are more conducive to brand crisis repair than "public service motives". CSR skepticism partially mediates the effect of CSR motivation for self-exposure on brand crisis repair. CSR behavior moderates the relationship between CSR motivation for self-exposure and CSR skepticism and the mediating effect of CSR skepticism. Finally, private morality is more conducive to reducing CSR skepticism and facilitating crisis repair than public morality. The findings of this paper are of theoretical value and practical guidance for corporates to carry out CSR strategies after PHC in a reasonable and effective manner.

Key words: Product harm crisis; CSR skepticism; CSR motivation; CSR behavior; Brand crisis repair

专业主编：寿志钢

制造商剥削行为对经销商建言行为的影响*

——基于关系交换视角的研究

● 鄂嫚迪[1] 李晓飞[1] 张 闯[2]
（1 东北财经大学工商管理学院 大连 116000；2 大连理工大学经济管理学院 大连 116000）

【摘 要】渠道中的经销商建言是制造商及时掌握客户需求，应对市场变化和获得竞争优势的重要途径，对制造商的发展具有重要意义。根据关系交换理论，研究探讨了制造商剥削行为对经销商建言行为的影响，并从不同层面探究该影响可能存在的边界条件。实证研究结果表明，制造商的剥削行为对经销商建言行为具有显著的抑制作用，但渠道边界人员之间的人情、制造商—经销商的关系嵌入、经销商群体的网络密度均能够削弱制造商剥削行为对经销商建言行为的消极影响。研究进一步探讨了研究发现的理论贡献和对企业渠道管理实践的实际意义。

【关键词】经销商建言 制造商剥削行为 人情 关系嵌入 网络密度
中图分类号：F713.50 文献标识码：A

1. 引言

在日益复杂多变的市场环境中，制造企业越来越依靠下游经销商提供的信息和建议来及时捕捉快速变化的市场需求，及时有效地应对日益激烈的市场竞争（张闯等，2020）。鉴于经销商建言（distributor voice）的重要意义，现有研究将组织内部的员工建言引入渠道行为研究，主要探寻什么因素能够驱动这种旨在改善现状的角色外行为（Ping，1996；Hibbard et al.，2001；张闯等，2020）。研究发现，经销商特征如经销商面临竞争者的数量（Ping，1996）、关系特征如相互依赖和经销商相对依赖（Hibbard et al.，2001）、环境特征如市场竞争水平（张闯等，2020），都能够对经销商建言

* 基金项目：国家自然科学基金面上项目“营销渠道中的企业揭发行为：概念化、驱动因素及其作用机制与结果”（项目批准号：72172026）；国家社会科学基金重大项目“‘双循环’新格局下现代流通体系创新及高质量发展路径研究”（项目批准号：21&ZD120）；国家自然科学基金青年项目“经销商主动与被动揭发：双重动机与双重关系压力”（项目批准号：72202027）。

通讯作者：张闯，E-mail：zhangchuang@dlut.edu.cn。

行为起到重要的促进作用。

然而，现有渠道研究大多强调促进经销商建言的因素，而忽略了经销商建言时可能面临的风险和阻碍。由于建言是一种超越合同规定的角色外行为，经销商即便保持沉默也不会受到惩罚，而一旦进行建言，则需要自行承担成本和风险（E et al.，2022）。所以，如果经销商认为向制造商建言是不安全或不值得的，其通常不会主动地提出想法、关切和建议。组织建言理论认为，建言接收者的行为和态度是影响上述感知过程和建言决策的关键因素（Morrison，2011）。在渠道实践中，制造商是经销商建言的接收者和评价者，也是渠道政策和规则的制定者。如果制造商具有剥削行为倾向，将经销商视为提升自身绩效的工具，向经销商施加订单或竞争压力，可能会增加经销商感知的建言成本和风险，从而阻碍经销商的建言行为。因此，深入探讨制造商剥削行为对经销商建言的影响对于完整而全面地理解经销商建言的影响因素至关重要。

基于制造商剥削行为对经销商建言的潜在危害，另一个重要的理论关切在于如何缓解这种消极影响。关系交换理论为理解制造商剥削行为的作用边界提供了关键的理论见解。根据关系交换理论，渠道成员的互动过程受其所处社会关系的影响，主要包含企业边界人员关系、企业间二元关系和企业网络关系三个层面（Gu et al.，2008；Gilsing & Nooteboom，2005）。每个层面的关系特征都能在不同程度上影响制造商与经销商间的交换过程（Fang et al.，2008）。例如，企业边界人员间的私人关系能够塑造彼此关心与帮助的思维方式从而抑制渠道成员间的投机行为（夏春玉等，2020）；高质量的企业间关系能促进长期稳定的沟通从而有助于经销商以积极的方式解释制造商的行为（Feng et al.，2020）；而紧密的网络关系则能促进经销商群体内部的关系和资源交换以抵抗渠道中制造商侵占行为（Wang et al.，2021）。因此，本文将从上述三个层面探讨关系交换如何缓解制造商剥削行为对经销商建言行为的负面影响，我们将重点关注渠道边界人员之间的人情交换、渠道关系的嵌入水平，以及经销商群体网络密度的调节作用。

本文的理论贡献包括以下三个方面。第一，通过探讨制造商剥削行为对经销商建言行为的影响，本文深化了渠道建言行为的研究框架。由于建言是兼具促进性与挑战性的角色外行为，行为主体会充分考虑建言涉及的收益与风险，而接收者的行为是其判断建言是否值得和安全的最重要的线索之一（Detert & Burris，2007）。因此，组织建言理论强调，领导者的变革型、道德型和包容型等不同的领导风格会对员工建言产生重要的影响（Morrison，2011）。然而，现有渠道建言行为研究大多探讨经销商特征、渠道关系或环境对建言的促进作用，忽视了渠道中作为建言接收者的制造商行为的关键作用。基于这一理论缺口，本文关注制造商剥削行为对经销商建言的影响过程，丰富了对渠道建言行为影响因素的理解。

第二，本文揭示了不同层面关系特征如何缓解制造商剥削对经销商建言行为的消极影响，进一步拓展了企业间关系治理的研究成果。关系交换理论强调关系治理对降低自利行为和促进渠道合作等方面的重要作用，现有研究分别探讨了边界人员间、企业间以及网络关系特征对渠道成员互动过程的影响（Dong et al.，2015；张闯和殷丹丹，2019）。然而，单独聚焦于某层关系的研究视角可能会无法全面地揭示多层面关系治理机制的不同作用。因此，本文根据关系交换理论，关注不同层面关系特征如何缓解制造商剥削行为对经销商建言行为的消极影响，深化了对企业间关系治理机制的理论理解。

第三，通过将组织内剥削型领导的概念延伸到渠道组织间，本文在丰富渠道行为理论的同时也拓展了剥削型领导理论的应用范畴。制造商如何对其他渠道成员施加影响力一直是营销渠道研究的重点（Gaski，1984）。作为渠道政策和分销规则的制定者，很多制造商利用这种优势地位通过强迫或操纵经销商来追求自身利益的最大化，表现出不同程度的剥削行为。但是，现有剥削行为的研究集中在组织内部的剥削型领导风格（Schmid et al.，2019），尚未关注渠道企业合作中广泛存在的剥削行为；而渠道行为领域的研究大多局限于破坏契约或规范的投机行为，忽视了制造商剥削行为的独特影响。基于此，本研究借鉴组织内剥削型领导，对制造商剥削行为进行了界定和探索，响应了最近对通过跨学科探索丰富渠道行为研究主题的呼吁，同时拓展了剥削型领导的研究和应用范畴。

2. 理论基础与研究假设

2.1 渠道建言行为

渠道建言行为是指渠道成员以改变现状为目的，即使可能遭到反对，也主动向渠道合作者提出建设性意见的行为，是一种兼具建设性和挑战性的角色外行为。首先，渠道建言行为是渠道成员的自主行为，而非来源于正式合同或契约规定（Weiss & Morrison，2019）。其次，它具有建设性，能够推动有益于渠道整体的行动，如促进渠道双方的长期合作、提升渠道的关系绩效等。最后，渠道建言行为具有挑战性，旨在改变现有的渠道政策或渠道策略，例如主动表达与渠道合作者相冲突的观点、勇敢地指出渠道政策制定问题等。

在营销渠道中，经销商更靠近终端市场，使得其在识别制造商渠道政策中存在的问题、了解市场与客户需求变化方面更具优势。因此，现有研究认为经销商建言行为对渠道整体效率和关系绩效有着至关重要的影响（E et al.，2022）。一方面，经销商建言行为能够削弱渠道中的信息不对称程度，有利于制造商调整营销计划，提高生产或经营效率，从而有助于渠道经济绩效的提升（张闯等，2020）。另一方面，建言行为能够释放善意的信号，有利于双方培养互惠规范和共同的价值观，从而提升企业间的信任、忠诚和承诺（Kingshott et al.，2020）。鉴于经销商建言行为在渠道中的重要作用，现有研究探讨了影响经销商建言行为的各种因素。Ping（1996）从建言企业特征出发，认为公司从交换中获得的收入、面临竞争者的数量等特征能够推动其向合作的供应商进行建言。Hibbard 等（2001）基于企业间关系视角，发现关系质量、相互依赖和经销商相对依赖对经销商建言有显著影响。此外，张闯等（2020）还基于环境特征层面探讨了市场竞争水平对经销商建言的影响，认为市场环境竞争越激烈，经销商越倾向于利用建言获取资源和维系关系。

虽然上述研究为揭示经销商建言的影响因素提供了重要的理论见解，但它们忽略了建言对象（如制造商）行为对经销商建言行为的塑造作用。事实上，当建言对象在关系中鼓励分享信息和表达观点，表现出对建言方的支持和认同，可能会有助于减轻建言方对建言可能被误解的担忧，从而更积极地建言（段锦云等，2016）。可见，除了经销商和渠道关系等方面的特征，制造商的行为特征可能也会直接影响经销商的建言行为。其次，以往研究多探讨促进经销商建言的驱动因素，尚未关注可能会抑制经销商建言的影响因素。由于建言是一种自发、具有建设性的角色外行为（Weiss & Morrison，2019），经销商的建言意愿很有可能被合作中制造商的消极行为所削弱。如果制造商经常给经销商过重的订单任务、为了私利和本企业目标打压经销商，会削弱经销商长期合作的意愿，进而降低经销商发表建设性意见的意愿。因此，本文关注营销渠道中制造商行为对经销商建言行为的塑造作用，着重在关系交换的理论视角下，探讨制造商剥削行为作为一种消极的行为导向如何影响经销商建言。

2.2　剥削型领导与制造商剥削行为

剥削型领导是一种高度自私的领导方式，其主要特征是领导者高度的自私自利，并将下属视作实现自身目的的手段（Schmid et al.，2019）。在组织内的领导—下属关系中，剥削型领导的特征主要表现为以下几个方面。第一，领导者表现出高度的利己主义，将自己的目标置于他人的需求之上。第二，利用自己的权力和影响力对下属施加过大的压力或操纵下属。第三，为下属指派额外的任务，即使下属早已负担过重。第四，为下属安排乏味、不具备挑战性的工作，限制其发展。

在营销渠道的制造商—经销商关系中，制造商处于供应链的上游，通常负责制定渠道政策和管理渠道运营，而位于下游的经销商通常扮演着执行者的角色，负责执行和维护制造商制定的渠道政策，二者之间构成了一种类似于组织内部领导与成员之间的关系，因此制造商对经销商的剥削行为也十分常见。例如，制造商会为了减少自身的库存成本而对经销商采取较短账期，或强迫经销商接受过重的订单任务。此外，制造商还会为了提高自身的销售绩效而放任甚至鼓励经销商之间的恶性竞争等。然而，现有渠道行为研究对制造商的此类行为尚未予以明确的概念化，导致相应研究不足。因此，本文借鉴剥削型领导的概念（Schmid et al.，2019），将制造商在渠道合作的过程中不顾经销商的实际负担情况，通过强制、许诺、操纵等一系列手段给经销商分配更多任务或令经销商相互竞争以达到自己目标的高度自私自利的行为定义为制造商剥削行为。

制造商剥削行为与现有渠道研究中的投机行为、强制性权力使用有所不同。制造商投机行为是指在渠道合作的过程中违背正式契约或关系规范，通过损害经销商的利益来为己方谋取私利的行为，其与制造商剥削行为在发生情境、契约规范关系、具体表现等方面存在显著差异。第一，二者发生情境不同。投机行为的实施并不要求制造商在渠道中的优势地位，制造商通常是利用信息不对称等条件通过损害经销商利益而谋取自身利益最大化。然而，剥削行为则发生在制造商占据优势地位的渠道中，制造商通过自身强大的渠道权力或影响力压制或引诱经销商，使其努力帮助制造商实现自身目标。第二，二者对待契约或规范的方式不同。制造商投机行为涉及对正式契约或关系规范的违背（Wathne & Heide，2020；夏春玉等，2020），而剥削行为则不然，制造商会遵守甚至利用正式契约或关系规范实现对经销商的剥削。例如，制造商会鼓励经销商大量买进新产品并许诺给经销商某些优惠的渠道政策，无论该政策是否符合经销商的实际需求，此时制造商对经销商的剥削行为并未违反合同规定或者关系规范。第三，二者实施的具体表现有所不同。制造商投机行为是“带有欺骗性的自我利益追求”，主要表现为撒谎、窃取、欺骗、误导和混淆等，以损害经销商的利益为代价

（Wathne & Heide，2020）。制造商剥削行为则表现为强迫、操纵或许诺，以增加经销商的任务和压力为手段，但未必会给经销商造成实际的利益损失。

强制性权力使用是指渠道中制造商主要通过威胁、惩罚、使用法定权力等方式来改变渠道伙伴的行为或态度，以实现渠道目标（Gaski，1984）。与剥削行为类似，制造商强制性权力使用往往也需要制造商在渠道关系中处于优势地位。然而，二者在行为动机、对待契约或规范的范式以及表现形式等方面存在不同。第一，在行为动机方面，制造商行使强制性权力本质上是为了更好地实现渠道目标，不强调自利动机；而制造商剥削行为是高度的自私自利行为，而非考虑渠道整体利益。第二，制造商行使的强制性权力一般是由正式合同所赋予的，不违反契约或规范；而制造商通过非道德手段对经销商进行剥削，使其不得不完成超额的订单，这并不在合同规定范围内，且可能会违反关系规范。第三，两者的表现形式不同。制造商强制性权力使用的表现形式通常包括奖励、惩戒、行使法定权力等，而制造商剥削行为则表现为强迫、操纵、许诺等。

本文将上述异同归纳如表 1 所示。

表 1　**制造商剥削行为与投机行为、强制性权力使用的概念辨析**

相关概念	制造商剥削行为	制造商投机行为	强制性权力使用
定义	制造商在渠道合作的过程中不顾经销商的实际负担情况，通过强制、许诺、操纵等一系列手段给经销商分配更多任务或令经销商相互竞争以达到自己目标的高度自私自利的行为（Schmid et al.，2019）	制造商以欺诈的方式谋取私利的行为，在渠道合作过程中主动或被动地违背正式契约或关系规范，通过损害经销商的利益来为己方谋取私利的行为（Wathne & Heide，2000）	渠道中制造商主要是通过威胁、惩罚、使用法定权力等方式来改变渠道伙伴的行为或态度，以实现渠道目标（Gaski，1984）
行为动机	谋取私利	谋取私利	实现渠道目标
发生情境	制造商处于优势地位时发生	制造商既可处于优势地位也可处于劣势地位	制造商具有权力优势时发生
违反契约或规范	未必违反	违反	不违反
具体表现	强迫、操纵、许诺等	欺诈、隐瞒等	奖励、惩戒等
代表性文献	Schmid 等（2019）	Wathne 和 Heide（2000）	Gaski（1984）

2.3　研究假设

2.3.1　制造商剥削行为对经销商建言行为的影响

关系交换理论一直是营销渠道管理的重要理论基础，强调企业间交换的信任、互惠、团结和灵活性等关系规范和治理机制（Heide & John，1992）。关系交换理论认为，对渠道伙伴仁慈和可靠性的预期能够提升双方的关系交换，促进彼此间的信息与知识共享（McEvily & Marcuse，2005）；自私自利的行为导向则会引发分歧，降低合作伙伴对渠道整体目标的关注和投入以及渠道成员间共同解决问题的意愿和能力（Han et al.，2014）。基于此，本文认为制造商的剥削行为会抑制经销商建言。

首先，制造商剥削行为破坏了关系交换的基础，从而抑制经销商主动建言的意愿。根据关系交换理论，互惠规范是交换中产生亲密、可靠互动的基础，能够促使交换双方更开放地转移或获取信息、观点与知识（Li，2010）。因此，如果制造商在合作中展现了对共同利益的关切和投入，会促使经销商付出额外的努力进行回报，通过主动沟通渠道中出现的问题或提出有利于渠道发展的建言来表达对双方关系的重视。然而，当制造商更多地以剥削的方式与经销商进行互动，为了实现自身销售目标而指派给经销商超负荷的渠道任务，则会使得经销商感到不被尊重、缺乏相互理解与共同愿景（Hibbard et al.，2001）。因此，制造商的剥削行为越严重，经销商在合作中感知到的互惠程度越低，就越不愿意投入额外的精力关注制造商或渠道整体的长远发展，进而降低其向制造商建言献策的倾向。

其次，制造商剥削行为限制了经销商的行为自由，从而减少了经销商建言的可能性。根据关系交换理论，灵活的交换关系能够保证交换双方适应不可预见的变化，根据彼此的需求及时地给出建议并做出相应调整（Han et al.，2014）。高强度的剥削行为则意味着制造商在渠道合作中更倾向于操纵经销商的工作安排，限制经销商的业务范畴和渠道权限（Brown et al.，2009），此时制造商无法给经销商建言提供充足的空间和必要途径。而制造商剥削程度较低时，经销商更能够根据渠道下游的变化向制造商传递有价值的观点和变革方向（Li，2010）。因此，当制造商展现出较强的剥削行为时，经销商通常会被制造商划定的权责所束缚，无法将其在渠道运行中发现的问题及时地反馈给制造商，从而削弱其建言水平。基于此，本文提出假设 H1：

H1：制造商剥削行为对经销商建言行为起到抑制作用。

2.3.2 边界人员间人情的调节作用

在边界人员的私人关系层面，人情是最核心的维度之一（Hwang，1987），是指个人由于亏欠恩惠而产生的同情、仁慈及偏袒的程度（Berger et al.，2015）。人情作为熟人之间基于交换的人际交往规则，一方面，可以促进双方换位思考，努力理解对方的目标和期望（Hwang，1987）；另一方面，又可以在对方需要时施以帮助以及对方在未来必要时加以回报，通过不断地“送人情”和“还人情”维系并加深彼此间的关系（Yen et al.，2017）。因此，本文认为人情能够削弱制造商剥削行为对经销商建言行为的抑制作用。

首先，对经销商采购人员而言，人情使他们愿意更友好地解读制造商行为，从而弱化制造商剥削行为对关系交换的破坏。渠道中高水平的人情往来意味着边界人员能够换位思考，站在对方的角度，同情理解彼此的行为，成为渠道成员间交换的“润滑剂”（Wu et al.，2021）。面对制造商的剥削，高人情的经销商采购人员更能理解制造商的处境，愿意将过重的销售任务或库存压力视为制造商应对严峻渠道情况的临时策略。通过促进经销商采购人员对制造商剥削行为进行友好解读，边界人员间的人情能够降低经销商在合作中感知到的不公平或情感冲突（Yen et al.，2017），从而能够削弱制造商剥削行为对经销商建言行为的抑制作用。

其次，对制造商销售人员而言，人情驱使他们愿意适当放松对经销商的限制，从而削弱制造商剥削的消极影响。在人情法则下，如果经销商采购人员在业务上遇到问题或难处，与之长期接触的制造商市场或销售等边界人员更愿意在力所能及处帮助对方，而对方则会在未来必要时“还人情”。虽然制造商的剥削行为导致经销商在渠道权限和经营空间等方面受到限制，但在较高的人情水平下，制造商边界人员会在能力范围内，为经销商在执行渠道政策时提供一定灵活性和自由度（Yen et al.，2017）。这种边界人员间的“送人情”在一定程度上减轻了制造商剥削带给经销商的限制，使经销商能投入额外的精力和资源应对市场需求的变化，进而产生有利于制造商或渠道整体的建言。由此可见，边界人员的人情能够以交换的方式弥补制造商剥削行为对经销商建言行为的破坏。基于此，本文提出假设 H2：

H2：人情会削弱制造商剥削行为对经销商渠道建言的抑制作用。

2.3.3　企业间关系嵌入的调节作用

与边界人员间的人情关系不同，营销渠道中的组织间关系嵌入是指渠道成员间发展互惠和密切关系的程度（Wang et al.，2013），本文主要关注制造商与经销商之间的关系嵌入程度。关系嵌入反映了制造商与经销商交换过程中的凝聚力和亲密度（Dong et al.，2015）。渠道中较强的凝聚力提升了制造商与经销商实现共同目标以及共同解决问题的意愿（McEvily & Marcuse，2005）；较强的亲密度则为双方非正式的沟通以及情感性交流提供了重要基础（Rowley，1997）。因此，我们预测制造商与经销商之间的关系嵌入程度会削弱制造商剥削行为对经销商建言行为的抑制作用。

一方面，组织间关系嵌入越深，越需要渠道双方共同解决问题，有利于削弱制造商剥削行为的消极影响。深度关系嵌入的交换使经销商与制造商以牢固的联盟进行资源互补，共同分担成本和市场风险（Rowley，1997）。关系交换的研究发现，在关系嵌入程度较高的交换中，面对挑战的合作伙伴更可能放弃自身短期利益，更多地进行建言而非退出（McEvily & Marcuse，2005）。因此，当制造商与经销商之间关系嵌入程度较高时，经销商更愿意暂时容忍或承受制造商剥削施加的压力，通过积极提供有价值的信息策略与制造商共同制定解决问题的安排。反之，关系嵌入程度较弱的经销商更重视短期的利益，一旦制造商剥削使其感知到自身利益受损，更不会投入额外精力为渠道整体发展建言献策。

另一方面，组织间关系嵌入能够促进双方的非正式交流，从而缓解了制造商剥削对经销商建言行为的制约。Uzzi（1997）认为关系嵌入的亲密度鼓励资源和信息在交换双方间自由地流动，允许彼此对隐性的知识或复杂的流程进行详细的解释和反馈。亲密程度高的制造商通常更愿意花时间倾听经销商提供的新颖或复杂的想法（McEvily & Marcuse，2005）。因此，面对制造商剥削导致的权限受限和流程僵化，关系嵌入程度较高的经销商仍有机会通过非正式的、情感性的交流向制造商表达自己的看法和观点，为经销商在正式权限受限时提供了非正式的建言途径，因此能够削弱制造商剥削行为对经销商建言的消极影响。基于此，本文提出假设 H3：

H3：关系嵌入会削弱制造商剥削行为对经销商渠道建言的抑制作用。

2.3.4 经销商网络密度的调节作用

渠道结构的本质是网络化的，制造商与经销商间的二元关系也会受到其他渠道主体或网络结构的影响，因此本文在网络层面关注经销商网络密度的调节作用。经销商网络密度是指同一个制造商合作的经销商群体之间的实际联系与其所展示的所有可能存在的联系数量的比率（Reagans & Mcevily，2003）。随着网络密度的提高，经销商群体之间联系的紧密程度增加，经销商群体约束彼此行为的能力更强，共同抵御制造商压力的能力也更强（Phillips & Mcquarrie，2010）。因此，本文认为经销商网络密度的增加能够削弱制造商剥削行为对经销商建言行为的抑制作用。

一方面，紧密的经销商网络鼓励经销商间齐心协作，一定程度上缓解了制造商剥削行为对经销商建言的阻碍。制造商剥削行为降低经销商建言意愿的一个重要原因在于，经销商作为独立的个体在感知到与制造商之间的互惠规范被破坏时会战略性地选择维护自身利益。然而，在网络视角下，经销商不仅是独立个体，还嵌入相互联结的经销商群体网络。当该网络的联结越密集，经销商群体间的相互依赖行为就越多，面对外部压力时也会先维持和稳定内部关系，更多地考虑彼此的利益（Zeng et al.，2015）。这种经销商群体间的团结协作通常不会因制造商剥削行为而减弱。所以，虽然制造商的剥削给经销商带来了很大的压力，破坏了双方之间的关系规范，但如果经销商所处网络密度较高，该经销商可能仍会积极地提出有利于渠道运行的建设性观点和意见，以维护经销商群体的整体利益。

另一方面，经销商网络密度提升了信息获取和处理的效率，有利于经销商克服制造商剥削行为的消极影响。高网络密度下，经销商群体之间的信息透明和共享程度提高，经销商能够通过网络成员的交流和分享及时掌握相关信息并收获有效的策略（Wang et al.，2021）。这种获取和利用信息的能力使经销商在与制造商进行交换时，能够快速理解可用信息并有效协调复杂任务。因此，面对制造商剥削行为的干预和限制，嵌入在高密度网络中的经销商更有资源和能力快速处理相关任务，在一定程度上提高了经销商能够投入建言行为的时间和精力。由此可见，经销商网络密度能够缓解制造商剥削行为对经销商建言行为的抑制作用。基于此，本文提出假设 H4：

H4：经销商网络密度会削弱制造商剥削行为对经销商渠道建言的抑制作用。

综上，本文构建了如图 1 所示的理论模型。

3. 研究方法

3.1 数据收集和样本选择

本文以制造商—经销商关系为对象，以家具行业经销商为样本，从哈尔滨、沈阳、长春、大连和石家庄 5 个城市收集数据，研究制造商的剥削行为导向对经销商渠道建言行为的影响。家具制造企业通常拥有完善的产业配套能力、专有的研发技术和强大的物流体系，掌握大量渠道资源和产品信息；同时，家具制造企业一般采用经销的方式进行管理，负责制定全国统一的分销政策，要求经

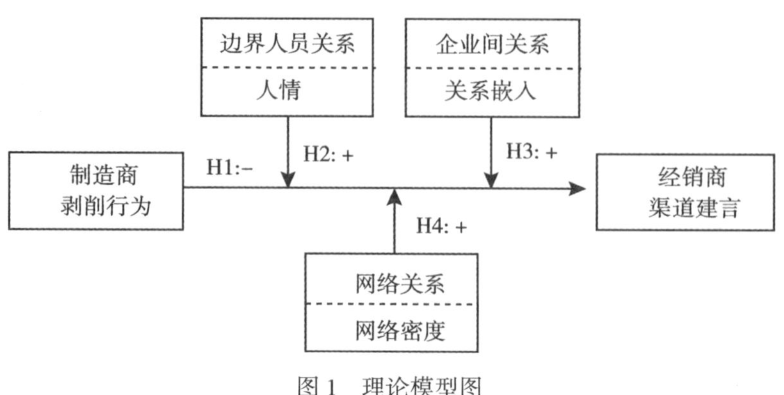

图 1　理论模型图

销商以专营的方式进行销售。在这种排他性的渠道关系中，制造商作为政策制定者，对经销商进行统一的约束和管理，在渠道合作关系中占据相对优势地位，比较容易被观察到剥削行为导向。另外，制造商与经销商间的扁平化的层级，使制造商的行为导向能够直接作用于经销商的政策执行、销售策略及角色外行为等企业行为，因此家具行业的制造商—经销商关系符合本文的研究情境。

首先，本研究以小样本的方式进行了预调研，包括对两名经销商采购经理和三名营销渠道学者的访谈以及对 45 名经销商的预测试。在此基础上，本研究对相关变量题项的表达进行小幅调整，以确保概念和语义的统一并减少受访者偏见，形成正式调查问卷。其次，在正式调研中，本研究采取关键信息人（key informant）方法，进行面对面调研。本研究选取家具经销商老板、经理、店长以及采购经理等为信息提供者，因为他们经常代表公司与制造商互动，对企业和制造商状况及渠道合作情况非常熟悉，能够提供代表公司实际情况的可信信息。为了提高问卷回收率和调查数据质量，本研究对采访人员进行了专业培训，以保证他们能够在调研过程中准确地向受访者解释问卷内容并回答受访者的疑问。面对受访者，采访人员会首先解释研究的目的和重要性，并向受访者保证，他们的回答将是保密的，提出在项目完成后提供一份详尽的研究结果报告。调研结束后，采访人员会向每位受访者赠送一份礼物，以感谢他们的参与。

本研究共收到 389 份完成的问卷。根据渠道研究的普遍做法（Zhang & Shen，2020；Shen et al.，2017），本研究剔除了 62 份问卷，这些问卷未完成的比例超过 15.00%，在大部分回答中给出了相同或几乎相同的答案，或在“你对本问卷内容的了解程度如何?”的问题上得分低于 3（1=非常不了解；2=基本不了解；3=一般；4=基本了解；5=非常了解）。最后，研究包括 327 个有效样本，有效回复率为 84.06%。最终样本中，经销商与制造商间的合作关系存续时间平均约为 8 年，且约 52.00%的经销商与制造商间的合作关系存续超过 5 年；受访者在公司平均约有 7 年的工作经验，对其公司与制造商的合作情况有较清晰的了解。

3.2　变量测量

本文中所有变量均采用现有研究中的成熟量表进行测量，使用李克特 5 点量表（1=非常不同意；

5=非常同意），量表内容如表 2 所示。本研究对经销商建言的测量量表来自 Van Dyne 和 LePine（1998），该量表被广泛应用于组织行为领域的建言行为研究（Detert & Burris，2007；Ng & Feldman，2012）。与现有研究一致（张闯等，2020），本研究对题项内容进行了情景式调整，使之符合营销渠道中企业间建言的情况，该量表涉及经销商是否会在不同条件下向制造商表达他们对渠道相关问题的意见，体现了建言行为的自发性、促进性和挑战性（Ng & Feldman，2012）。

制造商剥削行为的测量量表改编自 Schmid（2019），该量表被广泛应用于剥削型领导方面的研究。为与本文研究一致，我们对题项内容进行相应调整，使其符合渠道中制造商剥削行为的实际情况，该量表表现了制造商不顾经销商的实际负担情况，通过强制、许诺、操纵等一系列手段给经销商分配更多任务或令经销商相互竞争以达到自己目标的高度自私自利的行为，涵盖了制造商剥削行为的不同特征维度。

人情的测量量表改编自 Barnes。我们在渠道情境下做出相应调整，将其作为渠道边界人员的私人关系特征。该量表体现了经销商边界人员是否会在渠道合作中“做人情”和“还人情”。关系嵌入的测量量表改编自 Rindfleisch 和 Moorman（2001），该量表将关系嵌入视为关系强度的一个动机方面的指标，用来直接测量双方之间的互惠和亲密关系的程度。我们在渠道情境下进行适当调整，使其体现渠道中经销商与制造商关系的亲密程度，用以代表经销商和制造商企业间关系。经销商网络密度的测量量表改编自 Antia 和 Frazier（2001），该测量用于表明经销商在整个经销商群体之间联系的密切程度，密切程度越高，经销商网络密度越大。我们用经销商网络密度衡量经销商的网络关系。

本文还控制了一些可能对模型产生影响的变量——经销商品牌数量、经销商产品类别、经销商规模、经销商相对依赖、行业竞争程度、渠道关系中专有资产投入总量、市场不确定性和市场化水平。首先，经销商代理的品牌数量、经销商产品类别数量、经销商规模和行业竞争程度会在一定程度上影响渠道合作和经销商角色外行为，因此将其作为控制变量。其次，渠道双方的相对依赖水平能够体现渠道关系的结构，反映渠道地位，因此本研究将经销商相对依赖纳入控制变量，测量题项来自 Palmatier 等（2006）。再次，专用资产的投入会对渠道关系和经销商的角色外行为产生影响，因此本研究控制了资产投入总量，测量题项来自 Wang 等（2013）。市场环境的不确定性使得经销商面临不同程度的经营风险，由此可能影响经销商在渠道合作中对制造商剥削行为的看法。市场不确定性的测量题项来自 Wang 等（2013）。最后，市场化水平可能会对渠道合作过程中私人关系的作用产生影响，同时也有可能影响经销商对制造商剥削行为的容忍程度，进而影响建言意愿。本研究使用中国国家经济研究所发布的各省份市场化指数来衡量该省份的市场化水平。

表 2　**测量题项及信度、效度检验结果**

变量	题　　项	SFL
渠道建言 α=0.90 AVE=0.69 CR=0.90	V1 当发现一些可能会影响合作的因素（比如营销模式），我们会向厂商积极提出建议	0.81
	V2 我们会积极主动地提出对渠道合作有利的建议	0.92
	V3 我们会提出改善渠道合作流程的建议	0.83
	V4 我们会主动提出积极有建设性的建议，来帮助厂商实现目标	0.75

续表

变量	题　　项	SFL
剥削行为 α = 0.88 AVE = 0.63 CR = 0.87	EXL1 该厂商会为了达到它自己的目标向我公司施压	0.85
	EXL2 该厂商会为了它自己的目标，在没有考虑我公司需求的情况下增加我公司工作量	0.88
	EXL3 在签订新的销售任务时，该厂商不会考虑我公司的工作量	0.73
	EXL4 该厂商会让经销商之间相互竞争，以达到它自己的目的	0.69
人情 α = 0.83 AVE = 0.54 CR = 0.86	RQ1 我认为相互帮忙是我们做生意的一部分	0.79
	RQ2 当他们有困难时，我很乐意去帮助他/她	0.83
	RQ3 如果他们要求了，而我们帮不上忙，我们会感到不好意思	0.67
	RQ4 我们知道不还人情是很不好的	0.64
关系嵌入 α = 0.87 AVE = 0.69 CR = 0.87	RE1 我公司与厂商联系紧密	0.80
	RE2 我公司与厂商关系非常亲密	0.93
	RE3 我公司与厂商之间的关系非常好	0.76
市场不确定性 α = 0.86 AVE = 0.68 CR = 0.86	MU1 很难对我们产品市场环境的变化趋势进行预测	0.78
	MU2 很难对我们产品的销售做出准确预测	0.88
	MU3 我们产品所在市场的变化很难预料	0.81
经销商网络密度 α = 0.93 AVE = 0.76 CR = 0.93	ND1 我们经销商之间联系紧密	0.81
	ND2 我们经销商之间互动频繁	0.91
	ND3 我们经销商之间的沟通交流非常频繁	0.92
	ND4 我们经销商经常一起探讨共同面临的问题	0.85
经销商资产投入 α = 0.81 AVE = 0.60 CR = 0.81	DSI1 如果和该厂商的合作关系结束了，我们会损失很多针对该企业积累的知识和经验	0.75
	DSI2 如果和该厂商的合作关系结束了，我们会损失很多专门针对该合作关系的投入	0.91
	DSI3 我们公司投入了很多资源来建立和发展与该厂商的合作关系	0.64
制造商资产投入 α = 0.80 AVE = 0.59 CR = 0.81	SSI1 如果我们结束和该厂商的合作，他们会损失大量针对我们积累的知识和经验	0.81
	SSI2 如果我们结束和该厂商的关系，他们会损失很多专门针对与我们合作关系的投入	0.86
	SSI3 该厂商投入了很多资源来建立和发展与我们公司的合作关系	0.62
经销商依赖 α = 0.77 AVE = 0.53 CR = 0.81	DD1 在本地区，我公司很难找到其他公司提供与该厂商相同的产品线	0.69
	DD2 在本地区，如果找其他公司代替该厂商，会给我公司带来很大的损失	0.72
	DD3 在本地区，我们很难找到别的公司，像该厂商一样带给我们这么多销售额和利润	0.78

续表

变量	题　项	SFL
制造商依赖 α=0.85 AVE=0.66 CR=0.85	SD1 在本地区，该厂商很难找到其他公司提供与我们相同的销售服务	0.70
	SD2 在本地区，如果该厂商找其他公司代替我们，会给他们带来很大的损失	0.84
	SD3 在本地区，该厂商很难找到别的公司，像我公司一样带给他们这么多销售额和利润	0.89
技术复杂程度	该企业的技术复杂的程度	n. a.
行业竞争程度	公司品牌在行业内竞争的地位	n. a.
经销商品牌数量	公司经营的品牌数量是多少	n. a.
经销商产品类别	经销商经营的产品有几大类	n. a.
经销商规模	经销商公司的经营和销售情况	n. a.
市场化水平	中国国家经济研究所发布的各省份市场化指数	n. a.
模型拟合指数：CMIN/DF=2.00，RMR=0.05，RMSEA=0.06，GFI=0.91，NFI=0.91，IFI=0.96，TFI=0.95，CFI=0.96		

4. 实证分析

4.1　量表的信度与效度

在进行假设检验之前，本研究验证了上述测量方式的信度与效度。首先，本研究对涉及的所有多题项量表进行了探索性因子分析（Exploratory Factor Analysis，EFA）。分析结果显示，每个变量的 Cronbach's alpha（α）都大于0.60（8个变量的 α 值范围在0.80~0.93）。然后，本研究对这些变量进行了验证性因子分析（Confirmatory Factor Analysis，CFA），计算了组合信度（Construct Reliability，CR）和平均提取方差（Average Variance Extracted，AVE）。从表2可以看出，模型拟合指数都符合现有研究所设定的接受范围，表明本研究模型与样本数据之间存在良好的拟合性。所有题项因子的标准载荷均大于0.5（$p<0.001$），各变量的CR都大于0.7，说明量表具有良好的内部一致性；且所有核心变量的AVE都大于0.60，表明各变量具有较好的聚敛效度（Fornell & Larcker，1981）。此外，各变量AVE值的平方根（对角线上的数字）都大于与对角线下方其他因子相关系数的绝对值（见表3），这进一步表明这些变量具有较好的判别效度（Fornell & Larcker，1981）。

表 3　　变量的均值、标准差和相关系数

	1	2	3	4	5	6	7	8	9	10	11	12	13
1. 建言	**0.83**	−0.15*	0.34**	0.38**	0.32**	0.03	0.03	0.07	−0.10^{+}	0.10^{+}	0.18**	0.08	0.03
2. 剥削行为	−0.12*	**0.79**	0.05	−0.10	−0.02	−0.05	−0.01	0.06	0.05	−0.16**	−0.02	−0.00	0.01
3. 人情	0.37**	0.08	**0.74**	0.31**	0.28**	0.01	−0.04	0.08	0.08	0.03	0.16**	−0.01	−0.07
4. 关系嵌入	0.40**	−0.07	0.34**	**0.83**	0.27**	−0.01	−0.01	0.02	−0.02	0.15*	0.35**	0.18**	−0.08
5. 经销商网络密度	0.31**	0.02	0.29**	0.27**	**0.87**	−0.10^{+}	−0.05	0.05	0.08	0.04	0.19**	0.09	−0.09
6. 经销商品牌数量	0.03	−0.05	0.00	−0.02	−0.10^{+}	n. a.	0.04	0.01	−0.06	0.09	−0.10^{+}	−0.07	−0.01
7. 经销商产品类别	0.02	−0.02	−0.03	0.00	−0.06	0.04	n. a.	0.01	0.01	0.06	−0.01	−0.03	0.02
8. 经销商规模	0.06	0.43	0.08	0.05	0.06	0.01	0.06	n. a	0.04	0.23	0.01	−0.27**	0.19**
9. 经销商相对依赖	−0.09	0.03	0.09	−0.01	0.07	−0.06	−0.01	0.07	n. a	−0.05	−0.01	−0.07	0.08
10. 行业竞争程度	0.10*	−0.16**	0.04	0.14**	0.05	0.07	0.08	0.30**	−0.01	n. a.	0.14*	−0.10	0.06
11. 资产投入总量	0.21**	−0.00	0.18**	0.36**	0.17**	−0.10^{+}	−0.01	0.00	0.02	0.14*	n. a.	0.08	−0.04
12. 市场不确定性	0.08	−0.01	−0.01	0.14*	0.06	−0.06	−0.05	−0.29**	−0.06	−0.13*	0.06	n. a.	−0.14*
13. 市场化水平	0.04	0.01	−0.06	−0.06	−0.07	−0.02	0.04	0.23**	0.09	0.11^{+}	−0.03	−0.16**	n. a.
14. 产品技术复杂程度	0.06	−0.03	0.07	0.09	0.07	−0.03	0.11*	0.29**	0.08	0.32**	0.07	−0.12*	0.16**
均值	4.13	2.47	4.01	4.07	3.54	4.99	2.14	2.30	−0.28	3.79	6.77	3.23	9.32
标准差	0.80	1.05	0.82	0.88	1.17	18.50	2.41	1.35	1.15	0.89	1.97	1.17	1.84

注：（1）双边检验：+代表 $p<0.1$，＊代表 $p<0.05$，＊＊代表 $p<0.01$；（2）对角线上的黑体数字为相应变量的 AVE 平方根，对角线下方数字为各变量间的零阶相关系数，对角线上方数字为潜在同源偏差调整后的相关系数；（3）n. a. 表示不适用；（4）产品技术复杂程度为标记变量。

4.2 同源偏差检验

本研究采用来自经销商一方的单边数据，可能会导致同源偏差问题，因此本研究采用 Harman 单因子分析法和标签变量法对同源偏差进行检验。首先，本研究采用 Harman 单一因素检验方法对潜在的同源偏差问题进行评估。将本研究所有问卷调查数据中变量的测量题项放在一起进行探索性因子分析，结果显示，解释变量变异所必需的最少因子数为 5 个。析出的 5 个因子解释了总变异量的 74.99%，其中第一主成分解释了 29.44%的变异量。由于没有析出单个因子，并且第一主成分不能解释大部分差异，证明本研究不存在明显的同源偏差问题（Podsakoff et al.，2003）。其次，选择企业产品的技术复杂程度作为标签变量进行检验，结果如表 3 所示，标签变量与其他变量之间的相关系数不显著且主要变量之间的相关系数在控制了标签变量的影响前后无显著变化。因此，两种方法均显示本文结果受到同源偏差的影响不大。

4.3 数据分析

本研究采用多元层次回归的方法进行假设检验。为了避免多重共线性的影响，本研究在创建平方项和交互项之前，对自变量和调节变量进行了中心化处理。如表 4 所示，模型 1 包括所有控制变量，在模型 2 中加入制造商剥削行为以检验 H1，在模型 3、4 和 5 中分别加入 3 个调节变量及其与自变量和自变量平方项的交互项。模型 6 则将所有的预测因素都纳入回归模型，以检验所有假设的稳健性。上述所有模型的方差膨胀因子（VIFs）都低于 2，表明本研究中没有明显的多重共线性问题。

表 4 **回归分析结果**

因变量：经销商渠道建言						
	Model1	Model2	Model3	Model4	Model5	Model6
H1：制造商剥削行为		−0.14* (−2.40)	−0.21** (−3.77)	−0.15** (−2.64)	−0.17** (−3.06)	−0.20** (−3.82)
H2：制造商剥削行为×人情			0.22** (4.04)			0.13* (2.21)
H3：制造商剥削行为×关系嵌入				0.15** (2.65)		0.10+ (1.86)
H4：制造商剥削行为×网络密度					0.18** (3.12)	0.10+ (1.70)
人情			0.39** (7.16)			0.25** (4.45)

续表

因变量：经销商渠道建言						
	Model1	Model2	Model3	Model4	Model5	Model6
关系嵌入				0. 36 ** (5. 96)		0. 24 ** (4. 15)
网络密度					0. 33 ** (5. 90)	0. 21 ** (3. 86)
经销商品牌数量	0. 04 (0. 68)	0. 03 (0. 58)	0. 01 (0. 22)	0. 02 (0. 41)	0. 03 (0. 56)	0. 01 (0. 25)
经销商产品类别	0. 03 (0. 43)	0. 02 (0. 40)	0. 03 (0. 51)	0. 02 (0. 32)	0. 03 (0. 59)	0. 03 (0. 61)
经销商规模	0. 09 (1. 44)	0. 11 + (1. 69)	0. 06 (0. 96)	0. 09 (1. 46)	0. 09 (1. 48)	0. 05 (0. 87)
经销商相对依赖	−0. 09 (−1. 63)	−0. 88 (−1. 54)	−0. 10 (−1. 91)	−0. 08 (−1. 52)	−0. 11 * (−1. 99)	−0. 11 * (−2. 13)
行业竞争程度	0. 07 (1. 05)	0. 04 (0. 64)	0. 03 (0. 45)	−0. 01 (−0. 09)	0. 03 (0. 43)	−0. 01 (−0. 15)
资产投入总量	0. 17 ** (2. 91)	0. 17 ** (2. 93)	0. 11 ** (2. 05)	0. 07 (1. 14)	0. 13 * (2. 26)	0. 03 (0. 61)
市场不确定性	0. 09 (1. 60)	0. 08 (1. 33)	0. 10 + (1. 77)	0. 04 (0. 71)	0. 06 (1. 23)	0. 04 (0. 75)
市场化水平	0. 04 (0. 68)	0. 04 (0. 69)	0. 07 (1. 38)	0. 07 (1. 21)	0. 07 (1. 28)	0. 10 + (1. 97)
常数项	2. 95 (8. 06)	3. 27 (8. 45)	1. 94 (4. 78)	2. 43 (6. 25)	2. 66 (7. 02)	1. 52 (3. 86)
R^2	0. 04	0. 06	0. 21	0. 17	0. 17	0. 30
F	2. 54 **	2. 94 **	8. 10 **	6. 54 **	6. 43 **	9. 27 **

注：+代表 $p<0.1$；＊代表 $p<0.05$；＊＊代表 $p<0.01$。

H1 预测了制造商剥削行为与经销商建言之间的负相关关系。在模型 2 中，制造商剥削行为的回归系数显著为负（$\beta=-0.14$，$p<0.05$），这一结果在模型 6 中也得到了支持（$\beta=-0.20$，$p<0.01$），共同表明制造商剥削行为能够抑制经销商建言，从而支持 H1。

H2 预测经销商与制造商边界人员间的人情会削弱制造商剥削行为与经销商建言之间的负相关关系。根据表 4，在模型 3 中，制造商剥削行为和边界人员间人情的交互项显著为正（$\beta=0.22$，$p<0.01$），表明人情减轻了制造商剥削行为对经销商建言的消极影响，这一结果在包括所有变量的模型

6 中也是显著的（$\beta=0.13$，$p<0.05$）。为了更好地说明人情对制造商剥削行为和经销商建言的调节作用，我们用简单斜率分析法（simple slope test）绘制了调节效应图（Aiken et al.，1991）。在图 2（a）中，首先将高水平人情设定为高于人情平均值一个标准差，低水平人情设定为低于人情平均值一个标准差（Aiken et al.，1991）。然后，将高水平和低水平的人情写入制造商剥削行为和经销商建言的方程式，得出两个简单的回归函数。实线代表高水平人情的函数，虚线代表低水平人情的函数。图 2（a）显示，当边界人员人情程度较高时，制造商剥削行为与经销商建言之间的直线斜率更小；而当人情程度较低时，该直线的斜率更大。综上所述，H2 得到了支持。

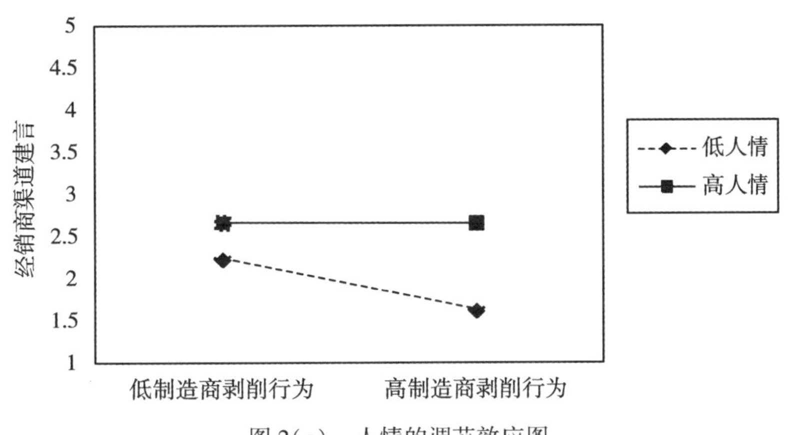

图 2(a)　人情的调节效应图

H3 预测经销商与制造商企业间的关系嵌入会削弱制造商剥削行为与经销商建言之间的负相关关系。根据表 4，在模型 4 中，制造商剥削行为和企业间关系嵌入的交互项显著为正（$\beta=0.15$，$p<0.01$），表明关系嵌入减轻了制造商剥削行为对经销商建言的消极影响，这一结果在包括所有变量的模型 6 中也是显著的（$\beta=0.10$，$p<0.1$）。我们采用同样方法绘制了调节效应图（Aiken et al.，1991）。在图 2（b）中，首先将高水平关系嵌入设定为高于关系嵌入平均值一个标准差，低水平关系嵌入设定为低于关系嵌入平均值一个标准差（Aiken et al.，1991）。然后，将高水平和低水平的关系嵌入写入制造商剥削行为和经销商建言的方程式，得出两个简单的回归函数。实线代表高水平关系嵌入的函数，虚线代表低水平关系嵌入的函数。图 2（b）显示，当企业间关系嵌入程度较高时，制造商剥削行为与经销商建言之间的直线斜率更小；而当企业间关系嵌入程度较低时，该直线的斜率更大。综上所述，H3 得到了支持。

H4 预测经销商网络密度会削弱制造商剥削行为与经销商建言之间的负相关关系。根据表 4，在模型 5 中，制造商剥削行为和经销商网络密度的交互项显著为正（$\beta=0.18$，$p<0.01$），表明经销商网络密度减轻了制造商剥削行为对经销商建言的消极影响，这一结果在包括所有变量的模型 6 中也是显著的（$\beta=0.10$，$p<0.1$）。同样，我们绘制了调节效应图。在图 2（c）中，首先将高水平经销商网络密度设定为高于经销商网络密度平均值一个标准差，低水平经销商网络密度设定为低于经销商网络密度平均值一个标准差（Aiken et al.，1991）。按上述操作得出两个简单的回归函数。实线代表高水平经销商网络密度的函数，虚线代表低水平经销商网络密度的函数。图 2（c）显示，当经销

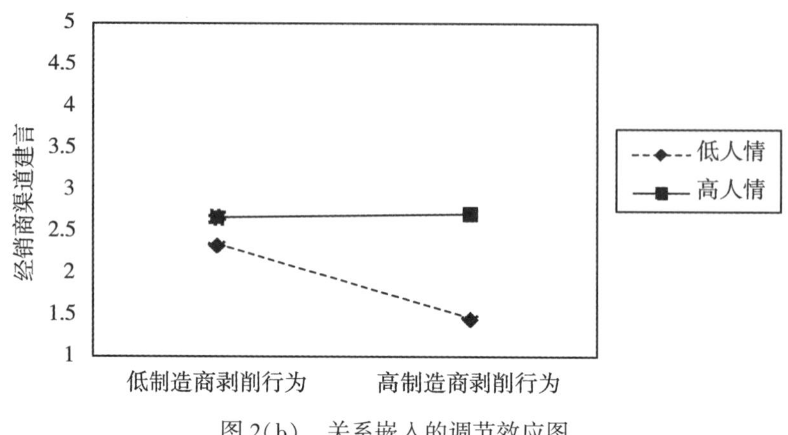

图 2(b)　关系嵌入的调节效应图

商网络密度较高时，制造商剥削行为与经销商建言之间的直线斜率更小；而当经销商网络密度较低时，该直线的斜率更大。综上所述，H4 得到了支持。

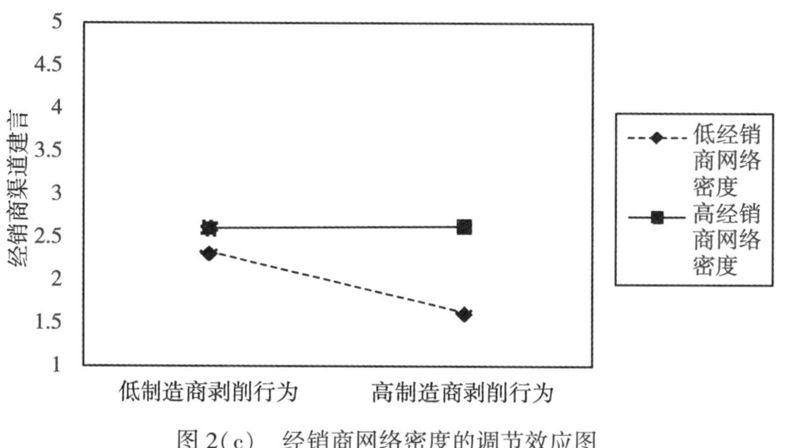

图 2(c)　经销商网络密度的调节效应图

5. 讨论

5.1　理论贡献

渠道中的经销商建言行为是制造商及时掌握客户需求、应对市场变化和获得竞争优势的重要方式。本文基于关系交换理论，实证检验了制造商的剥削行为对经销商建言行为的消极影响，并在此基础上探讨了渠道中不同层面关系特征的调节作用。研究发现制造商剥削行为对经销商建言行为有显著的抑制作用，渠道边界人员的人情、制造商—经销商的关系嵌入、经销商网络密度均能够缓解制造商剥削行为对经销商建言行为的消极影响。上述结论对渠道行为和关系交换的研究进行了有益的拓展和补充。

首先，本文揭示了制造商剥削行为对经销商建言行为的消极影响，进一步深化了有关经销商建言行为影响因素的研究。由于经销商建言是旨在改变现状的角色外行为，以往研究多是从经销商特征（Ping，1996）、关系特征（Hibbard et al.，2001）和环境特征（张闯等，2020）方面探讨如何促进经销商建言。然而，这些研究忽略了经销商建言时面临的阻碍，使我们无法完整地理解经销商建言的影响因素。组织建言理论认为，行为主体在建言时会进行充分评估，即他们的意见是否将被接收者认为是建设性的，是否会因为发表观点而受到惩罚，而建言接收者的行为或态度直接影响建言主体对这些问题的看法（Detert & Burris，2007）。对此，组织建言研究重点关注了不同的领导风格对员工建言的重要影响（Morrison，2011），但渠道建言研究却忽视了作为接收者的制造商的行为会如何影响经销商建言。因此，本文聚焦于制造商剥削行为对经销商建言的影响过程。本文的研究结论表明，制造商作为经销商建言的接收者和评价者，如果在交换中表现出自私自利、强制压迫的剥削行为，会破坏双方关系规范，显著降低经销商建言献策的意愿。这一研究结论丰富了对经销商建言行为影响因素的研究框架，扩展了现有渠道建言行为的研究视角。

其次，本研究揭示了不同层面关系特征如何缓解制造商剥削行为的消极影响，从而丰富了渠道关系治理的相关文献。现有研究充分探讨了不同关系特征对渠道成员互动过程的影响。例如，张闯和殷丹丹（2019）发现边界人员间的人情能够提高互惠程度从而加强专业资产投入对渠道成员角色外利他行为的影响；Dong 等（2015）揭示了经销商网络关系能够促进网络中成员的紧密联系和共同规范进而增强了依赖对机会主义的抑制作用。然而，鲜有研究同时考虑了边界人员、企业和网络三个层面关系特征所起的不同作用。本文的研究结论完整地揭示了边界人员人情、企业间关系嵌入和经销商网络密度如何从不同途径缓解制造商剥削对经销商建言的抑制作用。上述结论通过多层次的视角展示了不同层面关系交换如何影响制造商剥削行为的作用边界，为系统地探讨渠道关系治理的影响机制提供了有益补充。

最后，本研究对制造商剥削行为的关注扩展了渠道行为和剥削型领导的研究范围。渠道行为理论主要关注渠道成员如何建立和处理彼此之间的关系，强调成员之间的社会互动过程。近年来，渠道学者们越来越多地进行跨学科尝试，将感恩、懈怠和揭发等行为因素引入渠道行为研究。与上述研究趋势一致，本文借鉴组织内剥削型领导（Schmid et al.，2019），将制造商通过强制、许诺、操纵等一系列手段给经销商分配更多任务或令经销商相互竞争以达到自己目标的高度自私自利的行为概念化为制造商剥削行为。通过在关系交换视角下探讨这一行为对经销商建言的影响，本文揭示了制造商剥削行为可能产生的消极后果，拓展了渠道行为理论的关键构念与研究范围。同时，鉴于现有剥削型领导研究主要集中在组织内领导—成员关系层面（Schmid et al.，2019），本文对组织间剥削行为的探讨也拓展了剥削型领导理论的研究范畴。

5.2 管理启示

在瞬息万变的商业环境中，制造商在收集需求信息和调整渠道政策等方面面临着更大的挑战，越来越多地采纳经销商的想法、洞察和建议来提高生产创新和渠道运行的效率（张闯等，2022a）。因此，制造商不仅应当关注推动经销商建言的积极因素，还应当重视抑制经销商建言的消极因素。我们的研究为渠道中制造商提供了关键的管理实践启示。一方面，如果制造商需要鼓励经销商积极地建言献策，则需要尽量避免在交换过程中的剥削行为。拥有渠道权力和优势地位的制造商可能采取剥削行为，通过强制经销商执行渠道任务或鼓励经销商竞争的方式谋求自身利益最大化。但需要关注的是，这种剥削行为会对渠道关系规范造成严重破坏，降低经销商在渠道合作中的建言意愿。因此，制造商在与经销商互动时，应避免强制性的剥削行为，不要向经销商施加超出其能力范围的任务，表现出对其自由裁量权的保护和鼓励，从而达到促进经销商积极为渠道整体发展建言献策的目的。

另一方面，制造商应重视不同层面关系特征对其与经销商互动的积极影响。本文的研究结论提示制造商，边界人员间的私人关系、企业间的关系嵌入和经销商网络密度能够在不同程度上缓解剥削行为对经销商建言的消极影响。因此，制造商应当鼓励市场或销售人员与经销商对接人员建立良好的人情往来，通过促进人际交往中的共情和施报循环（Berger et al.，2015），减轻剥削的消极影响。同时，制造商也应重视与经销商的关系嵌入，利用强关系带来的凝聚力和亲密度（Dong et al.，2015），减弱剥削对经销商建言的破坏。最后，制造商需要全面认知经销商网络的影响，鼓励高网络密度经销商网络中的互惠规范和信息交换，这种网络关系提高了经销商抵御压力的能力（Phillip & Mcquarrie，2010），从而缓解了制造商剥削行为的负面作用。

5.3 研究局限与未来展望

本文仍有一定的局限和不足，在未来的研究中应该给予更多关注。第一，本研究将经销商建言作为一个整体概念进行研究，忽略了不同类型建言行为的差异。现有研究基于建言行为的内涵特征，从不同角度对其维度进行了划分，如顾全大局式和自我冒进式建言（段锦云和凌斌，2011）、促进性建言和抑制性建言（Liang et al.，2012）。不同类型建言行为的驱动因素可能呈现异质性，因此未来研究可以进一步分析经销商不同类型建言的影响机制，为渠道建言行为提供更加丰富的理论见解。

第二，本文从关系交换视角考虑了三个层面关系特征的调节作用，忽略了渠道外部环境的重要影响。现有研究认为宗教文化能够影响企业的道德观念进而影响渠道成员的关系交换（Shen et al.，2020）；市场环境的不确定性则增加了不可预知的风险，从而影响渠道成员的行为互动（Zhang & Shen，2020）；制度环境能通过对“游戏规则”的塑造影响企业间合作（杨震宁和赵红，2020）。未来研究可以对上述环境特征进行深入探讨，为渠道行为理论构建更加系统的边界情境和更加完整的分析框架。

第三，囿于研究的实际条件，从经销商单方面收集的截面数据一定程度上制约了本文对因果关系的实证检验。在制造商—经销商的关系中，双方的信息感知可能会存在不对称。虽然本文采取多种方法避免同源偏差问题，但我们仍期待未来的研究可以构建制造商与经销商双边匹配的数据结构。同时，渠道成员互动呈现长期导向，因此未来研究可以通过长期的时间序列、情境实验或构建面板数据等方法从研究设计层面进一步扩展渠道行为的研究主题。

◎ 参考文献

[1] 段锦云，古晓花，孙露莹．外显自尊、内隐自尊及其分离对建议采纳的影响［J］．心理学报，2016，48（4）．

[2] 段锦云，凌斌．中国背景下员工建言行为结构及中庸思维对其的影响［J］．心理学报，2011，43（10）．

[3] 夏春玉，张志坤，张闯．私人关系对投机行为的抑制作用何时更有效？——传统文化与市场经济双重伦理格局视角的研究［J］．管理世界，2020，36（1）．

[4] 杨震宁，赵红．中国企业的开放式创新：制度环境、“竞合”关系与创新绩效［J］．管理世界，2020，36（2）．

[5] 张闯，鄂嫚迪，顾芳．渠道建言：多层面驱动因素及其对渠道绩效的影响［J］．南开管理评论，2020，23（2）．

[6] 张闯，殷丹丹．专用资产投资与角色外利他行为：人情的作用［J］．财经问题研究，2019（6）．

[7] Aiken，L. S.，West，S. G.，Reno，R. R. Multiple regression：Testing and interpreting interactions［M］. Sage，1991.

[8] Antia，K. D.，Frazier，G. L. The severity of contract enforcement in interfirm channel relationships［J］. Journal of Marketing，2001，65（4）.

[9] Berger，R.，Herstein，R.，Silbiger，A.，et al. Can guanxi be created in Sino-western relationships? An assessment of western firms trading with China using the GRX scale［J］. Industrial Marketing Management，2015，47（5）.

[10] Detert，J. R.，Burris，E. R. Leadership behavior and employee voice：Is the door really open?［J］. Academy of Management Journal，2007，50（4）.

[11] Dong，M. C.，Liu，Z.，Yu，Y.，et al. Opportunism in distribution networks：The role of network embeddedness and dependence［J］. Production and Operations Management，2015，24（10）.

[12] El-Ansary，A. I.，Stern，L. W. Determinants of power-dependence in the distribution channel［J］. Journal of Retailing，1972，51.

[13] E，M.，Chen，X.，Zhou，K. Z.，et al. Loose lips sink ships：The double-edged effect of distributor voice onchannel relationship performance［J］. Industrial Marketing Management，2022，102.

[14] Fang，E（Er）.，Palmatier，R. W.，Scheer，L. K.，et al. Trust at different organizational levels［J］. Journal of Marketing，2008，72（2）.

[15] Feng，C.，Zheng，X.，Zhuang，G.，et al. Revisiting exercise of power strategies from the perspective of information processing［J］. Industrial Marketing Management，2020，91.

[16] Gilsing，V.，Nooteboom，B. Density and strength of ties in innovation networks：An analysis of multimedia anbiotechnology［J］. European Management Review，2005，179.

[17] Gu, F. F., Hung, K., Tse, D. K. When does guanxi matter? Issues of capitalization and its dark sides [J]. Journal of Marketing, 2008, 72 (4).

[18] Han, S. L., Sung, H. S., Shim, H. S. Antecedents and performance outcomes of flexibility in industrial customer-supplier relationships [J]. Journal of Business Research, 2014, 67 (10).

[19] Heide, J. B., George, J. Do norms matter in marketing relationships? [J]. Journal of Marketing, 1992, 56 (4).

[20] Hibbard, J. D, Kumar, N., Stern, L. W. Examining the impact of destructive acts in marketing channel relationships [J]. Journal of Marketing Research, 2001, 38 (1).

[21] Hwang, K. K. Face and favor: The Chinese power game [J]. American Journal of Sociology, 1987, 92 (4).

[22] Kingshott, R. P., Sharma, P., Sima., et al. The impact of psychological contract breaches within east-west buyer-supplier relationships [J]. Industrial Marketing Management, 2020 (89).

[23] Li, Ling-yee. Encouraging extra-role behavior in a channel context: The role of economic-, social-, and justice-based sharedness mechanisms [J]. Industrial Marketing Management, 2010, 39 (2).

[24] Liang, J., Farh, C. I., Farh, J. L. Psychological antecedents of promotive and prohibitive voice: A two-wave examination [J]. Academy of Management Journal, 2012, 55 (1).

[25] McEvily, B., Marcuse, A. Embedded ties and the acquisition of competitive capabilities [J]. Strategic Management Journal, 2005, 26.

[26] Moorman, R. C. The acquisition and utilization of information in new product alliances: A strength-of-ties perspective [J]. Journal of Marketing, 2001, 65 (2).

[27] Ng, T. W., Feldman, D. C. Employee voice behavior: A meta-analytic test of the conservation of resources framework [J]. Journal of Organizational Behavior, 2012, 33 (2).

[28] Phillips, B. J., Mcquarrie, E. F. Narrative and persuasion in fashion advertising journal of consumer research Oxford academic [J]. Journal of Consumer Research, 2010, 37 (3).

[29] Ping, Jr. R. A. Latent variable interaction and quadratic effect estimation: A two-step technique using structural equation analysis [J]. Psychological Bulletin, 1996, 119 (1).

[30] Podsakoff, P. M., Mackenzie, S. B., Lee, J. Y., et al. Common method biases in behavioral research: A critical review of the literature and recommended remedies [J]. Journal of Applied Psychology, 2003, 88 (5).

[31] Reagans, R., Mcevily, B. Network structure and knowledge transfer: The effects of cohesion and range [J]. Administrative Science Quarterly, 2003, 48 (2).

[32] Rowley, T. J. Moving beyond dyadic ties: A network theory of stakeholder influences [J]. Academy of Management Review, 1997, 22 (4).

[33] Schmid, E. A., Verdorfer, A. P., Peus, C. Shedding light on leaders' self -interest: Theory and measurement of exploitative leadership [J]. Journal of Management, 2019, 45 (4).

[34] Shen, L., Wang, Y., Teng, W. The moderating effect of interdependence on contracts in achieving

equity versus efficiency in interfirm relationships [J]. Journal of Business Research, 2017, 78.
[35] Shen, L., Zhou, K. Z., Zhang, C. Is interpersonal guanxi beneficial in fostering interfirm trust? The contingent effect of institutional- and individual-level characteristics [J]. Journal of Business Ethics, 2020, 1.
[36] Uzzi, B. Social structure and competition in interfirm networks: The paradox of embeddedness [J]. Administrative Science Quarterly, 1997, 42 (1).
[37] Van, Dyne. L., LePine, J. A. Helping and voice extra-role behaviors: Evidence of construct and predictive validity [J]. Academy of Management Journal, 1998, 41 (1).
[38] Wang, D. T., Gu, F. F., Dong, M. C. Observer effects of punishment in a distribution network [J]. Journal of marketing Research, 2013, 50 (5).
[39] Wang, M., Zhao, D., Gu, F. F. Distributors' customer-driving capability under supplier encroachment [J]. Industrial Marketing Management, 2021, 94 (5).
[40] Wathne, K. H., Heide, J. B. Opportunism in interfirm relationships: Forms, outcomes, and solutions [J]. Journal of Marketing, 2020, 64 (10).
[41] Weiss, M., Morrison, E. W. Speaking up and moving up: How voice can enhance employees' social status [J]. Journal of Organizational Behavior, 2019, 40 (1).
[42] Wu, W. K., Wu, H. C., Lai, C. S. The role of buyer-seller guanxi facets and positions in social commerce: An analysis of the buyer's perspective in Taiwan [J]. Asia Pacific Journal of Marketing & Logistics, 2021, 34 (6).
[43] Yen, D. A., Abosag, I., Huang, Y. A., et al. Guanxi GRX (ganqing, renqing, xinren) and conflict management in Sino-US business relationships [J]. Industrial Marketing Management, 2017, 66.
[44] Zeng, F., Chen, Y., Dong, M. C., et al. Understanding distributor opportunism in a horizontal network [J]. Industrial Marketing Management, 2015, 46.
[45] Zhang, Z. C., Shen, L. Deterring dealer slackness: The role of supplier incentives and monitoring and the market environment [J]. Journal of Business Research, 2020, 121.

The Influence of Manufacturer Exploitation on Distributor Voice
— A Study from Relational Exchange Perspective

E Mandi[1] Li Xiaofei[1] Zhang Chuang[2]

(1 School of Business Administration, Dongbei University of Finance and Economics, Dalian, 116000;
2 School of Economics and Management, Dalian University of Technology, Dalian, 116000)

Abstract: Distributor voice in the channel is an important way for manufacturers to grasp customer needs, respond to market changes and obtain competitive advantages. Based on relational exchange theory, this paper explores the impact of manufacturer exploitation on distributor voice , and reveals the possible boundary conditions of this influence from different levels. The empirical results show that manufacturer exploitation has a significant negative effect on distributor voice. However, the renqing between channel boundary spanners, the embeddedness of manufacturer-distributor relationship, and the network density of distributor groups can weaken this negative impact. This paper further explores the theoretical contribution of the research findings and its practical value for the practice of enterprise channel management.

Key words: Distributor voice; Manufacturer exploitation; Renqing; Relationship embeddedness; Network density

专业主编：寿志钢

顾客应该掌握善因事件选择权吗？*
——善因事件主体选择与权力距离信念对消费者响应的影响研究

● 黄祥辉[1,2] 蔡文著[1]
（1 江西财经大学工商管理学院 南昌 330013；2 绍兴文理学院元培学院 绍兴 312000）

【摘 要】顾客是价值的共同创造者，近年来企业开始将共同创造从产品设计延伸到社会责任层面。在善因营销中，顾客参与善因事件的选择对消费者响应会产生影响吗？本文通过三个实验揭示了善因营销中善因事件由企业选择还是由顾客选择对消费者响应的影响机制。具体而言，实验一发现，善因事件主体选择与权力距离信念之间存在匹配效应，即对于低权力距离信念的消费者，相比企业选择，顾客选择善因事件会产生更多的消费者响应，而高权力距离信念的消费者则偏爱企业选择善因事件，实验二发现，善因事件主体选择与权力距离信念的匹配效应具有不同的中介作用机制。低权力距离信念的消费者更偏向顾客选择善因事件，因为给予他们选择权会产生更多的心理所有权；而高权力距离信念的消费者更偏向企业选择善因事件，原因在于这会使他们对善因事件产生更多的信任，进而增强其品牌态度和购买意愿。实验三通过操纵中介变量的程度，增加两种新的情境，再次验证了心理所有权和消费者信任分别中介了善因事件主体选择与权力距离信念对消费者响应的影响。

【关键词】善因事件主体选择 权力距离信念 心理所有权 消费者信任 消费者响应
中图分类号：F713.55 文献标识码：A

1. 引言

根据服务主导逻辑理论，顾客是价值的共同创造者（Vargo & Lusch，2004）。顾客价值共创是指通过与顾客服务网络中合作者的活动和互动，整合资源而实现的利益（McColl-Kennedy et al.，

* 基金项目：国家自然科学基金项目“‘珠联璧合’还是‘格格不入’？跨国品牌文化混搭效果研究——基于双重加工理论视角”（项目批准号：72162020）；江西省社会科学基金重点项目“全面建设创新江西的战略意义与实现路径研究”（项目批准号：22ZXQH10）；江西省教育厅科学技术研究项目“数字化赋能实体零售商的全渠道整合机制及其顾客响应研究”（项目批准号：GJJ210505）；2023年度绍兴市哲学社会科学规划重点课题“数智化赋能绍兴‘时间银行’养老服务模式高质量发展路径研究”（项目批准号：145275）。

通讯作者：蔡文著，E-mail：caiwenzhu@126.com。

2012）。顾客在提供服务和实现其利益中发挥积极的作用，比如参与共同设计产品（McColl-Kennedy et al.，2012），相比高权力距离信念，低权力距离信念消费者更喜欢用户设计的产品而不是设计师设计的产品。因为他们更认同用户驱动的公司（Song et al.，2021）。近年来，企业开始将共同创造从产品设计延伸到企业社会责任层面，支付宝的“蚂蚁森林”项目、微博“熊猫守护者”项目等，都表明企业开启了“参与式”企业社会责任，即企业通过开展项目吸引消费者一起承担社会责任（樊帅等，2019）。上述方式体现了企业的社会效益，但企业作为营利性组织，经济效益是其长期生存发展的基本保障，善因营销因能兼顾经济效益和社会效益而被现代大量企业使用。相比传统的善因营销方式，新型的善因营销更能体现消费者“参与”（Tao & Ji，2020）。传统善因营销方式基本上是企业选择捐赠对象。比如，在天猫平台的某个销售脱水机店铺，推出公益宝贝项目，承诺每笔成交将为青少年医疗救助行动捐赠 0.02 元，消费者不能参与捐赠对象的选择（Tao & Ji，2020）；而新型善因营销方式可以让消费者选择捐赠对象（Robinson et al.，2012），让消费者不仅仅停留在前期的购买，也让其对捐赠的过程有所掌控和知晓，从而增强其责任感，对企业引发更强烈的响应（Robinson et al.，2012）。较为经典案例有 Amazon Smile（亚马逊的一个慈善项目），规定在不额外增加消费者负担的情况下，将捐赠消费者购物额（扣除运费、包装费、服务费和税）的 0.5%给消费者选择的慈善机构。著名品牌古驰在美国也推出让消费者选择善因事件的善因营销活动。在规定的时期内，古驰指定五款香水，消费者购买后即可获得一个独特的代码，然后兑换为 5 美元，可捐赠给自己选择的善因事件（Kull & Heath，2016）。

有选择型善因营销在实践中已取得初步成效，但在学术界的研究还处于初期阶段。现有研究主要侧重于从自我感知视角考察消费者拥有选择权对其购买意愿的影响（Tao & Ji，2020；Robinson et al.，2012；Kull & Heath，2016），而忽略了并不是所有消费者都期望获得这种选择权。即有些消费者偏爱自己选择善因事件，那样可以增强自己的作用感知（Robinson et al.，2012）；而有些消费者会遵从企业选择善因事件，因为有选择型善因营销可能由于选择过载造成满意度下降（Iyengar & Lepper，2000），也可能让消费者怀疑企业没有做好足够的前期调研准备，从而引发负面行为（Kull & Heath，2016）。所以消费者自身特质与善因事件选择对消费者态度的响应值得深入研究。有选择型善因营销的重点在于善因事件由谁选择，因此不同类型的选择主体会影响消费者对善因事件的心理状态，进而影响其后续的态度或行为。

综上所述，本文基于自我决定理论和信任理论，引入权力距离信念作为边界条件，探索权力距离信念程度与善因事件对消费者响应的影响，以及相应的心理机制，从而构建善因事件主体选择对消费者响应（购买意愿和品牌态度）的双路径模型。这不仅对丰富善因营销有重要的理论意义，而且对指导企业制定善因营销战略、提升整体社会责任感有重要的实践意义。

2. 文献回顾与假设提出

2.1　善因事件主体选择与消费者响应

善因营销是指企业在一定时期内承诺消费者每次购买产品后，就会向特定的慈善机构捐赠一定数额或一定比例的金钱以履行社会责任（Varadarajan & Menon，1988）。善因营销属于企业慈善行为的一种，它从营销视角为企业获得竞争优势（王端旭和潘奇，2009）。总体来看，这种善因行为对社会、企业和消费者都有积极作用，由于善因营销成功的关键是消费者购买善因产品，如何促进消费者积极购买就显得尤为重要。就消费者而言，参与善因营销不仅可以为其带来自己需要的产品，更能通过企业的捐赠向社会贡献自己的一分力量。因此，这类由企业选择善因事件的善因营销可以带来积极的消费者响应。比如，当消费者感知企业产品与慈善事业的契合度较高时，消费者对企业的态度更积极，购买意愿也更强烈（朱翊敏等，2012；Zhang et al.，2020）。这种产品与善因事件的契合度还会调节善因营销的捐赠水平对消费者态度的影响，具体而言，契合度越强，影响越显著（江若尘和郑玲，2017）。当然，也并非捐赠水平越高，消费者响应越积极，有学者研究发现当捐赠额度较大时，如果企业在广告宣传中以产品为导向，此时消费者感知企业利用善因事件动机水平高，不会显著影响其对企业的态度和其对产品的购买意愿（张安然等，2020；Tsiros & Irmak，2020）。当消费者对企业选择善因事件的动机产生顾虑时，容易引发消费者怀疑，从而造成对企业的负面行为（Priporas et al.，2020）。不仅是顾客角色内行为，善因营销对顾客角色外行为在一定情境下也存在消极作用，Zhang 和 Hu（2022）研究发现善因营销可以分为利他和利己两种，其中利己的善因营销对顾客角色外行为有负面影响，比如不提供反馈等。因此，合理实施善因营销具有重要意义。

近年来，一种新型的善因营销方式产生，其特点是由顾客选择善因事件。善因事件是指企业实施的善因营销活动中所捐赠的受益对象（Robinson et al.，2012）。有选择型善因营销（choice of cause）通常是指企业在实施善因营销的过程中，授予一定的权力给顾客，让顾客决定捐赠的受益对象（Robinson et al.，2012）。此前主要围绕善因事件选择的内容、形式和数量对消费者响应的影响进行研究。在内容层面，Christofi 等（2020）综合前人研究，发现善因事件选择一般允许消费者对事业类型（环境、动物保护、人类健康等）、事业邻近度（本地、区域、国内、国际等）、捐赠类型（金钱、物品、员工时间等）等方面进行选择。在形式层面，是否限制消费者选择的选项会对消费者响应产生差异，相比有限制而言，不限制选项会通过更强的授权感知来产生更显著的品牌依恋（Kull & Heath，2016）。Robinson 等（2012）也验证了这一现象，得出相比给消费者一个选项而言，提供四个选项会带来更强的购买意愿。在数量层面，给予消费者的选项并非越多越好（Tao & Ji，2020；Kull & Heath，2016），尽管给予四个选项比只给予一个选项会获得更强烈的购买意愿，但当给予数量呈现 4、12、48 时，并不能改变消费者对企业的态度评估（Kull & Heath，2016），因此，大部分研究采用四个选项，且在中国情境下，四选一符合大多数选择题的样式。

2.2 权力距离信念在善因事件选择类型与消费者响应之间关系的调节作用

权力距离信念（Power Distance Belief，PDB）是指人们在某种文化中接受权力等级和不平等的程度（Hofstede，1983）。根据程度不同，可以分为高权力距离信念和低权力距离信念。一般而言，高权力距离信念消费者，人们倾向于强调社会和经济阶层之间不平等的重要性，注重上下级之分；而低权力距离信念消费者，人们倾向于相信每个人都是生而平等的，不注重社会等级（Song et al.，2021）。

已有研究证明，权力距离信念已运用在社会责任领域研究（Han et al.，2017；Winterich & Zhang，2014）。善因营销是企业将销售目标和承担社会责任相结合的一种战略，其关键要素是消费者购买，即消费者不参与前期的营销策划，比如善因事件选择，只需积极参与后期的善因产品购买，因为一旦发生购买，就会有一定的金额捐赠给相应的善因事件（Veradarajan & Menon，1988）。善因事件主体选择区分的核心在于是否授权给消费者参与决策，这种授权可以增强消费者对权力的感知（Paharia & Swaminathan，2019）。具体而言，当企业选择善因事件时，消费者被动接受捐赠去向，即使购买的数量会影响捐赠的总金额，但此情况下消费者就如同执行上级布置的任务一样，这符合高权力距离信念的消费者价值观（汪旭晖和王东明，2020），他们认为权力自上而下的分配有利于企业对善因行为的控制，更能提升捐赠资源的有效配置，因此消费者会对企业产生积极态度和增强对善因产品的购买意愿，从而为善因事件贡献自己的一分力量。

当顾客选择善因事件时，企业授权给消费者选择匹配的善因事件，消费者参与活动的决策过程，而且能够左右捐赠的去向，此情况下消费者能够感受到与企业和善因事件连为一体，促进权力平等感知，这符合低权力距离信念的消费者价值观（Song et al.，2021），他们认为这种授权感能够拉近消费者与企业之间的权力差距，减少质疑，增加对企业的利他动机和社会责任感知归因，从而增强对企业的积极态度和购买意愿（Robinson et al.，2012；Kull & Heath，2016）。综上所述，本文提出假设：

H1：对于高权力距离信念的消费者，企业选择善因事件比顾客选择善因事件更能引发消费者积极响应。

H2：对于低权力距离信念的消费者，顾客选择善因事件比企业选择善因事件更能引发消费者积极响应。

2.3 消费者信任的中介作用

信任是善因营销成功的关键要素（Selsky & Parker，2005），它对消费者的意愿产生重要影响。信任是对他人行为的积极预期的心理状态（Rousseau & Sitkin，1998），它在具有风险和不确定性的情况下发挥着重要作用，例如，当消费者对熟悉的品牌产品的感知质量差异大时，感知风险的降低会极大地提升信任程度，从而提升购买意愿（贺爱忠和李钰，2010）。有研究表明，引发信任的因素有很多，例如，低价政策增加了消费者对卖家能力的信任（White & Yuan，2012）。在网站设计上的投资也能增强消费者对公司能力的信任（Schlosser et al.，2006），当产品由专业设计师设计而不是用户设计时，由于专业性的差别产生了更多的信任，从而增加消费者的偏好（Song et al.，2021）。在善因营销中，信任可以被认为是消费者对善因营销推广产品的关键先决条件，因为他们对外界接触的信息是不对称的，特别是社会上出现捐赠丑闻甚至欺诈行为时，消费者对善因事件的信任度不易被提升（Hartmann et al.，2015）。

权力距离信念可能会影响个人对权威等级的感知和反应（Qin & Wang，2023）。相比低权力距离信念的消费者，高权力距离信念消费者对权威等级较为敏感，他们更偏爱权威性和专业性，俗话说术业有专攻，相比一般的消费者而言，企业对善因事件进行前期调研后会提升其专业性，从而让消费者放心企业选择善因事件。相比消费者选择善因事件而言，企业选择善因事件使得高权力距离信念消费者感知企业有能力做好相匹配的善因活动。而消费者选择善因事件时，消费者在有限的时间内凭常识很难判别善因事件的真伪性及背后的具体事件，所以企业选择善因事件可以增强消费者对善因事件的信任（以下简称消费者信任）。

大量研究证明，当消费者产生信任后，他们将对企业产生积极的态度，并通过购买、口碑传播等行为来支持企业及其相关活动。在产品设计领域中，当消费者表现为高权力距离信念时，他们更偏爱内部设计师设计的产品，而不是日常用户设计的产品，因为他们更信任拥有高能力和专业技能的设计师（Song et al.，2021）。同样，在跨境电商领域中也是如此，当消费者具有高权力距离信念时，平台型电商企业采用企业规制策略而不是市场服务策略时，更能提升消费者对电商企业能力的信任（汪旭晖和王东明，2020）。另外也有研究发现，消费者对善因营销的一般信任会正向影响对零售商善因营销活动的信任，从而对零售商表现出忠诚等积极的态度（Hartmann et al.，2015）。综上，本文认为对于高权力距离信念的消费者而言，企业选择善因事件可以增加消费者对善因事件的信任，进而对企业产生积极态度和购买意愿，为此，本文提出假设：

H3：消费者信任中介了企业选择善因事件与高权力距离信念的交互效应对消费者响应的影响。

2.4 心理所有权的中介作用

心理所有权（Psychological Ownership，PO），又称感知所有权（Peck 和 Shu，2009），是指一种状态，在这种状态下，消费者感知一个目标物与自己密切相关，觉得它们是自己的，或部分是自己的（Pierce et al.，2003）。这种目标物可以是像茶杯这种有形物（Shu & Peck，2011），也可以是想法这种无形物（Baer & Brown，2012）。心理所有权理论认为，人们可以通过以下三种途径中的任何一种来产生所有权感：对目标施加控制、对目标投入精力、对目标有深入了解（Pierce et al.，2003；Kirk et al.，2018）。企业实施善因营销的目标不仅包括支持善因事件，承担社会责任，同时也要实现销售目标。顾客参与善因营销同样可以既购买到相关商品，也能支持善因事件，贡献自己一份力量。因此，支持善因事件是企业与顾客的共同目标，当顾客选择善因事件时，能有效提升对目标的控制权、投入度，进而增加对善因事件的心理所有权。

已有研究表明，心理所有权与顾客行为有着密切的联系。心理所有权理论指出心理所有权描述了与目标之间通常持久的联系，这会产生对目标持久的态度和行为后果，它诱使人们接近、捍卫目标，甚至对目标物做出牺牲（Thurridl et al.，2020），因此，心理所有权可以带来积极影响，比如忠诚意愿（Asatryan & Oh，2008）、支付意愿（Gineikiene et al.，2017）和购买意愿（Fuchs et al.，2010）。综上，本文认为对于低权力距离信念的消费者而言，顾客选择善因事件可以增加对善因事件的心理所有权，进而对企业产生积极态度和购买意愿，为此，本文提出假设：

H4：心理所有权中介了顾客选择善因事件与低权力距离信念的交互效应对消费者响应的影响。

善因事件主体选择与权力距离信念对消费者响应的影响模型见图 1。

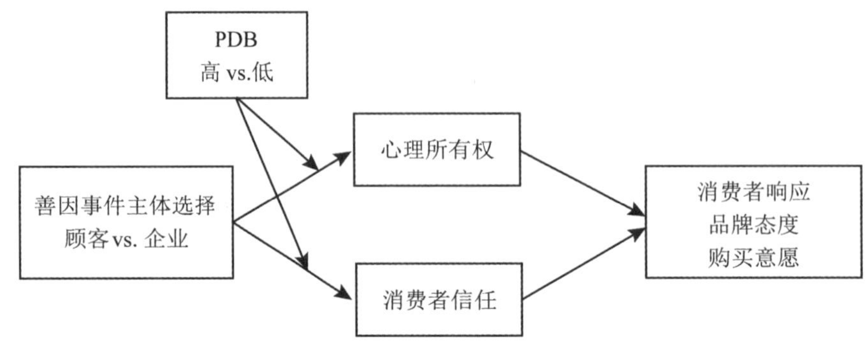

图 1　善因事件主体选择与权利距离信念对消费者响应的影响模型

3. 实验操作与假设检验

本文将通过四个实验对研究假设进行检验，在开展正式实验之前，针对企业合作的善因事件进行预实验操纵。实验一主要检验善因事件主体选择与权力距离信念对消费者响应的匹配效应，即假设 H1 和假设 H2；实验二主要检验心理所有权和消费者信任的中介效应，即假设 H3 和假设 H4；实验三通过操纵两个中介变量的程度，检验所有假设，提升实验的有效性。

3.1　预实验

预实验的目的是保证正式实验选取合适的善因事件作为备择选项。本文将采用 4 个善因事件作为选项，理由如下：首先，根据 Kull 和 Heath（2016）的研究结论，善因事件选择数量（4、12、48）并不会显著影响消费者对品牌的态度和品牌依恋。其次，日常考试中单选题通常以四选一的形式出现，这符合被试的选择习惯。因此，为选择合适的善因事件，选取某大学男女对半共 40 名大学生作为被试，平均年龄为 19. 93 岁（SD = 1. 56），需要被试对列表中的 9 类善因事件回答问题“您认为以下善因事件对您的重要程度”（1 = 非常不重要，7 = 非常重要），类别选择借鉴学者们的归纳与总结，包括身体健康、教育、食品安全、环境保护、动物、文化、环境卫生、人道主义救援、自然灾害等（Zhang et al.，2020；Sabri，2018），本文对每个项目的得分取平均值，最终选取 4 个得分相近的善因事件作为正式实验材料，分别是身体健康、食品安全、环境保护、自然灾害，且作为以下其他正式实验的善因事件选项名单。

3.2　实验一

3.2.1　研究设计与程序

本实验的目的主要是检验善因事件主体选择与权力距离信念之间的匹配，采取 2（善因事件选择：企业 vs. 顾客）× 2（权力距离信念：高 vs. 低）的组间实验设计。从周边大学招募 164 名大学生（其中男生 72 人，M_{age} = 20.14，SD = 1.84）作为被试参加实验。所有被试被随机分配到四个不同情境组，分别是企业选择—高权力距离信念、企业选择—低权力距离信念、顾客选择—高权力距离信念、顾客选择—低权力距离信念（简称 A、B、C、D 组）。被试将阅读如下背景材料：W 品牌公司是一家民营企业，2010 年成立，主要产品是文具用品，此次涉及的产品是笔记本，公司现开展活动，只要购买此产品，企业将捐赠产品售价的 5%至某善因事件。其中，捐赠比例 5%是参考林少龙和纪婉萍（2020）以及 Robinson 等（2012）在实验中的所采用的额度。其后 A 组看到“合作的善因事件将由企业经过前期调研后，从以下四个善因事件（同预实验）选择其中之一”，然后完成高权力距离信念的操纵；B 组看到“合作的善因事件将由企业经过前期调研后，从以下四个善因事件选择其中之一”，再完成低权力距离信念的操纵；C 组看到“合作的善因事件将由您从以下四个善因事件选择其中之一”，然后完成高权力距离信念的操纵；D 组看到“合作的善因事件将由您从以下四个善因事件选择其中之一”，再完成低权力距离信念的操纵。完成操纵以后，要求被试填写权力距离信念、善因事件主体选择、品牌态度和购买意愿的量表。最后填写人口统计特征。为表示感谢，按要求完成实验的被试将收到一个定额红包作为奖励。剔除无效问卷，四个情境组分别收到有效问卷 36、37、36、38 份。

3.2.2 变量操纵与变量测量

（1）权力距离信念的操纵与测量。参照 Zhang 等（2010）对权力距离信念进行操纵的做法，高权力距离信念组的被试需要完成 10 个与社会等级有关的句子，低权力距离信念组的被试需要完成 10 个与社会平等有关的句子。关于权力距离信念的测量，参照 Zhang 等（2010）的研究方法，被试需要填写 3 个题项 7 级量表，分别是“就在此刻，我认为……”“此时，我感觉……”“我现在最重要的想法是同意……”（α = 0.924），1 = 社会等级重要，7 = 社会平等重要，得分越高被试权力距离信念越低。

（2）善因事件类别选择的测量。被试需要判断自己刚才接触的情境属于哪种类别，且用 7 级量表打分，1 代表企业选择，7 代表顾客选择，得分越高被试属于顾客选择类别。

（3）品牌态度的测量。参照 McCormick（2016）对品牌态度的测量题项，被试需要填写 4 个题项 7 级量表，分别是“我对该品牌的印象很好”“我认为该品牌可以满足我的需求”“我很喜欢该品牌”“该品牌使我愉悦”（α = 0.962），1 = 非常不同意，7 = 非常同意，得分越高被试品牌态度越好。

（4）购买意愿的测量。参照 Dodds 等（1991）对购买意愿的测量题项，被试需要填写 3 个题项 7 级量表，分别是“我愿意购买此产品” “我可能购买此产品” “我会考虑购买此产品” （α = 0.893），1 = 非常不同意，7 = 非常同意，得分越高被试购买意愿越强烈。

3.2.3 研究结果

（1）操纵检验，对权力距离信念的操纵检验，以权力距离信念为因变量进行分析，结果表明，高权力距离信念组被试对于权力距离信念的得分显著高于低权力距离信念组被试（$M_{低权力距离信念}$ = 5.16，$M_{高权力距离信念}$ = 2.12；F（1，145）= 7.449，p<0.001），因此，操纵成功。对善因事件主体选

择的操纵检验，以感知善因事件主体选择为因变量进行分析，结果表明，顾客选择组被试的评分显著高于企业选择组的被试（$M_{顾客选择}=5.50$，$M_{企业选择}=2.25$；$F(1, 145)=3.170$，$p<0.001$），因此，操纵成功。

（2）假设检验。以品牌态度为因变量，善因事件主体选择（企业选择=1，顾客选择=2）、权力距离信念（低=1，高=2）为自变量的双因素方差分析结果显示，善因事件主体选择的主效应不显著（$F(1, 143)=0.206$，$p=0.651$），权力距离信念的主效应不显著（$F(1, 143)=1.559$，$p=0.188$），但善因事件主体选择与权力距离信念的交互项显著（$F(1, 143)=67.109$，$p<0.001$）。进一步分组分析显示（见图 2），当被试权力距离信念高时，企业选择善因事件比顾客选择善因事件更能提升消费者的品牌态度（$M_{企业选择}=5.118$，$M_{顾客选择}=2.993$；$F(1, 143)=91.232$，$p<0.001$）；而当被试权力距离信念低时，顾客选择善因事件比企业选择善因事件更能提升消费者的品牌态度（$M_{企业选择}=3.128$，$M_{顾客选择}=5.395$；$F(1, 143)=108.078$，$p<0.001$），假设 H1 得到验证。

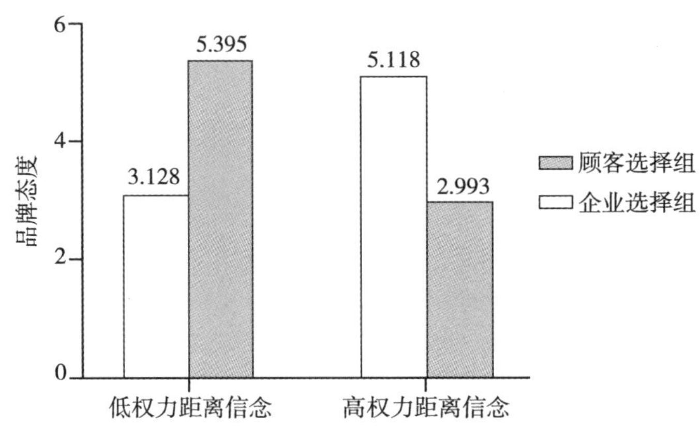

图 2　善因事件主体选择与权力距离信念对品牌态度的影响

以购买意愿为因变量，善因事件主体选择（企业选择=1，顾客选择=2）、权力距离信念（低=1，高=2）为自变量的双因素方差分析结果显示，善因事件主体选择的主效应不显著（$F(1, 143)=0.600$，$p=0.440$），权力距离信念的主效应不显著（$F(1, 143)=2.080$，$p=0.151$），但善因事件主体选择与权力距离信念的交互项显著（$F(1, 143)=70.720$，$p<0.001$）。进一步分组分析显示（见图 3），当被试权力距离信念高时，企业选择善因事件比顾客选择善因事件更能提升消费者的购买意愿（$M_{企业选择}=5.185$，$M_{顾客选择}=3.352$；$F(1, 143)=91.574$，$p<0.001$）；而当被试权力距离信念低时，顾客选择善因事件比企业选择善因事件更能提升消费者的购买意愿（$M_{企业选择}=3.441$，$M_{顾客选择}=5.482$；$F(1, 143)=118.204$，$p<0.001$），假设 H2 得到验证。

3.2.4　讨论

实验一发现，善因事件主体选择与权力距离信念之间存在匹配效应。具体而言，对于高权力距离信念的被试，企业选择善因事件能够激发消费者更积极的品牌态度和购买意愿；而对于低权力距离信念的被试，顾客选择善因事件更能激发消费者积极的品牌态度和购买意愿。

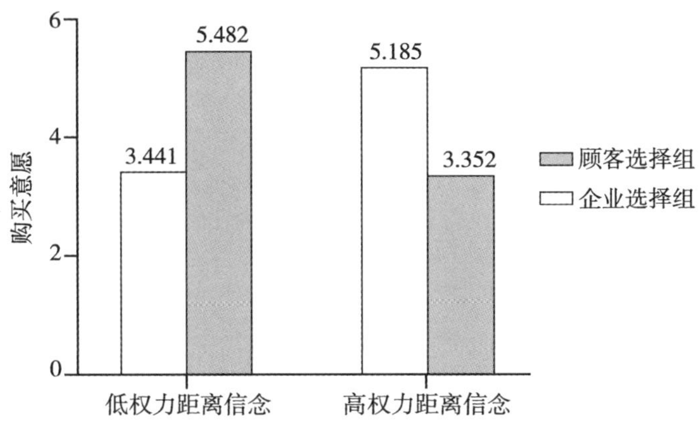

图 3　善因事件主体选择与权力距离信念对购买意愿的影响

3.3　实验二

3.3.1　研究设计与程序

本次实验的目的除了进一步验证善因事件主体选择与权力距离信念之间的匹配效应，还需要验证心理所有权和消费者信任的中介效应，即假设 H3 和 H4。为提升实验的有效性，依然采用实验一的善因事件名单，但选择与实验一不同的情境进行实验。采取 2（善因事件选择：企业 vs. 顾客）× 2（权力距离信念：高 vs. 低）的组间实验设计。招募 186 名大学生（其中男生 90 人，$M_{age}=20.09$，SD=1.833），被试被随机分成 4 组，由于人员较多，为节省时间，实验采用扫描二维码进行线上填写。然后被试会完成权力距离信念的操纵和测量（同实验一，$\alpha=0.917$），接下来阅读实验材料：假如你现在和同性朋友在 A 连锁品牌饭店吃饭，吃饭期间服务员走过来和你们介绍，今天饭店开张搞活动。如果你们办一张会员卡，今天这顿饭的费用有 5%（同实验一）将捐出。企业选择组是“捐赠的目标会由饭店经过前期调研后，从以下四个善因事件选择一个”；顾客选择组是“捐赠的目标会由您从以下四个善因事件选择一个”。

紧接着，被试需要完成善因事件主体选择、心理所有权、消费者信任、品牌态度和购买意愿的测量，其中心理所有权的测量题项参考 Peck 和 Shu（2009）的成熟量表（$\alpha=0.917$），由 3 个题项 7 级量表构成，分别是“我感觉这项善因事件是我的”“我对这项善因事件有很强烈的个人所有权”“我感觉我拥有这项善因事件”；消费者信任的测量题项参考 Hartmann 等（2015）的成熟量表（$\alpha=0.798$），由 3 个题项 7 级量表构成，分别是“我感知此善因事件活动是值得信任的”“我感知此善因事件活动是好的”“此善因事件活动在我看来是可信的”；上述两个量表均采用“1=非常不同意，7=非常同意”。善因事件主体选择、品牌态度（$\alpha=0.944$）和购买意愿（$\alpha=0.877$）的测量题项同实验一。为排除其他因素干扰，增加企业社会责任感知量表测量（你认为企业在承担社会责任方面表现如何？1=非常不好，7=非常好）。最后，填写人口统计信息。

3.3.2 研究结果

（1）操纵检验。对权力距离信念的操纵检验，以权力距离信念为因变量进行分析，结果表明，高权力距离信念组被试对于权力距离信念的得分显著高于低权力距离信念组被试（$M_{低权力距离信念}=5.075$，$M_{高权力距离信念}=2.323$；$F(1, 184)=1.990$，$p<0.001$），因此，操纵成功。

对善因事件主体选择的操纵检验，以感知善因事件主体选择为因变量进行分析，结果表明，顾客选择组被试的评分显著高于企业选择组的被试（$M_{顾客选择}=5.47$，$M_{企业选择}=2.32$；$F(1, 184)=1.174$，$p<0.001$），因此，操纵成功。

（2）假设检验。以品牌态度为因变量（$\alpha=0.944$），善因事件主体选择（企业选择=1，顾客选择=2）、权力距离信念（低=1，高=2）为自变量的双因素方差分析结果显示，善因事件主体选择的主效应不显著（$F(1, 182)=1.114$，$p=0.293$），权力距离信念的主效应不显著（$F(1, 182)=0.657$，$p=0.419$），但善因事件主体选择与权力距离信念的交互项显著（$F(1, 143)=68.556$，$p<0.001$）。进一步分组分析显示（见图 4），当被试权力距离信念高时，企业选择善因事件比顾客选择善因事件更能提升消费者的品牌态度（$M_{企业选择}=5.016$，$M_{顾客选择}=3.136$；$F(1, 182)=86.347$，$p<0.001$）；而当被试权力距离信念低时，顾客选择善因事件比企业选择善因事件更能提升消费者的品牌态度（$M_{企业选择}=3.101$，$M_{顾客选择}=5.282$；$F(1, 182)=118.665$，$p<0.001$），假设 H1 得到验证。

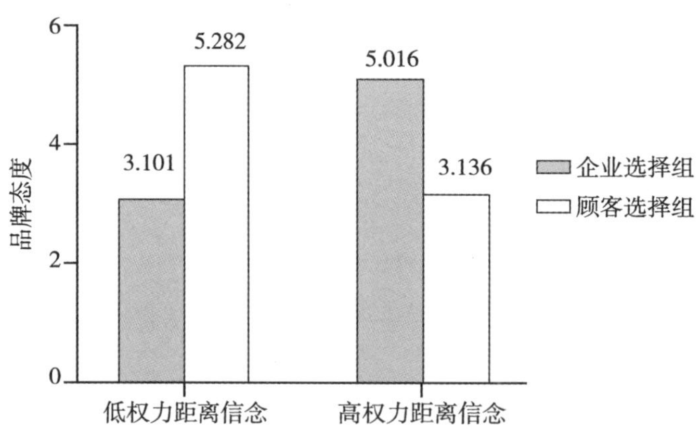

图 4　善因事件主体选择与权力距离信念对品牌态度的影响

以购买意愿为因变量（$\alpha=0.877$），善因事件主体选择（企业选择=1，顾客选择=2）、权力距离信念（低=1，高=2）为自变量的双因素方差分析结果显示，善因事件主体选择的主效应不显著（$F(1, 182)=3.391$，$p=0.067$），权力距离信念的主效应不显著（$F(1, 182)=0.792$，$p=0.375$），但善因事件主体选择与权力距离信念的交互项显著（$F(1, 143)=70.112$，$p<0.001$）。进一步分组分析显示（见图 5），当被试权力距离信念高时，企业选择善因事件比顾客选择善因事件更能提升消费者的购买意愿（$M_{企业选择}=5.064$，$M_{顾客选择}=3.449$；$F(1, 182)=77.244$，$p<0.001$）；而当被试权力距离信念低时，顾客选择善因事件比企业选择善因事件更能提升消费者的购买意愿（$M_{企业选择}=3.326$，$M_{顾客选择}=5.418$；$F(1, 182)=132.300$，$p<0.001$），假设 H2 得到验证。

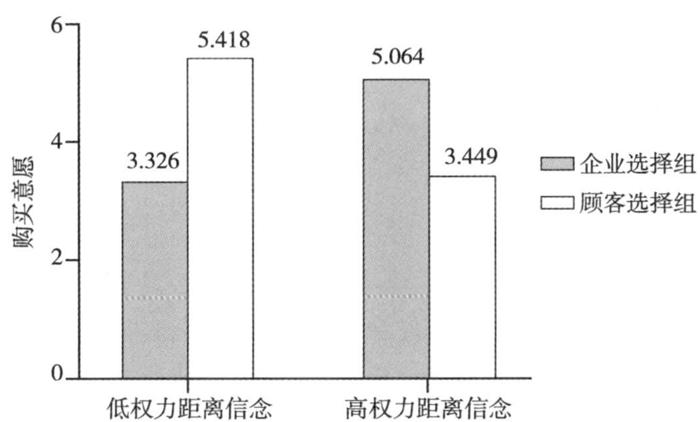

图 5　善因事件主体选择与权力距离信念对购买意愿的影响

（3）中介效应检验：本文采用 Hayes（2015）提出的模型 7 对心理所有权和消费者信任的中介效应进行检验，选择 5000 样本量，95%的置信区间。

首先以心理所有权为因变量进行回归分析，善因事件主体选择与权力距离信念的交互效应显著（F（1，182）= 142. 456，p<0. 001）。具体而言，对于低权力距离信念的被试，顾客选择善因事件比企业选择善因事件对心理所有权的影响显著（$M_{顾客选择}$ = 5. 624，$M_{企业选择}$ = 2. 695；F（1，182）= 306. 293，p<0. 001），但在高权力距离信念情境下不显著（$M_{顾客选择}$ = 2. 754，$M_{企业选择}$ = 2. 964；F（1，182）= 1. 543，p = 0. 216）。

然后以消费者信任为因变量，善因事件主体选择与权力距离信念的交互效应显著（F（1，182）= 78. 157，p<0. 001）。具体而言，对于高权力距离信念的被试，企业选择善因事件比顾客选择善因事件对消费者信任的影响显著（$M_{顾客选择}$ = 2. 928，$M_{企业选择}$ = 5. 080；F（1，182）= 183. 746，p<0. 001），但在低权力距离信念情境下不显著（$M_{顾客选择}$ = 3. 099，$M_{企业选择}$ = 3. 362；F（1，182）= 2. 791，p = 0. 097）。

最后以品牌态度为因变量，善因事件主体选择为自变量（企业选择 = 1，顾客选择 = 2），权力距离信念为调节变量，消费者信任和心理所有权为中介变量。结果显示，在高权力距离信念情境下，消费者信任在善因事件主体选择对品牌态度的影响中起到显著的中介作用（效应 = −1. 214，SE = 0. 264；LLCI = −1. 753，ULCI = −0. 714），而心理所有权的中介作用不显著（效应 = −0. 102，SE = 0. 088；LLCI = −0. 292，ULCI = 0. 054）；在低权力距离信念情境下，心理所有权在善因事件主体选择对品牌态度的影响中起到显著的中介作用（效应 = 1. 428，SE = 0. 223；LLCI = 1. 015，ULCI = 1. 877），而消费者信任的中介作用不显著（效应 = −0. 148，SE = 0. 084；LLCI = −0. 317，ULCI = 0. 019）。

同理，以购买意愿为因变量，善因事件主体选择为自变量（企业选择 = 1，顾客选择 = 2），权力距离信念为调节变量，消费者信任和心理所有权为中介变量。结果显示，在高权力距离信念情境下，消费者信任在善因事件主体选择对购买意愿的影响中起到显著的中介作用（效应 = −1. 007，SE = 0. 206；LLCI = −1. 436，ULCI = −0. 628），而心理所有权的中介作用不显著（效应 = −0. 098，SE = 0. 085；LLCI = −0. 271，ULCI = 0. 060）；在低权力距离信念情境下，心理所有权在善因事件主体选择对购买意愿的影响中起到显著的中介作用（效应=1.365，SE=0.194；LLCI=0.996，ULCI=1.767），而消费者信任的中介作用不显著（效应=-0.123，SE=0.068；LLCI=-0.255，ULCI=0.015）。

3.3.3 讨论

实验二再次验证了善因事件主体选择与权力距离信念的匹配效应，另外验证了心理所有权和消费者信任的中介作用。具体而言，对于高权力距离信念的被试，企业选择善因事件比顾客选择善因事件更能提升消费者信任，进而增强其品牌态度和购买意愿；对于低权力距离信念的被试，顾客选择善因事件比企业选择善因事件更能提升消费者的心理所有权，进而增强其品牌态度和购买意愿。即假设 H3 和 H4 得到验证。另外，对企业社会责任感知进行双因素方差分析，结果显示，权力距离信念（F（1，182）=2.600，$p=0.109$）和善因事件主体选择（F（1，182）=1.360，$p=0.245$）的主效应均不显著，其交互效应也不显著（F（1，182）=1.888，$p=0.133$）。

3.4 实验三

3.4.1 研究设计与程序

本次实验的目的除了进一步验证善因事件主体选择与权力距离信念之间的匹配效应，还需操纵被试对企业选择情境下的消费者信任和对顾客选择情境下的心理所有权，以验证消费者信任和心理所有权的中介作用。参考 Song 等（2021）的做法，引入两种新的情境以操纵中介变量，分别是企业随机选择组（是指未强调企业经过前期调研，而是企业从四种善因事件中随机选择一种）和顾客服从多数选择组（是指顾客选择的善因事件并不是最终的捐赠目标，而是服从特定时期内多数顾客的选择），具体而言，前者操纵消费者信任，后者操纵心理所有权。采取单因素四水平（善因事件主体选择：企业特定选择组、企业随机选择组、顾客服从自我选择组、顾客服从多数选择组）的组间实验设计。

为提升实验的有效性，依然采用实验一的善因事件名单和捐赠比例。实验选择在即将上公共课的大学教室进行，以现场座位每 3 列为一组，四个情境组的人数分别为 42、43、45 和 41 人（其中男生共 82 人，$M_{age}=20.07$，SD=1.804）。每位同学都拿到一张纸并要求阅读，且相互之间不得讨论。纸张的前半部分为公司的简单介绍，内容如下“公司名为 H 公司，为当地一家民营企业，成立于 2010 年，主要产品是卫生用品，今天所涉及产品为卫生抽纸”。后半部分的材料根据不同的组其内容不同，企业特定选择组的内容为“H 公司为承担社会责任，决定将产品价格的 5%捐出，具体由企业经过前期调研后，从以下四个善因事件中选择一个作为捐赠目标”；企业随机选择组的内容为“H 公司为承担社会责任，决定将产品价格的 5%捐出，具体由企业未经过前期调研，随机从以下四个善因事件中选择一个作为捐赠目标”；顾客服从自我选择组的内容为“H 公司为承担社会责任，决定将产品价格的 5%捐出，具体由您从以下四个善因事件中选择一个作为捐赠目标”；顾客服从多数选择组的内容为“H 公司为承担社会责任，决定将产品价格的 5%捐出，具体由您从以下四个善因事件中选择一个作为捐赠目标，但最终服从多数人选择”。

接下来，被试都需要完成消费者信任、心理所有权、品牌态度和购买意愿的量表填写和善因事件主体选择的测量（同实验二），另外，增加权力距离信念的量表，参考 Yoo 等（2011）的研究，由 5 题项 7 级量表构成（例如，职位高的人不需要征询职位低的人，就有权做很多决定。1=非常不同意，7=非常同意）。为排除其他干扰因素，还需填写产品紧缺程度量表（你认为自己近期是否急于购买此产品？1=非常不着急，7=非常着急），最后填写人口统计特征，为鼓励被试认真完成实验，本研究与任课老师协商按要求完成任务的被试将加两次课堂表现分。

3.4.2 实验结果

所有被试均有效完成实验，消费者信任（$\alpha=0.841$）、心理所有权（$\alpha=0.876$）、权力距离信念（$\alpha=0.947$）、品牌态度（$\alpha=0.823$）和购买意愿（$\alpha=0.767$）的测量量表的可靠性均较好。

（1）操纵检验。针对善因事件主体选择进行单因素方差分析，结果显示顾客服从自我选择组和顾客服从多数选择组的得分显著高于企业特定选择组和企业随机选择组（$F(3, 167)=213.126$，$p<0.001$）。另外，顾客服从自我选择组和顾客服从多数选择组之间的得分差异不显著（$p=0.198$），同样，企业特定选择组和企业随机选择组之间的得分差异也不显著（$p=0.343$），因此，操纵成功。

针对消费者信任进行方差分析，结果显示企业随机选择组的得分显著低于企业特定选择组（$F(3, 167)=33.674$，$p<0.001$）。同样针对心理所有权进行方差分析，结果显示顾客服从自我选择组的得分显著高于顾客服从多数选择组（$F(3, 167)=127.010$，$p<0.001$），因此，操纵成功。

（2）假设检验。品牌态度：以品牌态度为因变量，善因事件主体选择（企业特定选择组=-2，企业随机选择组=-1，顾客服从多数选择组=1，顾客服从自我选择组=2）、权力距离信念以及其交互作用作为自变量进行分析，结果显示，善因事件主体选择与权力距离信念的交互作用显著（$t(167)=-4.014$，$p<0.001$）。进一步分组分析显示（见图 6），对于低权力距离信念的被试，顾客服从自我选择组比企业特定选择组具有更积极的品牌态度（$M_{顾客服从自我选择组}=4.471$，$M_{企业特定选择组}=3.489$；$t(167)=3.087$，$p=0.004$）。而对于高权力距离信念的被试，企业特定选择组比顾客服从自我选择组具有更积极的品牌态度（$M_{企业特定选择组}=4.961$，$M_{顾客服从自我选择组}=4.125$；$t(167)=2.424$，$p=0.020$）。

当心理所有权操纵程度较低时，即顾客服从多数选择组。此时，对于低权力距离信念的被试，顾客服从自我选择组比顾客服从多数选择组具有更积极的品牌态度（$M_{顾客服从自我选择组}=4.471$，$M_{顾客服从多数选择组}=3.583$；$t(167)=2.813$，$p=0.009$），而顾客服从多数选择组和企业特定选择组之间，品牌态度的差异不显著（$M_{顾客服从多数选择组}=3.583$，$M_{企业特定选择组}=3.489$；$t(167)=0.278$，$p=0.783$）。另外，对于高权力距离信念的被试，顾客服从自我选择组和顾客服从多数选择组在品牌态度上的差异不显著（$M_{顾客服从自我选择组}=4.125$，$M_{顾客服从多数选择组}=3.977$；$t(167)=0.641$，$p=0.524$）。

当消费者信任操纵程度较低时，即企业随机选择组。此时，对于高权力距离信念的被试，企业特定选择组比企业随机选择组具有更积极的品牌态度（$M_{企业特定选择组}=4.961$，$M_{企业随机选择组}=4.050$；$t(167)=2.358$，$p=0.024$），而企业随机选择组与顾客服从自我选择组之间，品牌态度的差异不显著（$M_{顾客服从自我选择组}=4.125$，$M_{企业随机选择组}=4.050$；$t(167)=0.336$，$p=0.739$）。另外，对于低权力距离信念的被试，企业特定选择组和企业随机选择组在品牌态度上的差异不显著（$M_{企业随机选择组}=$

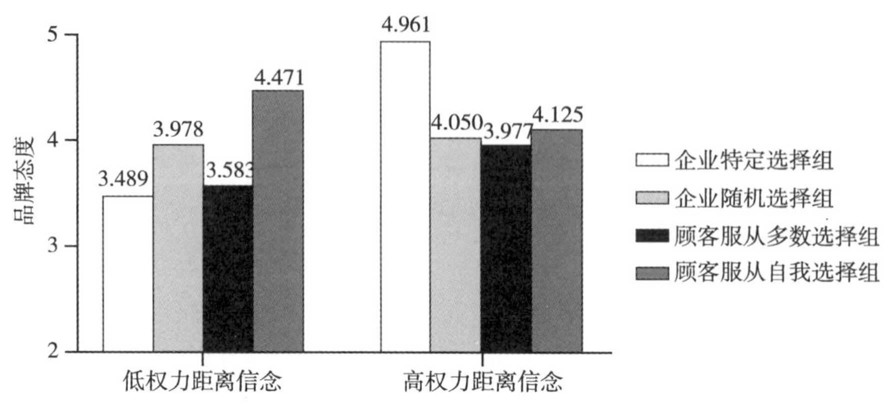

图 6　善因事件主体选择与权力距离信念对品牌态度的影响

3.978，$M_{企业特定选择组}=3.489$；$t(167)=1.781$，$p=0.082$）。

购买意愿：以购买意愿为因变量，善因事件主体选择（企业特定选择组=-2，企业随机选择组=-1，顾客服从多数选择组=1，顾客服从自我选择组=2）、权力距离信念及其交互作用作为自变量进行回归分析，结果显示，善因事件主体选择与权力距离信念的交互作用显著（$t(167)=-3.254$，$p=0.001$）。进一步分组分析显示（见图 7），对于低权力距离信念的被试，顾客服从自我选择组比企业特定选择组具有更积极的购买意愿（$M_{顾客服从自我选择组}=4.431$，$M_{企业特定选择组}=3.522$；$t(167)=3.001$，$p=0.005$）。而对于高权力距离信念的被试，企业特定选择组比顾客服从自我选择组具有更积极的购买意愿（$M_{企业特定选择组}=5.140$，$M_{顾客服从自我选择组}=4.333$；$t(167)=2.327$，$p=0.025$）。

当心理所有权操纵程度较低时，即顾客服从多数选择组。此时，对于低权力距离信念的被试，顾客服从自我选择组比顾客服从多数选择组具有更积极的购买意愿（$M_{顾客服从自我选择组}=4.431$，$M_{顾客服从多数选择组}=3.583$；$t(167)=2.645$，$p=0.013$，而顾客服从多数选择组和企业特定选择组之间，购买意愿的差异不显著（$M_{顾客服从多数选择组}=3.583$，$M_{企业特定选择组}=3.522$；$t(167)=0.178$，$p=0.860$）。另外，对于高权力距离信念的被试，顾客服从自我选择组和顾客服从多数选择组在购买意愿上的差异不显著（$M_{顾客服从自我选择组}=4.333$，$M_{顾客服从多数选择组}=4.051$；$t(167)=1.197$，$p=0.237$）。

当消费者信任操纵程度较低时，即企业随机选择组。此时，对于高权力距离信念的被试，企业特定选择组比企业随机选择组具有更积极的购买意愿（$M_{企业特定选择组}=5.140$，$M_{企业随机选择组}=3.883$；$t(167)=3.186$，$p=0.003$），而企业随机选择组与顾客服从自我选择组之间，购买意愿的差异不显著（$M_{顾客服从自我选择组}=4.333$，$M_{企业随机选择组}=3.883$；$t(167)=1.552$，$p=0.128$）。另外，对于低权力距离信念的被试，企业特定选择组和企业随机选择组在购买意愿上的差异不显著（$M_{企业随机选择组}=3.927$，$M_{企业特定选择组}=3.522$；$t(167)=1.486$，$p=0.144$）。

（3）讨论。实验三再次验证了善因事件主体选择与权力距离信念之间的匹配效应，具体而言，低权力距离信念的被试偏爱顾客选择善因事件，高权力距离信念的被试偏爱企业选择善因事件。另外，本文通过操纵中介变量的程度，引入两种新的情境，结果发现，消费者信任的程度降低时，即

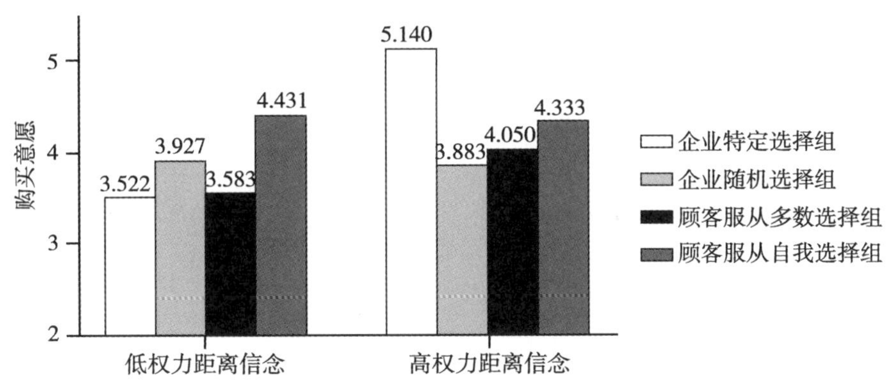

图 7 善因事件主体选择与权力距离信念对购买意愿的影响

相比企业特定选择组而言，高权力距离信念的被试在企业随机选择组的情境下其消费者响应降低，即验证消费者信任的中介作用；同样，心理所有权的程度降低时，即相比顾客服从自我选择组而言，低权力距离信念的被试在顾客服从多数选择组的情境下其消费者响应降低，即验证心理所有权的中介作用。因此，假设 H1、H2、H3 和 H4 都再次得到验证。

4. 研究结论与讨论

4.1 研究结论

本文基于自我决定理论和信任理论，选取多个不同的刺激物，通过一个预实验和三个正式实验探讨善因事件主体选择和权力距离信念对消费者响应的匹配效应，并验证了心理所有权和消费者信任的中介作用。

主要结论如下：实验一验证了善因事件主体选择和权力距离信念对消费者响应的匹配效应，即对于高权力距离信念的被试，企业选择善因事件比顾客选择善因事件更能激发消费者响应；而对于低权力距离信念的被试，效果则相反。实验二在验证实验一的基础上，验证了心理所有权和消费者信任的中介作用。具体而言，对于高权力距离信念的被试，企业选择善因事件比顾客选择善因事件更能提升消费者信任，进而激发更强烈的消费者响应；对于低权力距离信念的被试，顾客选择善因事件比企业选择善因事件更能增强消费者的心理所有权，进而激发更强烈的消费者响应。实验三则通过操纵中介变量，引入两种新的情境，进一步验证善因事件主体选择和权力距离信念对消费者响应的交互作用，以及两条路径下心理所有权和消费者信任各自的中介作用。

4.2 理论贡献

本文的理论贡献主要体现在以下三个方面：

第一，丰富了有选择型善因营销研究的文献。围绕善因营销的研究较多，而针对有选择型善因营销的文献相对较少。已有文献主要探讨消费者拥有选择权之后如何影响其对产品的响应。比如，Robinson 等（2012）通过四项研究发现，让消费者自由选择善因事件会积极影响他们对此类产品的购买和支付意愿。本文探索不同特征的消费者与善因事件主体选择的匹配机制，从而对消费者响应产生积极影响。

第二，从善因事件主体选择和权力距离信念匹配视角出发，探讨不同匹配情境下对消费者响应的影响及过程机制。已有研究发现，当给顾客机会做选择时，顾客会感知自己扮演重要角色（Robinson et al.，2012）、感知被授权（Kull & Health，2016）、感知起到帮助作用（Botti & Mcgill，2011），进而影响其态度和行为。但鲜有学者从匹配视角出发剖析其中的作用机制，顾客选择善因事件还是企业选择善因事件都能带来成功或失败，其原因在于针对不同的消费者，效果不一样。根据本文发现，对于高权力距离信念的消费者，企业选择善因事件比顾客选择善因事件更能激发消费者响应；而对于低权力距离信念的消费者，效果则相反。通过进一步实验研究发现，对于高权力距离信念的消费者，企业选择善因事件比顾客选择善因事件更能提升消费者信任，进而激发消费者响应；而对于低权力距离信念的消费者，顾客选择善因事件比企业选择善因事件更能增加消费者的心理所有权，进而激发消费者响应。本文基于自我决定理论，发现当顾客有机会参与善因事件选择时，他们会认为目标物是自己的，从而与企业共同完成善因营销活动。

第三，扩展了权力距离信念对消费者行为影响研究（Song et al.，2021；Paharia & Swaminathan，2019；Zhang et al.，2010）。本文将权力距离信念研究扩展到有选择型善因营销领域，善因营销体现企业承担社会责任的一面，大多数研究已经验证影响消费者积极响应的边界条件。例如，已有研究表明，相比小捐赠额度，大捐赠额度更能提升善因营销的有效性（张安然等，2020）。Kull 和 Heath（2016）研究表明，当增强消费者权力感知的来源是品牌本身时，其与品牌的联系会变得更加紧密；但给予顾客选择的机会在一定条件下也可能不起作用，甚至适得其反。不同于以往研究，本文从消费者个人特质出发，探讨不同权力距离信念的消费者如何提升对善因营销活动的支持度。

4.3 营销启示

本文为如何促进善因营销的有效性提供一定的启示。首先，增加善因营销活动的透明度，特别是关于捐赠受益的事件。与折扣促销不同，善因营销为消费者所带来的益处不能直接体现在付款上，因此消费者更关注具体受益的事件情况。大部分企业在实施善因营销时，是与慈善机构合作，而具体捐赠去向在实施活动时却很少涉及，未来可以以具体善因事件附上或替代慈善机构名单呈现给消费者知晓，增加其代入感。例如捐赠款项用以支持某地区留守儿童教育改善。

其次，关注消费者参与善因营销的心理状态，给予消费者机会参与决策。以往消费者只是通过购买善因产品来参加善因营销活动，而对于企业而言，实施善因营销包括前期的活动策划和活动宣传等，这些方面消费者并未有参与权，不利于消费者与企业产生共鸣，因此如果在消费者购买善因产品前，授权让其选择受益事件，可以增加心理所有权，有助于提升其品牌态度和购买意愿，从而更加支持企业的善因活动，因为当消费者选择受益事件时，会将这项活动目标当成自己的一部分，更关注和支持活动目标的达成，而不仅仅局限于一个帮助他人的行为。

最后，营销管理者在制定善因活动策略时也应考虑提升活动有效性的边界条件，比如，权力距离信念的影响。大部分企业实施善因营销活动采取企业自主决定捐赠对象，但权力距离信念高与低是相对而言，消费者追求平等和公平，企业可以通过广告宣传来倡导人人平等从而启动权力距离信念，从而提升活动有效性。

4.4 研究局限与展望

首先，本文在实验中仅仅以民营企业作为研究情景，有一定的局限性。企业性质不同，消费者对企业所采用策略的反应也可能存在差异，因此未来研究可以设定国有企业或外资企业等作为研究情景，以提高结论的普适性。其次，本文将消费者的品牌态度和购买意愿作为衡量消费者响应的两个方面，未来可以从口碑传播、重购意愿、分享意愿（Wen et al.，2023）等进行丰富。另外，本文只把权力距离信念作为调节因素，未来研究可以增加信息透明度、企业以往慈善的经历、品牌熟悉度、善因事件邻近性（Schamp et al.，2023）等来提升实验的有效性及边界条件。最后，考虑实验的可控性，样本选择和实验方法都相对单一，未来可以扩展被试的领域和结合田野实验等方法来提升实验的外部性。

◎ 参考文献

[1] 樊帅，田志龙，张丽君．虚拟企业社会责任共创心理需要对消费者态度的影响研究［J］．管理学报，2019，16（6）．
[2] 贺爱忠，李钰．商店形象对自有品牌信任及购买意愿影响的实证研究［J］．南开管理评论，2010，13（2）．
[3] 江若尘，郑玲．善因营销的捐赠水平与消费者态度：一个有中介的调节效应模型检验［J］．心理学报，2017，49（5）．
[4] 林少龙，纪婉萍．消费者的品牌认同、善因认同与内在道德认同如何促进善因营销的成功［J］．南开管理评论，2020，23（4）．
[5] 汪旭晖，王东明．市场服务还是企业规制：电商平台治理策略对消费者信任影响的跨文化研究［J］．南开管理评论，2020，23（4）．
[6] 王端旭，潘奇．企业慈善行为的演化及其理论解释［J］．经济管理，2009，31（5）．
[7] 张安然，许正良，喻昕．善因营销捐赠额度和广告导向对消费者反应的影响研究［J］．南开管理评论，2020，23（4）．
[8] 朱翊敏，李蔚，刘容．慈善营销中契合度、熟悉度和产品性质对消费者响应的影响［J］．南开管理评论，2012，15（3）．
[9] Asatryan，V. S.，Oh，H. Psychological ownership theory：An exploratory application in the restaurant industry［J］. Journal of Hospitality & Tourism Research，2008，32（3）.

[10] Baer, M., Brown, G. Blind in one eye: How psychological ownership of ideas affects the types of suggestions people adopt [J]. Organizational Behavior and Human Decision Processes, 2012, 118 (1).

[11] Bott, S., Mcgill, A. L. The locus of choice: Personal causality and satisfaction with hedonic and utilitarian decisions [J]. Journal of Consumer Research, 2011, 37 (6).

[12] Dodds, W. B., Monroe, K. B., Grewal, D., Dodds, B., Monroe, B. Effect of price, brand, and store information buyers' evaluations [J]. Journal of Marketing Research, 1991, 28 (3).

[13] Fuchs, C., Prandelli, E., Schreier, M. The psychological effects of empowerment strategies on consumers' product demand [J]. Journal of Marketing, 2010, 74 (1).

[14] Gineikiene, J., Schlegelmilch, B. B., Auruskeviciene, V. "Ours" or "theirs"? Psychological ownership and domestic products preferences [J]. Journal of Business Research, 2017 (72).

[15] Han, D., Lalwani, A. K., Duhachek, A. Power distance belief, power, and charitable giving [J]. Journal of Consumer Research, 2017, 44 (1).

[16] Hartmann, M., Klink, J., Simons, J. Cause related marketing in the German retail sector: Exploring the role of consumers' trust [J]. Food Policy, 2015, 52.

[17] Haye, A. F. An index and test of linear moderated mediation [J]. Multivariate Behavioral Research, 2015, 50 (1).

[18] Hofstede, G. The cultural relativity of organizational practices and theories [J]. Journal of InternationalBusiness Studies, 1983, 14 (2).

[19] Hui, Z., Wenan, H. Egoism or altruism? The influence of cause-related marketing on customers' extra-role behavior [J]. Frontiers in Psychology, 2022 (13).

[20] Iyengar, S. S., Lepper, M. R. Rethinking the value of choice: A cultural perspective on intrinsic motivation [J]. Journal of Personality and Social Psychology, 1999, 76 (3).

[21] Kirk, C. P., Peck, J., Swain, S. D. Property lines in the mind: Consumers' psychological ownership and their territorial responses [J]. Journal of Consumer Research, 2018, 45 (1).

[22] Kull, A. J., Heath, T. B. You decide, we donate: Strengthening consumer-brand relationships through digitally co-created social responsibility [J]. International Journal of Research in Marketing, 2016, 33 (1).

[23] McColl-Kennedy, J. R., Vargo, S. L., Dagger, T. S., Sweeney, J. C., Van Kasteren, Y. Health care customer value co-creation practice styles [J]. Journal of Service Research, 2012, 15 (4).

[24] McCormick, K. Celebrity endorsements: Influence of a product-endorser match on millennials attitudes and purchase intentions [J]. Journal of Retailing and Consumer Services, 2016, 32 (9).

[25] Paharia, N., Swaminathan, V. Who is wary of user design? The role of power-distance beliefs in preference for user-designed products [J]. Journal of Marketing, 2019, 83 (3).

[26] Peck, J., Shu, S. B. The effect of mere touch on perceived ownership [J]. Journal of Consumer Research, 2009, 36 (3).

[27] Pierce, J. L. , Kostova, T. , Dirks, K. T. The state of psychological ownership: Integrating and extending a century of research [J]. Review of General Psychology, 2003, 7 (1).

[28] Priporas, C. V. , Kamenidou, I. , Nguyen, N. , Shams, R. The impact of the macro-environment on consumer scepticism towards cause-related marketing insights from an economic crisis setting [J]. International Marketing Review, 2020, 37 (5).

[29] Qin, Y. , Wang, X. H. Power distance belief and the desire for uniqueness [J]. Journal of Business Research, 2023 (160).

[30] Robinson, S. R. , Irmak, C. , Jayachandran, S. Choice of cause in cause-related marketing [J]. Journal of Marketing, 2012, 76 (4).

[31] Rousseau, D. M. , Sitkin, S. B. , Burt, R. S. , Camerer, C. Not so different after all: A cross-discipline view of trust [J]. Academy of Management Review, 1998, 23 (3).

[32] Sabri, O. The detrimental effect of cause-related marketing parodies [J]. Journal of Business Ethics, 2018, 151 (2).

[33] Schamp , C. , Heitmann , M. , Bijmolt, T. H. A. , Katzenstein, R. The effectiveness of cause-related marketing: A meta-analysis on consumer responses [J]. Journal of Marketing Research, 2023, 60 (1).

[34] Schlosser, A. E. , White, T. B. , Lloyd, Susan. M. Converting web site visitors into buyers: How web site investment increases consumer trusting beliefs and online purchase intentions [J]. Journal of Marketing, 2006, 70 (2).

[35] Selsky, J. W. , Parker, B. Cross-sector partnerships to address social issues: Challenges to theory and practice [J]. Journal of Management, 2005, 31 (6).

[36] Shu, S. B. , Peck, J. Psychological ownership and affective reaction: Emotional attachment process variables and the endowment effect [J]. Journal of Consumer Psychology, 2011, 21 (4).

[37] Song, X. , Jung, J. , Zhang, Y. Consumers' preference for user-designed versus designer-designed products: The moderating role of power distance belief [J] . Journal of Marketing Research, 2021, 58 (1).

[38] Tao, W. T. , Ji, Y. G. Firm-determined or consumer-determined corporate social responsibility (CSR)? Examining the effects of choice-of-cause in cause-related marketing [J]. International Journal of Business Communication, 2020, DOI: 10. 117712329488420918397.

[39] Thurridl, C. , Kamleitner, B. , Ruzeviciute, R. , Suessenbach, S. , Dickert, S. From happy consumption to possessive bonds: When positive affect increases psychological ownership for brands [J]. Journal of Business Research, 2020, 107.

[40] Tsiros, M. , Irmak, C. Lowering the minimum donation amount increases consumer purchase likelihood of products associated with cause-related marketing campaigns [J]. Journal of Marketing Research, 2020, 57 (4).

[41] Varadarajan, P. R. , Menon, A. Cause-related marketing: A co-alignment of marketing strategy and

corporate philanthropy [J]. Journal of Marketing, 1988, 52 (3).

[42] Vargo, S. L., Lusch, R. F. Evolving to a new dominant logic for marketing [J]. Journal of Marketing, 2004, 68 (1).

[43] Wen, X., Kim, S., Bowen, M. Doing good by sharing messages: An investigation of "you share, we donate" campaigns and how they can attain viral success [J]. Journal of Business Research, 2023, 156.

[44] White, T. B., Yuan. H. Building trust to increase purchase intentions: The signaling impact of low pricing policies [J]. Journal of Consumer Psychology, 2012, 22 (3).

[45] Winterich, K. P., Zhang, Y. L. Accepting inequality deters responsibility: How power distance decreases charitable behavior [J]. Journal of Consumer Research, 2014, 41 (2).

[46] Yoo, B., Donthu, N., Lenartowicz, T. Measuring Hofstede's five dimensions of cultural values at the individual level: Development and validation of cvScale [J]. Journal of International Consumer Marketing, 2011, 23 (3-4).

[47] Zhang, A. R., Saleme, P., Pang, B., Durl, J., Xu, Z. L. A systematic review of experimental studies investigating the effect of cause-related marketing on consumer purchase intention [J]. Sustainability, 2020, 12 (22).

[48] Zhang, A. R., Scodellaro, A., Pang, B., Lo, H. Y., Xu, Z. L. Attribution and effectiveness of cause-related marketing: The interplay between cause-brand fit and corporate reputation [J]. Sustainability, 2020, 12 (20).

[49] Zhang, Y. L., Winterich, K. P., Mittal, V. Power distance belief and impulsive buying [J]. Journal of Marketing Research, 2010, 47 (5).

Research on the Influence of the Subject Choice of Causal and Power Distance Belief on Consumer Responses

Huang Xianghui[1,2]　Cai Wenzhu[1]

(1 School of Business Administration, Jiangxi University of Finance and Economics, Nanchang, 330013;
2 Shaoxing University Yuanpei College, Shaoxing, 312000)

Abstract: Customers are the co-creators of value. In recent years, companies have begun to extend co-creation from product design to social responsibility. In cause-related marketing, will allowing consumers to choose the cause impact on consumer response? Through three experiments, this study revealed the influence mechanisms of cause chosen by the enterprise or consumers on the consumer's response in cause-related marketing. Specifically, experiment 1 found that there is a matching effect between the subject choice of causal and power distance beliefs. For consumers with low power distance beliefs, cause choice made by consumers will generate more consumer response than that made by enterprise. while consumers with high power distance beliefs prefer companies to choose cause. Experiment 2 found that the matching effect of the subject choice of causal and power distance belief has different mediating mechanisms. Consumers with low power distance beliefs prefer customers to choose causes because offering them choice creates more psychological ownership, while consumers with high power distance beliefs prefer companies to choose causes because it generates consumer trust in cause, which in turn strengthens their brand attitudes and purchase intentions. Experiment 3 added two new situations by manipulating the degree of mediating variables, and reverified the mediating effects of psychological ownership and consumer trust in different matching effects of the subject choice of causal and power distance beliefs on consumer response.

Key words: The subject choice of causal; Power distance beliefs; Psychological ownership; Consumer trust; Consumer response

专业主编：寿志钢

投 稿 指 南

《珞珈管理评论》是由武汉大学主管、武汉大学经济与管理学院主办的管理类集刊，创办于2007年，由武汉大学出版社出版。2017年始入选《中文社会科学引文索引（2017—2018年）来源集刊目录》（CSSCI），2021年《珞珈管理评论》再次入选《中文社会科学引文索引（2021—2022年）来源集刊目录》，2023年，《珞珈管理评论》入选中国人文社会科学期刊AMI（集刊）核心集刊。

自2022年第40辑起，《珞珈管理评论》每2个月出版1辑。

《珞珈管理评论》以服务中国管理理论与实践的创新为宗旨，以促进管理学学科繁荣发展为使命。本集刊主要发表管理学领域有关本土问题、本土情境的学术论文，介绍知识创造和新方法的运用，推广具有实践基础的研究成果。热忱欢迎国内外管理学研究者踊跃赐稿。敬请投稿者注意以下事项：

1.严格执行双向匿名评审制度；不收取版面费、审稿费等任何费用。

2.启用网上投稿、审稿系统，请作者进入本网站（http: //jmr.whu.edu.cn）的"作者中心"在线投稿。根据相关提示操作，即可完成注册、投稿。上传稿内容包括：文章标题、中文摘要（300字左右）、关键词（3～5个）、中图分类号、正文、参考文献、英文标题、英文摘要。完成投稿后，还可以通过"作者中心"在线查询稿件处理状态。如有疑问，可与《珞珈管理评论》编辑部（027-68755911)联系。不接受纸质版投稿。

3.上传文稿为Word和PDF两种格式,请用正式的ＧＢ简体汉字横排书写，文字清晰，标点符号规范合理，句段语义完整，全文连贯通畅，可读性好；全文以10000字左右为宜（有价值的综述性论文，可放宽到15000字，包括图表在内），论文篇幅应与其贡献相匹配。图表、公式、符号、上下角标、外文字母印刷体应符合规范。若论文研究工作受省部级以上基金项目支持，请用脚注方式注明基金名称和项目编号。

4.正文文稿格式为：（中文）主题→作者姓名→工作单位→摘要→关键词（３～5个）→１引言（正文一级标题）→内容（１.１（正文二级标题）…，１.２…）……→结论→参考文献→（英文）主题→作者姓名→工作单位→摘要→关键词→附录；摘要不超过300字。

5.来稿录用后，按规定赠予当期印刷物两本（若作者较多，会酌情加寄）。

6.注释、引文和参考文献，各著录项的具体格式请参照网站投稿指南。

7.文责自负。作者须郑重承诺投稿论文为原始论文，文中全部或者部分内容从来没有以任何形式在其他任何刊物上发表过，不存在重复投稿问题，不存在任何剽窃与抄袭。一旦发现论文涉及以上问题，本编辑部有权采取必要措施，挽回不良影响。

8.作者应保证拥有论文的全部版权（包括重印、翻译、图像制作、微缩、电子制作和一切类似的重新制作）。作者向本集刊投稿行为即视作作者同意将该论文的版权，包括纸质出版、电子出版、多媒体出版、网络出版、翻译出版及其他形式的出版权利，自动转让给《珞珈管理评论》编辑部。